荣 获

新闻出版总署优秀畅销书奖
全国优秀古籍图书普及读物奖
第十七届山西省优秀图书一等奖
第 二 届 山 西 出 版 政 府 奖
山西出版集团2008年度十种好书

全套藏书累计销售500万册

诸子百家卷

《诗经》《尚书》《礼记》《楚辞》《论语·大学·中庸》《孟子》
《老子》《庄子》《荀子》《韩非子》《孙子兵法·尉缭子·鬼谷子》
《墨子》《周易》《山海经》《吕氏春秋》《三十六计》

名家选集卷

《三曹诗集》　《陶渊明集》　《王勃集》　《王维集》　《孟浩然集》
《高适集》　　《岑参集》　　《李白集》　《杜甫集》　《白居易集》
《刘禹锡集》　《元稹集》　　《李商隐集》《李贺集》　《杜牧集》
《韩愈集》　　《柳宗元集》　《李煜集》　《欧阳修集》《王安石集》
《苏轼集》　　《黄庭坚集》　《柳永集》　《秦观集》　《周邦彦集》
《李清照集》　《辛弃疾集》　《陆游集》　《范成大集》《杨万里集》
《姜夔集》　　《文天祥集》　《元好问集》《唐寅集》　《张岱集》
《三袁集》　　《李贽集》　　《傅山集》　《纳兰性德集》《袁枚集》
《郑板桥集》　《龚自珍集》

史著选集卷

《左传》《国语》《战国策》《史记》《汉书》《后汉书》《三国志》
《资治通鉴》

综合选集卷

《唐诗三百首》《宋词三百首》《元曲三百首》《千家诗》《古文观止》
《汉魏六朝小赋骈文选》《唐宋八大家文选》《明清小品文选》

笔记杂著卷

《蒙学六种——三字经·百家姓·千字文·增广贤文·幼学琼林·格言联璧》
《颜氏家训·朱子家训》《世说新语》《金刚经·坛经·心经·地藏经》
《曾国藩家书》《菜根谭·小窗幽记·幽梦影》《浮生六记》《闲情偶寄》
《近思录》《徐霞客游记》《古代书信精选》

戏曲小说卷

《元杂剧精选》《西厢记》《牡丹亭》《长生殿》《桃花扇》《今古奇观》
《三国演义》《水浒传》《西游记》《红楼梦》《聊斋志异》《儒林外史》
《封神演义》《话本小说选》《文言小说选》

新闻出版总署第六次向全国青少年推荐百种优秀图书

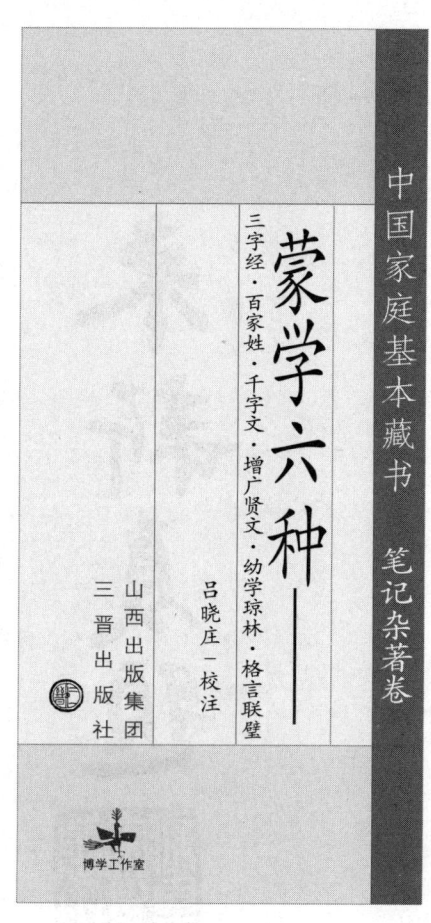

修身齐家
读书是福

来新夏题

· 南开大学教授来新夏先生为《中国家庭基本藏书》题词

前言

笔记杂著卷

蒙学六种·前言

"蒙学"又称"蒙馆",是中国封建时代对儿童进行启蒙教育的学校,教授的内容主要有识字、写字、伦理道德,所使用的教材一般为《蒙求》、《千字文》、《百家姓》、《三字经》、"四书"以及《仓颉篇》、《千家诗》、《幼学琼林》、《格言联璧》、《龙文鞭影》、《弟子规》、《女儿经》、《增广贤文》,等等。这些蒙学读物经过上百年乃至千余年的时间检验,有些已消亡,有些则流传至今,并深受人们喜爱。用今天的眼光来重新审视这些读物,其中不乏封建落后的一面,但大部分内容则积极向上,劝人行善积德,蕴藏着前人丰富的智慧,值得我们借鉴和吸取。为便于今天的读者了解这些蒙学读物,我们精选了六种加以注释,它们是:《三字经》、《百家姓》、《千字文》、《增广贤文》、《幼学琼林》和《格言联璧》,合称《蒙学六种》。

《三字经》是流传最广、影响最大的蒙学读本。从其中称宋朝为"炎宋",以及所列举的事例大都是宋代以前来看，作者当为宋朝人，一般认为是南宋人王应麟。王应麟(1223—1296)，字伯厚，号深宁居士，先世居浚仪(今河南开封)，后迁居庆元(路治今浙江宁波)。淳祐进士，官至礼部尚书兼给事中。对经史百家、天文地理等均有研究，又熟悉掌故，长于考证。撰有《困学纪闻》、《玉海》、《诗考》、《汉书艺文志考证》、《玉堂类稿》等。《三字经》全文虽仅一千一百多字，却概括了上自天文、下至地理，以及伦理道德、诸子百家、历史社会等大量知识，加之它三字一句、隔句押韵的形式，读起来朗朗上口，极易记诵，所以问世以来即广为传诵。宋代以后，历代文人又不断加以增补、修订，加上了宋以后的历史简述，至民国时期，形成了这个较为通行的本子。由于它影响巨大，曾被誉为"千古奇书"、"袖里通鉴纲目"，1990年更被联合国教科文组织列入《儿童道德丛书》加以推广。

《百家姓》是旧时村塾所用的识字课本，将百家姓氏编成四言韵文，便于诵读。关于编撰者，据南宋学者王明清在《玉照新志》中考证，认为是"两浙钱氏有国(吴越国)时小民所著"，"赵"姓居首，因为宋朝王室姓赵，"钱"紧接其后，因为吴越王姓钱，而"孙"、"李"、"周"、"吴"以下十馀姓也为吴越王钱镠后妃的姓。这一说法不无道理。吴越钱氏于宋太平兴国二年(977)归降宋朝，《百家姓》可能即成于这段时间。另外，陆游《秋日郊居》诗有"儿童冬学闹比邻"、"授罢村书闭门睡"句，诗下有自注："农家十月乃遣子入学，谓之冬学。所读杂字、百家姓类，谓之村书。"由此可知，《百家姓》在宋代已广泛被应用于蒙馆中。《百家姓》共收姓氏506个，大多为单姓(442个)，也收少数复姓(64个)。此次整理，除加注拼音外，末附"《百家姓》考源及代表人物简介"，除考证每个姓的来源外，还有各姓氏代表人物的介绍。读者可从姓氏来源的角度，掌握有关的历史、文化史知识。

《千字文》是所有蒙学读物中成书最早、流传最广的一种，距今已有一千四百多年，作者是南朝梁代的周兴嗣。关于此书的编撰，颇富传奇色彩。相传梁武帝教诸王识字习书，让殷铁石从王羲之的书迹中拓取了一千个不相重复的常用字，每字片纸，对颇有才学的员外散骑侍郎周兴嗣说："卿有才思，为我韵之。"周兴嗣领旨之后，不敢怠慢，一夜之间即编撰成文，而且对仗工整，条理清晰。但因过度劳思，"鬓发皆白"。《千字文》问世之后，由于它具有不重复的特点，不仅成为蒙学的主要识字课本，而且历代书法家也竞相书写。

《增广贤文》原名《昔时贤文》，也称《古今贤文》，是清代末年至1949年间社会上广泛流行的蒙学读物,编撰者不详。它采用依韵归类的方式,汇编了近千条格言谚语,内容为千百年来人民群众劳动、生活诸方面经验的积累和总结,如"路遥知马力,日久见人心";"宁可人负我,切莫我负人";"责人之心责己,恕己之心恕人";"远水难救近火,远亲不如近邻",等等。由于明白易懂,通俗晓畅,自诞生以来,几乎家喻户晓,以至有"读了《增广》会说话"的口头禅。当然,有些条目宣扬明哲保身、因果报应等,如"见事莫说,问事不知";"死生由命,富贵在天",读者阅读和使用时需加以扬弃。

《幼学琼林》原名《幼学须知》,又名《成语考》《故事寻源》,明代程登吉编撰,清代邹圣脉进行增补。在内容上,它广泛吸收了多种蒙学的材料,从天文地理、古今岁时,到婚丧嫁娶、风俗礼仪、生老病死、节令时尚,乃至衣食住行、制作技艺、鸟兽花木,均有涉及。昔时人们的日常用字、常见的成语典故,几乎都能从中找到,可以说,这是一本常用的成语典故小词典,难怪有"读了《幼学》走天下"的俗语。在形式上,它打破了四言、五言或七言的限制,长短不等,只求偶句成对,不求整齐押韵,又依所述内容分为四卷三十三类,便于检索。

《格言联璧》,清代金缨编撰。全书汇集古代的格言精华,按学问、存养、持躬、养生、敦品、处事、接物、齐家、从政、惠言、悖凶,共分为十一类。论修德学问,论持躬存养,论治家接物,论敦品处事,论从政为官,论嘉言惠语,不一而足。每一则格言有长有短,句式灵活多变,融深刻的哲理、丰富的社会生活经验、劝人积极向善于一体,是提高自身修养、日常生活学习的绝好参考。

当然,这些蒙学读物毕竟产生于封建社会时期,有些观点和内容已与当今的社会不合拍,希望读者在使用时吸取其传统的精华,抛弃其落后的糟粕,这样才能做到弘扬民族文化,古为今用。

整理过程中,考虑到这些作品均为韵文的体裁,如果翻译成白话则不能充分到位,故而对《三字经》《千字文》用"串解"的形式加以梳理,《百家姓》之后则附"《百家姓》考源及代表人物简介",《增广贤文》《幼学琼林》和《格言联璧》只作简注。不妥之处,诚望指正。

吕晓庄

2008年4月

目录

笔记杂著卷
蒙学六种·目录

前言 /001

◎ 三字经

三字经 /002
《三字经》串解 /006

◎ 百家姓

百家姓 /014
《百家姓》考源及代表人物简介 /019

◎ 千字文

千字文 /052
《千字文》串解 /056

◎ 增广贤文

增广贤文 /064

◎ 幼学琼林

卷一
  天　文 /078
  地　舆 /080

岁　时 /081
朝　廷 /083
文　臣 /085
武　职 /087

卷二
祖孙父子 /088
兄　弟 /090
夫　妇 /091
叔　侄 /093
师　生 /093
朋友宾主 /094
婚　姻 /096
妇　女 /097
外　戚 /099
老幼寿诞 /100
身　体 /101
衣　服 /104

卷三
人　事 /105
饮　食 /109
宫　室 /111
器　用 /112
珍　宝 /114
贫　富 /115

疾病死丧 /116

卷四
文　事 /118
科　第 /120
制　作 /121
技　艺 /122
讼　狱 /123
释道鬼神 /124
鸟　兽 /126
花　木 /129

◎ 格言联璧

学问类 /132
存养类 /134
持躬类 /137
养生类 /145
敦品类 /146
处事类 /148
接物类 /150
齐家类 /155
从政类 /157
惠言类 /161
悖凶类 /165

三字经

[宋] 王应麟 编撰

◎三字经

人之初，性本善。性相近，习相远。
苟不教，性乃迁。教之道，贵以专。
昔孟母，择邻处。子不学，断机杼。
窦燕山，有义方。教五子，名俱扬。
养不教，父之过；教不严，师之惰。
子不学，非所宜，幼不学，老何为？
玉不琢，不成器；人不学，不知义。
为人子，方少时，亲师友，习礼仪。
香九龄，能温席；孝于亲，所当执。
融四岁，能让梨。弟于长，宜先知。
首孝悌，次见闻，知某数，识某文。
一而十，十而百，百而千，千而万。
三才者，天地人。三光者，日月星。
三纲者，君臣义，父子亲，夫妇顺。
曰春夏，曰秋冬。此四时，运不穷。
曰南北，曰西东。此四方，应乎中。
曰水火，木金土。此五行，本乎数。
曰仁义，礼智信。此五常，不容紊。
稻粱菽，麦黍稷。此六谷，人所食。
马牛羊，鸡犬豕。此六畜，人所饲。
曰喜怒，曰哀惧，爱恶欲，七情具。
匏土革，木石金，与丝竹，乃八音。

高曾祖，父而身，身而子，子而孙，
自子孙，至玄曾，乃九族，人之伦。
父子恩，夫妇从，兄则友，弟则恭，
长幼序，友与朋，君则敬，臣则忠，
此十义，人所同。
凡训蒙，须讲究。详训诂，明句读。
为学者，必有初，《小学》终，至"四书"。
《论语》者，二十篇，群弟子，记善言。
《孟子》者，七篇止，讲道德，说仁义。
作《中庸》，子思笔，中不偏，庸不易。
作《大学》，乃曾子，自修齐，至平治。
《孝经》通，"四书"熟，如"六经"，始可读。
《诗》《书》《易》，《礼》《春秋》，号"六经"，当讲求。
有《连山》，有《归藏》，有《周易》，"三易"详。
有典谟，有训诰，有誓命，《书》之奥。
我周公，作《周礼》，著"六官"，存治体。
大小戴，注《礼记》，述圣言，礼乐备。
曰"国风"，曰"雅""颂"，号"四诗"，当讽咏。
《诗》既亡，《春秋》作，寓褒贬，别善恶。
"三传"者，有《公羊》，有《左氏》，有《穀梁》。
经既明，方读子，撮其要，记其事。
五子者，有荀扬，文中子，及老庄。
经子通，读诸史，考世系，知终始。
自羲农，至黄帝，号三皇，居上世。
唐有虞，号二帝，相揖逊，称盛世。

夏有禹，商有汤，周文武，称三王。
夏传子，家天下，四百载，迁夏社。
汤伐夏，国号商，六百载，至纣亡。
周武王，始诛纣，八百载，最长久。
周辙东，王纲坠，逞干戈，尚游说。
始春秋，终战国，五霸强，七雄出。
嬴秦氏，始兼并，传二世，楚汉争。
高祖兴，汉业建，至孝平，王莽篡。
光武兴，为东汉，四百年，终于献。
魏蜀吴，争汉鼎，号三国，迄两晋。
宋齐继，梁陈承，为南朝，都金陵。
北元魏，分东西，宇文周，与高齐。
迨至隋，一土宇，不再传，失统绪。
唐高祖，起义师，除隋乱，创国基。
二十传，三百载，梁灭之，国乃改。
梁唐晋，及汉周，称五代，皆有由。
炎宋兴，受周禅。十八传，南北混。
辽与金，皆称帝。元灭金，绝宋世。
莅中国，兼戎狄，九十载，国祚废。
太祖兴，国大明，号洪武，都金陵。
迨成祖，迁燕京，十七世，至崇祯。
权阉肆，寇如林，至李闯，神器焚。
清太祖，膺景命，靖四方，克大定。
廿一史，全在兹，载治乱，知兴衰。
读史者，考实录，通古今，若亲目。

口而诵,心而维,朝于斯,夕于斯。
昔仲尼,师项橐。古圣贤,尚勤学。
赵中令,读《鲁论》。彼既仕,学且勤。
披蒲编,削竹简。彼无书,且知勉。
头悬梁,锥刺股。彼不教,自勤苦。
如囊萤,如映雪。家虽贫,学不辍。
如负薪,如挂角。身虽劳,犹苦卓。
苏老泉,二十七,始发愤,读书籍。
彼既老,犹悔迟,尔小生,宜早思。
若梁灏,八十二,对大廷,魁多士。
彼既成,众称异,尔小生,宜立志。
莹八岁,能咏诗;泌七岁,能赋棋。
彼颖悟,人称奇,尔幼学,当效之。
蔡文姬,能辨琴;谢道韫,能咏吟。
彼女子,且聪敏,尔男子,当自警。
唐刘晏,方七岁,举神童,作正字。
彼虽幼,身已仕,尔幼学,勉而致。
有为者,亦若是。
犬守夜,鸡司晨。苟不学,曷为人?
蚕吐丝,蜂酿蜜,人不学,不如物。
幼而学,壮而行,上致君,下泽民。
扬名声,显父母,光于前,裕于后。
人遗子,金满籯,我教子,惟一经。
勤有功,戏无益,戒之哉,宜勉力。

《三字经》串解

人之初，性本善。性相近，习相远：人在刚出生之时，都有与生俱来的善良天性。这种天性彼此都差不多，后来由于客观环境与主观努力的差异，人与人之间的差距便拉开了。习，习惯，习染。

苟不教，性乃迁。教之道，贵以专：如果不教育，孩子善良的本性就会改变。教育孩子最重要的方法，是要坚持不懈，决不放松。苟，如果。道，方式、方法。

昔孟母，择邻处。子不学，断机杼：古时候，孟轲的母亲为了儿子有一个好的生活、学习环境，曾三次搬家，最终以一家私塾为邻居。一次，孟轲因厌学逃回家中，孟母便折断织布机上的梭子，以启发孩子读书如同织布，一旦半途而废，便一事无成。杼(zhù)，梭子。

窦燕山，有义方。教五子，名俱扬：五代时的窦燕山，曾出资修建义塾，让穷人的孩子免费就读，对自己的孩子也能严格教育，结果五个儿子相继考中进士，他的声名四处传扬。

养不教，父之过；教不严，师之惰：生养了孩子却不进行教育，是父母的过错；教导孩子不严格、不认真，那是因为老师懒惰。

子不学，非所宜，幼不学，老何为：儿童时期不好好学习，实在不应该，如果不趁年少抓紧时间读书学习，到老能有什么作为？宜，应该。

玉不琢，不成器；人不学，不知义：玉石若不进行雕琢，就不能成为有用的器皿；人若不好好学习，就不可能知书识礼，明白道义。琢，雕刻，打磨。《礼记·学记》："玉不琢，不成器。人不学，不知道。"

为人子，方少时，亲师友，习礼仪：作为一个学生，应该在少年时代就养成良好的道德品行，要亲近老师和朋友，掌握与人相处的礼节礼仪。

香九龄，能温席；孝于亲，所当执：汉代人黄香，九岁时就主动在夏天将父母亲的枕席扇凉，在冬天则用自己的身体先暖和父母的被褥，以便让父母好好休息。这种孝顺父母的品行，是每一个做儿女的都应效仿和具备的。九龄，九岁。执，具备。

融四岁，能让梨。弟于长，宜先知：汉朝人孔融四岁之时，有次家人聚在一起吃梨，他选择最小的给自己，而将大个儿的让给其他弟兄。做弟弟的应该敬重兄长，这个道理应从小明白。弟，即"悌"(tì)，指弟弟对兄长应持有的敬重态度。

首孝悌，次见闻，知某数，识某文：首先要孝敬父母，敬重兄长，其次要学习各种知识，丰富所见所闻。计算和识字，是最基本的要求。某，指不确定的时间、人物、地点等。

一而十，十而百，百而千，千而万：从一到十，从十到百，从百到千，从千到万，这些最基本的数字一定要掌握。

三才者,天地人。三光者,日月星:宇宙之中三种主要的成分,就是天、地、人。天空中有三种光源,就是日、月、星。

三纲者,君臣义,父子亲,夫妇顺:"三纲"即君为臣纲,父为子纲,夫为妻纲。意思是君臣之间要仁义,父子之间要亲爱,夫妻之间要和顺。

曰春夏,曰秋冬。此四时,运不穷:天地的运行,依照春、夏、秋、冬这四个季节循环往复,无穷无尽。

曰南北,曰西东。此四方,应乎中:南、北、西、东是四个最基本的方位。纵向下南上北,横向左西右东。这四个方向都与中央相对应。

曰水火,木金土。此五行,本乎数:水火木金土,是"五行",古人认为五行是构成万事万物的因素,五行既相克(金克木,木克土,土克水,水克火,火克金),又相生(金生水,水生木,木生火,火生土,土生金),无论是相克,还是相生,都由自然规律即"数"来决定。

曰仁义,礼智信。此五常,不容紊:仁义礼智信,是"五常",五常是做人的五条基本准则,不容紊乱。

稻粱菽,麦黍稷。此六谷,人所食:稻谷、高粱、豆子、麦子、黍子(去皮后叫黄米)、小米,这六种作物,是人们赖以生活的食物。菽(shū),豆子。

马牛羊,鸡犬豕。此六畜,人所饲:马、牛、羊、鸡、狗、猪,叫作"六畜",是人们饲养的家畜家禽。豕(shǐ),猪。

曰喜怒,曰哀惧,爱恶欲,七情具:喜悦、愤怒、哀愁、恐惧、爱恋、厌恶、想慕,这是人人所具有的"七情"。

匏土革,木石金,与丝竹,乃八音:古代乐器分为匏(páo)、土、革、木、石、丝、竹八类。匏是葫芦,外壳坚硬,用来制作笙、竽等的底座,土制的乐器有埙(xūn),革制的乐器有鼓等(打击乐器),木制的乐器有柷(zhù),石制的乐器有磬(qìng),金属制的乐器有钟、铃等(打击乐器),丝弦类乐器有琴、瑟等,竹制的乐器有管、笛等(吹奏乐器)。

高曾祖,父而身,身而子,子而孙,自子孙,至玄曾,乃九族,人之伦:从高祖、曾祖、祖父、父亲到自己,再从自己到儿子、儿子到孙子、孙子到曾孙、曾孙到玄孙,这叫作九族。九族之中有亲疏远近、上下尊卑之分,这叫人伦。伦,次序。

父子恩,夫妇从,兄则友,弟则恭,长幼序,友与朋,君则敬,臣则忠,此十义,人所同:父亲慈爱,子女孝敬;丈夫温良,妻子顺从;哥哥友好,弟弟谦让;长幼之间讲究辈分;朋友之间互相信任;国君尊重大臣;大臣忠于国君——以上"十义",都要遵从。

凡训蒙,须讲究。详训诂,明句读:大凡对儿童进行启蒙教育必须讲究方式、方法,要详细讲清字、词、句方面的疑难问题,对没有标点的整篇文章,要使他们学会标点、断句。训诂,对古书的字、词作解释。句读(dòu),古书均无标点,读时按语意断句,文义已尽的地方叫"句",文义未尽而需停顿的地方叫"读"。

为学者,必有初,《小学》终,至"四书":读书学习要讲究由易到难的次序,将朱熹编的《小学》(关于礼仪道德的初级教科书)学完,再去读"四书"(《大学》《中庸》《论语》《孟子》)。

《论语》者,二十篇,群弟子,记善言:《论语》这部书,总共二十篇,是孔子弟子及其再传弟子对孔子言行的记录。

《孟子》者,七篇止,讲道德,说仁义:《孟子》这部书,共有七篇,主要阐述的是"仁义道德"。

作《中庸》,子思笔,中不偏,庸不易:创作《中庸》的人,是子思(名孔伋,孔子的孙子),所谓中,是指不偏不倚,所谓庸,是指坚持原则不作改变。易,变更。

作《大学》,乃曾子,自修齐,至平治:创作《大学》的人,是曾子(姓曾名参,后人尊称为曾子,孔子学生,以孝著称),书中提出了格物、致知、诚意、正心、修身、齐家、治国、平天下等一整套学以致用的理论。

《孝经》通,"四书"熟,如"六经",始可读:《孝经》读通了,"四书"读熟了,然后才可以读"六经"。《孝经》,十八章,系孔子弟子依据有关"孝"的言论创作而成的,大力提倡孝道。

《诗》《书》《易》,《礼》《春秋》,号"六经",当讲求:《诗经》、《尚书》、《周易》、《礼记》、《春秋》、《乐经》号称"六经",对于这六部经典,一定要讲习研究。(《乐经》失传后,后世通称"五经")

有《连山》,有《归藏》,有《周易》,"三易"详:夏朝有《连山》,殷商有《归藏(cáng)》,周朝有《周易》,合称"三易",有关"易"的学问,这三部书讲得最为详备。

有典谟,有训诰,有誓命,《书》之奥:《尚书》包括"典"、"谟"、"训"、"诰"、"誓"、"命"等各种文体,这些上古文献的汇编,文辞深奥,不易理解。

我周公,作《周礼》,著"六官",存治体:周武王的弟弟周公姬旦,制作《周礼》,将朝廷的执政大臣分为六官,为后世留下了西周政治制度的记载。六官,也叫"六卿",即天官冢宰、地官司徒、春官宗伯、夏官司马、秋官司寇、冬官司空,他们各司其职,分别管理国家的政治、教育、外交、军事、司法和建筑。

大小戴,注《礼记》,述圣言,礼乐备:西汉的大戴(戴德)、小戴(戴德侄子戴圣),曾分别注释《礼记》,讲述的全是圣人孔子的言论,且收录《乐记》一篇,所以"礼"和"乐"均齐备。按,大戴曾删订《礼记》为八十五篇(即《大戴礼》),已失传;小戴删订《礼记》为四十六篇(即《小戴礼》),也就是今天所流传的《礼记》。

曰"国风",曰"雅""颂",号"四诗",当讽咏:《诗经》包括四个类型的诗歌,一是国风,即各地域的民歌,二是小雅,即天子宴请宾客的乐词,三是大雅,即诸侯朝拜天子时所唱的赞歌,四是颂,即王室祭祀祖先时的乐章。这四类诗歌,应很好地加以吟诵咏唱。

《诗》既亡,《春秋》作,寓褒贬,别善恶:东周后期,社会动荡,采诗献诗的风尚一去不返,于是孔子根据鲁国的史料,编成了我国历史上第一部编年体史书《春秋》,寓褒贬于文字,别善恶之不同。

"三传"者,有《公羊》,有《左氏》,有《穀梁》:解释《春秋》的三部有名的传书,是战国时齐国人公羊高的《公羊传》、鲁国人左丘明的《左传》和鲁国人榖梁赤的《榖梁传》。

经既明,方读子,撮其要,记其事:读完了儒家的经典著作,才可以读诸子百家的书,对各家的著述要抓住要点,掌握主要内容。

五子者,有荀扬,文中子,及老庄:诸子百家中最重要的有"五子":荀子(名况,著有《荀子》)、扬子(名雄,著有《法言》《太玄经》)、文中子(即王通,著有《文中子》)、老子(即李耳,著有《老子》)、庄子(名周,著有《庄子》)。

经子通,读诸史,考世系,知终始:儒家经典和诸子百家的著作读通之后,才可以读各种历史著作。读史书要考查朝代的更替、世袭的递变,知道每一朝代的开始与结束。

自羲农,至黄帝,号三皇,居上世:伏羲氏、神农氏和黄帝是传说中的远古帝王,后世尊他们为"三皇"。

唐有虞,号二帝,相揖逊,称盛世:陶唐氏帝尧和有虞氏帝舜,是继"三皇"之后两位著名的氏族首领,尧帝晚年将帝位禅让给了德行俱佳的舜,当时号称盛世。

夏有禹,商有汤,周文武,称三王:中国历史上最早的三个朝代是夏、商、周。夏朝有大禹,他接受舜的禅让,巡视四方,因劳累而死。商朝有成汤,他任用伊尹为相,国力强盛。周文王姬昌和周武王姬发则是周朝的开国圣君。历史上称禹、汤、文王、武王为三代之王。

夏传子,家天下,四百载,迁夏社:夏禹将天下传给儿子启,从此实行"家天下"(将国家当作私有财产代代相传),四百年后,第十六位君夏桀时,国家覆亡。

汤伐夏,国号商,六百载,至纣亡:商汤讨伐夏桀,建立商王朝,延续了六百多年,至商纣王时灭亡。

周武王,始诛纣,八百载,最长久:周武王攻伐商纣王,建立周王朝,周王朝前后历三十七位,延续八百年,天下最为长久。

周辙东,王纲坠,逞干戈,尚游说:周平王将都城东迁到洛邑,号称东周,这一时期王室衰落,诸侯国不再服从周天子的命令,干戈纷争,游说之士越来越多。辙,本为车轮的痕迹,引申为搬迁。

始春秋,终战国,五霸强,七雄出:东周又分为春秋和战国两个时期。春秋时期先后有齐桓公、宋襄公、晋文公、秦穆公、楚庄王成为霸主,史称"春秋五霸";战国时期,许多小的诸侯国被兼并,最后只剩下秦、齐、楚、燕、韩、赵、魏七个国家,史称"战国七雄"。

嬴秦氏,始兼并,传二世,楚汉争:秦王嬴政先后兼并其他六国,最终统一天下。嬴政称帝,即秦始皇,传位给秦二世不久,汉王刘邦和楚王项羽即开始争夺天下。

高祖兴,汉业建,至孝平,王莽篡:汉高祖刘邦击败项羽,建立了汉朝基业。到孝平帝元始五年,外戚王莽篡夺了汉朝,改国号为"新"。

光武兴,为东汉,四百年,终于献:光武帝刘秀建立了东汉王朝,迁都洛阳,东汉共延续了四百年,到汉献帝时被曹丕篡夺。

魏蜀吴,争汉鼎,号三国,迄两晋:东汉末年,曹操、刘备、孙权争夺汉朝天下,先后建立曹魏、蜀汉、孙吴地方割据政权，号称"三国"。曹魏政权后被晋武帝司马炎取代，建立西晋，西晋灭亡后，司马睿(晋元帝)又在南方建立东晋。

宋齐继，梁陈承，为南朝，都金陵：东晋末年，刘裕迫使晋恭帝禅让帝位，建立刘宋王朝。后萧道成又迫使刘準禅位，建立齐朝。萧衍则迫使齐和帝萧宝融让位，建立梁朝。后大将陈霸先代梁称帝，建立陈朝。这四个朝代，称作"南朝"，都城全都建在金陵(今南京)。

北元魏，分东西，宇文周，与高齐：与"南朝"同时存在的还有"北朝"。鲜卑族拓跋部建立北魏，魏孝文帝改拓跋为汉姓元，又称元魏。后北魏又分裂成东魏和西魏，东魏政权为汉族人高洋夺取，建立北齐；西魏政权则被鲜卑人宇文觉夺取，建立了北周。

迨至隋，一土宇，不再传，失统绪：北周的大丞相杨坚夺取北周的政权，建立了隋朝，统一了全中国，可是隋炀帝即位后，荒淫残暴，隋政权仅存在了三十八年，便不能再传给后世。

唐高祖，起义师，除隋乱，创国基：在隋末农民起义的浪潮中，李渊、李世民父子起兵反隋，建立唐朝，李渊称帝，即唐高祖。唐王朝最终消灭了各地的割据势力，奠定了大唐的基业。

二十传，三百载，梁灭之，国乃改：唐朝共有二十一个皇帝即位，延续了近三百年，公元907年，朱温废唐哀帝自立，国号梁，史称"后梁"。

梁唐晋，及汉周，称五代，皆有由：唐朝灭亡后，中原相继出现了梁、唐、晋、汉、周五个短命的政权，史称"五代"。"五代"兴衰更替，各有缘由。

炎宋兴，受周禅。十八传，南北混：公元960年，后周大将赵匡胤发动陈桥驿兵变，黄袍加身，建立了大宋王朝，宋军南征北战，基本统一全国，大宋王朝共传十八位君主。

辽与金，皆称帝。元灭金，绝宋世：宋王朝统治时期，北方有契丹人建立的辽国和女真人建立的金国。后来，成吉思汗领导的蒙古族兴起，先后吞灭了金国和南宋，建立了元帝国。

莅中国，兼戎狄，九十载，国祚废：元帝国入主中原，兼并了西方和北方的少数民族，延续了九十年之后，元朝灭亡。

太祖兴，国大明，号洪武，都金陵：明太祖朱元璋夺得天下后，国号大明，建元洪武，定都于金陵(今江苏南京)。

迨成祖，迁燕京，十七世，至崇祯：明成祖时，为了便于控制北方，迁都于燕京(今北京)。帝位相传十七位，到了崇祯。

权阉肆，寇如林，至李闯，神器焚：当时，宦官当权，草菅人命，农民起义军蜂拥而起，到闯王李自成攻陷北京，崇祯帝吊死于煤山(今景山)，明朝便宣告灭亡。神器，代指一代王朝。

清太祖，膺景命，靖四方，克大定：清太祖福临(顺治皇帝)接受上天授予王位的使命，平定四方，建立了多民族的封建帝国。膺，接受。景命，上天之命。靖，平定。

廿一史，全在兹，载治乱，知兴衰：从伏羲氏至大明，共有正史二十一部，叙述了各个朝代治乱兴衰的情况。二十一部史书指：《史记》《汉书》《后汉书》《三国志》《晋书》《宋书》《南齐书》《梁书》《陈书》《南史》《魏书》《北齐书》《周书》《北史》《隋书》《新唐书》《新五代史》《宋史》《辽史》《金史》《元史》("二十四史"则再加《旧唐书》《旧五代史》《明史》，若加《清史稿》，则称为"二十五史"）。

　　读史者，考实录，通古今，若亲目：除了阅读史书之外，还要考查史官所记录的帝王"实录"，如此才能通晓古今，犹如亲眼看到一样。

　　口而诵，心而维，朝于斯，夕于斯：读书时，嘴里诵读，心中思考，白天如此，晚上也如此。维，通"惟"，思考。

　　昔仲尼，师项橐。古圣贤，尚勤学：传说孔子曾拜七岁神童项橐为师。作为古代的圣贤尚能如此勤于学习，何况我们平凡之人。

　　赵中令，读《鲁论》。彼既仕，学且勤：宋朝大臣赵普，官至中书令，研读《论语》不间断，他已经仕途得意，学习仍很勤勉。

　　披蒲编，削竹简。彼无书，且知勉：西汉人路温舒，利用放羊的间隙，割下蒲草编成席子，将借来的《尚书》抄在上面。公孙弘在替人放猪时，砍下竹子，削成竹简，抄写《春秋》。他们虽然没有书，但勤奋努力，刻苦攻读。

　　头悬梁，锥刺股。彼不教，自勤苦：汉代人孙敬深夜读书时，为防打瞌睡，将头发吊在房梁上；战国时的苏秦游说秦王而不为所用，回到家乡后发愤攻读，困倦时就用锥子刺自己的大腿。没有谁刻意去教导督促他们，他们自己就主动刻苦。

　　如囊萤，如映雪。家虽贫，学不辍：晋朝人车胤，没有灯油可供读书，就把萤火虫捉来放进一只薄纱袋，在萤光下读书。晋朝人孙康则在冬天的夜晚，借雪的反光读书。这两个人虽家境贫寒，但从不停止学习。

　　如负薪，如挂角。身虽劳，犹苦卓：西汉人朱买臣，砍柴时都带着书，回家时将书挂在担头，边走边看。隋代人李密，替人放牛，常将书挂在牛角上，坐在牛背上读书。他们虽然辛劳，但苦读的精神超过了常人。

　　苏老泉，二十七，始发愤，读书籍。彼既老，犹悔迟，尔小生，宜早思：宋朝人苏洵（号老泉）小时未好好学习，到二十七岁才发愤读书，终成大业。他年纪大了才后悔没有用功，作为小孩子，你们应早早思考这一问题。

　　若梁灏，八十二，对大廷，魁多士。彼既成，众称异，尔小生，宜立志：宋朝人梁灏（hào），八十二岁才考中进士，金殿对策中独占鳌头。他大器晚成，众人既惊讶又佩服。你们也应树立这种不达目的誓不罢休的志向。

　　莹八岁，能咏诗；泌七岁，能赋棋。彼颖悟，人称奇，尔幼学，当效之：南朝人祖莹八岁就能咏诗成章，唐朝人李泌七岁时被玄宗召试，以棋局之"方圆动静"为题赋诗。他们聪明敏捷，人人称奇，你们从小读书，应以他们为榜样。

　　蔡文姬，能辨琴；谢道韫（yùn），能咏吟。彼女子，且聪敏，尔男子，当自警：东汉才女蔡文姬有一次听父亲弹琴，从琴音中辨出有肃杀之气，询问父亲，父亲证实是因为看到了猫鼠相斗，故而琴声中寓有肃杀之气；东晋才女谢道韫因"未若柳絮因风起"的咏雪名句而为人称道。作为女子，她们如此聪明机敏，你们男孩子，更当时时自警。

唐刘晏，方七岁，举神童，作正字。彼虽幼，身已仕，尔幼学，勉而致。有为者，亦若是：唐朝人刘晏聪明好学，才七岁即被唐明皇举为神童，任"太子正字"。虽年纪小，却已做官，你们若从小努力，也可达到目的。但凡有所作为的人，都是如此。

　　犬守夜，鸡司晨。苟不学，曷为人？蚕吐丝，蜂酿蜜，人不学，不如物：狗每天晚上看门，鸡每天早晨打鸣，小孩子若不认真读书，如何才算人呢？蚕吐细丝，蜂酿甜蜜，人若不去学习，那就连动物也不如了。

　　幼而学，壮而行，上致君，下泽民。扬名声，显父母，光于前，裕于后：小时候读书学习，长大成人后干一番事业，上为国家多效力，下为百姓谋福利。如此一来，自己名声传扬，父母亲跟着沾光，使祖宗荣耀，为子孙造福。

　　人遗子，金满籝(yíng)，我教子，惟一经。勤有功，戏无益，戒之哉，宜勉力：别人留给后代的，或许是满箱子的金银财宝，我教给孩子的唯有这本《三字经》。勤奋终究成功，嬉戏绝无益处，要警惕这一点啊，要好好努力。籝，箱笼一类的器具。

百家姓

[宋]无名氏 编撰

◎ 百家姓

zhào qián sūn lǐ，zhōu wú zhèng wáng。
赵 钱 孙 李，周 吴 郑 王。

féng chén chǔ wèi，jiǎng shěn hán yáng。
冯 陈 褚 卫，蒋 沈 韩 杨。

zhū qín yóu xǔ，hé lǚ shī zhāng。
朱 秦 尤 许，何 吕 施 张。

kǒng cáo yán huà，jīn wèi táo jiāng。
孔 曹 严 华，金 魏 陶 姜。

qī xiè zōu yù，bǎi shuǐ dòu zhāng。
戚 谢 邹 喻，柏 水 窦 章。

yún sū pān gě，xī fàn péng láng。
云 苏 潘 葛，奚 范 彭 郎。

lǔ wéi chāng mǎ，miáo fèng huā fāng。
鲁 韦 昌 马，苗 凤 花 方。

yú rén yuán liǔ，fēng bào shǐ táng。
俞 任 袁 柳，酆 鲍 史 唐。

fèi lián cén xuē，léi hè ní tāng。
费 廉 岑 薛，雷 贺 倪 汤。

téng yīn luó bì，hǎo wū ān cháng。
滕 殷 罗 毕，郝 邬 安 常。

yuè yú shí fù，pí biàn qí kāng。
乐 于 时 傅，皮 卞 齐 康。

wǔ yú yuán bǔ，gù mèng píng huáng。
伍 余 元 卜，顾 孟 平 黄。

和穆萧尹，姚邵湛汪。
祁毛禹狄，米贝明臧。
计伏成戴，谈宋茅庞。
熊纪舒屈，项祝董梁。
杜阮蓝闵，席季麻强。
贾路娄危，江童颜郭。
梅盛林刁，钟徐邱骆。
高夏蔡田，樊胡凌霍。
虞万支柯，昝管卢莫。
经房裘缪，干解应宗。
丁宣贲邓，郁单杭洪。
包诸左石，崔吉钮龚。
程嵇邢滑，裴陆荣翁。
荀羊於惠，甄麹家封。

ruì	yì	chǔ	jìn，	jí	bǐng	mí	sōng。
芮	羿	储	靳，	汲	邴	糜	松。
jǐng	duàn	fù	wū，	wū	jiāo	bā	gōng。
井	段	富	巫，	乌	焦	巴	弓。
mù	kuí	shān	gǔ，	chē	hóu	fú	péng。
牧	隗	山	谷，	车	侯	宓	蓬。
quán	xī	bān	yǎng，	qiū	zhòng	yī	gōng。
全	郗	班	仰，	秋	仲	伊	宫。
nìng	qiú	luán	bào，	gān	tǒu	lì	róng。
宁	仇	栾	暴，	甘	钭	厉	戎。
zǔ	wǔ	fú	liú，	jǐng	zhān	shù	lóng。
祖	武	符	刘，	景	詹	束	龙。
yè	xìng	sī	sháo，	gào	lí	jì	bó。
叶	幸	司	韶，	郜	黎	蓟	薄。
yìn	sù	bái	huái，	pú	tái	cóng	è。
印	宿	白	怀，	蒲	邰	从	鄂。
suǒ	xián	jí	lài，	zhuō	lìn	tú	méng。
索	咸	籍	赖，	卓	蔺	屠	蒙。
chí	qiáo	yīn	yù，	xū	nài	cāng	shuāng。
池	乔	阴	鬱，	胥	能	苍	双。
wén	shēn	dǎng	zhái，	tán	gòng	láo	páng。
闻	莘	党	翟，	谭	贡	劳	逢。
jī	shēn	fú	dǔ，	rǎn	zǎi	lì	yōng。
姬	申	扶	堵，	冉	宰	郦	雍。
xì	qú	sāng	guì，	pú	niú	shòu	tōng。
郤	璩	桑	桂，	濮	牛	寿	通。

biān hù yān jì　jiá pǔ shàng nóng
边 扈 燕 冀，郏 浦 尚 农。
wēn bié zhuāng yàn　chái qú yán chōng
温 别 庄 晏，柴 瞿 阎 充。
mù lián rú xí　huàn ài yú róng
慕 连 茹 习，宦 艾 鱼 容。
xiàng gǔ yì shèn　gē liào yǔ zhōng
向 古 易 慎，戈 廖 庾 终。
jì jū héng bù　dū gěng mǎn hóng
暨 居 衡 步，都 耿 满 弘。
kuāng guó wén kòu　guǎng lù què dōng
匡 国 文 寇，广 禄 阙 东。
ōu shū wò lì　yù yuè kuí lóng
欧 殳 沃 利，蔚 越 夔 隆。
shī gǒng shè niè　cháo gōu áo róng
师 巩 厍 聂，晁 勾 敖 融。
lěng zī xīn kàn　nā jiǎn ráo kōng
冷 訾 辛 阚，那 简 饶 空。
zēng wù shā niè　yǎng jū xū fēng
曾 毋 沙 乜，养 鞠 须 丰。
cháo guān kuǎi xiāng　zhā hòu jīng hóng
巢 关 蒯 相，查 後 荆 红。
yóu zhú quán lù　gě yì huán gōng
游 竺 权 逯，盖 益 桓 公。
mò qí　　sī mǎ　shàng guān ōu yáng
万 俟　司 马，上 官 欧 阳。

xià hóu	zhū gě	wén rén	dōng fāng
夏侯	诸葛，	闻人	东方。
hè lián	huáng fǔ	yù chí	gōng yáng
赫连	皇甫，	尉迟	公羊。
tán tái	gōng yě	zōng zhèng	pú yáng
澹台	公冶，	宗政	濮阳。
chún yú	chán yú	tài shū	shēn tú
淳于	单于，	太叔	申屠。
gōng sūn	zhòng sūn	xuān yuán	líng hú
公孙	仲孙，	轩辕	令狐。
zhōng lí	yǔ wén	zhǎng sūn	mù róng
钟离	宇文，	长孙	慕容。
xiān yú	lǘ qiū	sī tú	sī kōng
鲜于	闾丘，	司徒	司空。
qí guān	sī kòu	zhǎng dū	zǐ jū
亓官	司寇，	仉督	子车。
zhuān sūn	duān mù	wū mǎ	gōng xī
颛孙	端木，	巫马	公西。
qī diāo	yuè zhèng	rǎng sì	gōng liáng
漆雕	乐正，	壤驷	公良。
tuò bá	jiá gǔ	zǎi fǔ	gǔ liáng
拓跋	夹谷，	宰父	谷梁。
jìn chǔ	yán fǎ	rǔ yān	tú qīn
晋楚	闫法，	汝鄢	涂钦。
duàn gān	bǎi lǐ	dōng guō	nán mén
段干	百里，	东郭	南门。

hū yán	guī hǎi	yáng shé	wēi shēng
呼延	归海，	羊舌	微生。
yuè shuài	gōu kàng	kuàng hòu	yǒu qín
岳帅	缑亢，	况后	有琴。
liáng qiū	zuǒ qiū	dōng mén	xī mén
梁丘	左丘，	东门	西门。
shāng móu	shé nài	bó shǎng	nán gōng
商牟	佘佴，	伯赏	南宫。
mò hǎ	qiáo dá	nián ài	yáng tóng
墨哈	谯笪，	年爱	阳佟。
dì wǔ	yán fú	bǎi jiā xìng zhōng	
第五	言福，	《百家姓》终。	

《百家姓》考源及代表人物简介

〔赵〕据《通志·氏族略》、《姓氏考略》所记：伯益的后代造父为周穆王驾车有功，受封于赵城，其后代遂以赵为姓。三国时有常山真定人赵云，字子龙，追随刘备，屡立战功，刘备称他"一身都是胆"。

〔钱〕《百家姓考略》载："彭祖姓篯名铿，支子去竹而为钱氏。"明末清初有常熟人钱谦益，博识善文，为"江左三大家"之一。

〔孙〕据《元和姓纂》所记：卫武公的儿子名惠孙，其后代以孙字为姓。春秋时有齐国人孙武，精通兵法，所著《孙子兵法》为我国兵书之祖。

〔李〕据《百家姓考略》所记：尧帝时代的大理(官名)皋陶，其后代以理为姓。其后世裔孙理利贞被纣王迫害，避居李树下，靠吃李子维持生活，遂改理姓为李姓。李为大姓，历代名人辈出：战国时有李斯；汉武帝时有"飞将军"李广；唐朝有明君李世民，大诗人李白、李贺、李商隐；宋朝有女词人李清照；明朝有大医学家李时珍。

〔周〕《百家姓考略》载："周平王少子烈之后，以国名周为氏。"西晋有义兴阳羡人周处，横行乡里，人将其与山中虎、水中蛟合称"三害"。周处先杀虎斩蛟，后拜陆机、陆云为师，改过自新，官至御史中丞。

〔吴〕据《通志·氏族略》所记：周太王古公亶父的长子太伯、次子仲雍因自动让贤，远去江南，建立勾吴国。后来周朝建立，周武王封太伯三世孙周章为侯，改国号为吴，其后代遂以国名吴为姓。战国时名将吴起，与孙武齐名，世称"孙吴"；秦末有农民起义领袖吴广；唐朝有"画圣"吴道子；清朝有讽刺小说家吴敬梓(著有《儒林外史》)。

〔郑〕 据《元和姓纂》所记：周厉王少子友受封于郑，其后代遂以郑为姓。明代有航海家郑和；清代有书画家郑燮(字板桥)。

〔王〕 据《通志·氏族略》所记：周灵王之子姬晋因敢于直谏被废为庶民，迁居琅玡。因其本属王族，世人称其家为王家，其后代便以王为姓。东晋有书法家王羲之；唐代有大诗人王勃、王维；北宋有政治家、文学家王安石。

〔冯〕 据《元和姓纂》所记：周武王的弟弟毕公高受封于冯地，其后代遂以冯为姓。明代文学家冯梦龙，著有《双雄记》，辑有"三言"。

〔陈〕 据《通志·氏族略》所记：周朝初年，周武王封虞舜的后人胡公满于陈，建立陈国。胡公满的后代遂以陈为姓。秦末有农民起义领袖陈胜；唐代有大诗人陈子昂。

〔褚〕 据《通志·氏族略》所记：殷商王族后裔食采于褚邑，遂以褚为姓。唐太宗时中书令褚遂良，敢直言进谏，书法自成一家。

〔卫〕 据《广韵》所记：周文王第九子封于康邑，世称康叔。武庚叛乱后，周朝将商民七族划归康叔管理，康叔建立卫国，卫国的公族后代遂以国名卫为姓。西汉名将卫青，前后七次出击匈奴，解除了匈奴对汉王朝的威胁。

〔蒋〕 据《百家姓考略》所记：周公旦之子伯龄封于蒋，其后代遂以蒋为姓。清代文学家蒋士铨，著有《藏园九种曲》，同袁枚、赵翼并称"江右三大家"。

〔沈〕 据《元和姓纂》所记：周文王之子聃季被封于沈，其后代遂以沈为姓。南朝有文学家沈约；北宋有科学家沈括。

〔韩〕 《新唐书·宰相世系表》载："韩氏出自姬姓。"周武王少子叔虞的后代毕万受封于韩原，其后代遂以韩为姓。战国末年有思想家韩非；西汉初有军事家韩信；唐代有文学家韩愈。

〔杨〕 据《百家姓考略》所记：周宣王的儿子尚父封于杨邑，号杨侯，其后代遂以杨为姓。宋末浙江钱塘人杨辉，是著名数学家，他对二项式系数可排成三角形的论证，比欧洲人早350年。

〔朱〕 据《姓苑》所记：周武王封颛顼帝裔孙于邾地，其后代去掉邾字右边的"阝(同邑)"旁，以朱为姓。南宋理学家朱熹，整理、注释了许多重要的古代典籍，比如"四书"即是经他整理而风行天下的。

〔秦〕 据《通志·氏族略》所记：秦姓系出自嬴姓。伯益的后代嬴非子，为周孝王放牧马群有功，被封于秦，其后代遂以秦为姓。战国名医秦越人(一名扁鹊)，医术精妙；北宋有词人秦观。

〔尤〕 据《百家姓考略》所记：尤姓"系出沈氏，五代王审知称闽王，国人姓沈者避审音，去水为尤"。所以说尤是由沈演变而来的。清代有文学家、戏曲家尤侗，著有《西堂全集》。

〔许〕 周武王封文叔于许，其后代遂以许为姓。东汉文字学家许慎，所著《说文解字》一书，影响深远。

〔何〕 据《元和姓纂》所记：何姓系出韩姓。韩王安为秦所灭，王室子孙流落于江淮一带，当地韩与何音相近，这部分人便姓何。南朝宋东海郯人何承天，为著名思想家、天文学家。

〔吕〕《百家姓考略》载：吕姓"系出姜姓，神农后裔伯夷仕尧掌礼，佐禹治水，封于吕"，其后人遂以吕为姓。姜子牙是吕侯的后代，姓吕名望，因吕氏直承神农氏姜姓，故吕望又姓姜，名子牙。东汉有名将吕布；宋代有宰相吕蒙正。

〔施〕 据《元和姓纂》所记：春秋鲁惠公的儿子尾，字施父，其后代遂以施为姓。明代文学家施耐庵，著有《水浒传》一书。

〔张〕 据《通志·氏族略》所记：黄帝的孙子姬挥制造出弓箭，任弓正，又称弓长(官名)。弓长二字合一为张，其后代遂以张为姓。西汉有名将张骞；东汉有科学家张衡。

〔孔〕 据《元和姓纂》所记：商纣王的庶兄微子启受周朝封于商丘，国号宋。微子启是宋国的始祖，其后世子孙有人名叫孔父嘉，孔父嘉的后代因事逃至鲁国，遂以孔为姓。春秋时思想家、教育家孔丘，为儒家始祖。

〔曹〕 据《元和姓纂》所记：周文王第十三子振铎受周武王封于曹地，建立曹国，其后代遂以曹为姓。春秋时鲁国有名将曹刿；清代有文学家曹雪芹(著有《红楼梦》)。

〔严〕 严姓出自庄姓。东汉明帝名刘庄，庄氏为避讳，遂改庄姓为严姓。东汉有名士严子陵；宋代有文学理论家严均。

〔华〕 据《姓氏辨正》所记：春秋时宋戴公的孙子名督，食采于华，其后代遂以华为姓。东汉有名医华佗，医术精妙。

〔金〕 据《元和姓纂》所记：黄帝子少昊，称金天氏，其后代遂以祖先称号金字为姓。清代有文学家金圣叹，所批《六才子书》，影响巨大。

〔魏〕 据《元和姓纂》所记：周文王的后裔毕万，在晋国为大夫，受封于魏，其后代遂以魏为姓。唐代有政治家魏征；清代有思想家魏源。

〔陶〕 舜的后代虞阏做陶正(管理制陶业的官员)，其后代遂以官名为姓。尧的后世子孙中，有一支也以陶为姓。东晋文学家陶渊明，诗风清新自然，在文学史上占有一席之地。

〔姜〕 据《百家姓考略》所记：姜姓"出自神农氏，神农生于姜水，因姓姜氏"。三国时蜀汉有大将军姜维；宋代有词人姜夔。

〔戚〕 据《姓谱》所记：春秋时卫国大夫孙林父食采于戚，其后代遂以戚为姓。明代有抗倭名将戚继光。

〔谢〕 据《史记》所记：春秋时周宣王封其舅申伯于谢，其后代遂以谢为姓。南朝山水诗人谢灵运，在中国文学史上占有一席之地。

〔邹〕 据《百家姓考略》所记：周武王封颛顼帝裔孙于邾娄国，战国时改为邹，王室子孙或以邹为姓。邹忌为战国时齐国大夫，曾劝诫齐威王广开言路。

〔喻〕 据《通志·氏族略》所记：西汉苍梧太守谕猛，自改谕为喻，其后代沿用喻姓。喻皓为北宋初年著名建筑家。

〔柏〕《百家姓考略》载："上古有柏招为炎帝师，柏同为帝喾师，封国于柏。"其后代遂沿用柏姓。清末有柏贵，曾任广东巡抚。

〔水〕 据《通志·氏族略》所记：夏禹之孙留居会稽，其后代以水为姓。另据《姓氏五书》所记：古代称江河湖泊为水国，岸边居民或以水为姓。明代有水甦民，廉明慈爱，为政有方。

〔窦〕 据《新唐书·宰相世系表》所记：夏朝第四代国君相被杀害后，其怀孕的妃子从窦(墙洞)中逃出，生少康。少康的儿子为纪念祖母逃难，遂以窦为姓。窦固为东汉大将；窦建德为隋末农民起义军领袖。

〔章〕 据《通志·氏族略》所记：齐太公的子孙受封于郭，郭被齐国灭亡后，后代去掉郭字的"阝(同邑)"旁，改为章姓。章学诚为清代著名历史学家。

〔云〕 黄帝有大臣缙云氏，主管夏令事宜，其后代遂以云为姓。汉代有云敞，官至中郎谏大夫。

〔苏〕 据《通志·氏族略》所记：祝融的孙子昆吾受封于苏，建立苏国，其后代遂以苏为姓。战国时著名的游说之士苏秦，曾佩六国相印。

〔潘〕 据《广韵》所记：周文王的后裔高受封于毕，建立毕国，称毕公高。毕公高封小儿子季孙于潘，其后代遂以潘为姓。西晋潘岳、潘尼叔侄均以文学名，世称"两潘"。

〔葛〕 据《通志·氏族略》所记：夏朝时嬴姓诸侯中有葛国，其国君称葛伯。葛国灭亡后，其后代遂以葛为姓。葛洪为东晋著名道家、医学家。

〔奚〕 据《百家姓考略》所记：黄帝的儿子禺阳受封于任地。禺阳的裔孙名仲，夏朝时食采于奚地，称奚仲，其后代遂以奚为姓。奚冈为清代篆刻家、画家。

〔范〕 尧的后代入周后被封于杜，建立杜国。周宣王时，杜国国君被害，其子孙逃至晋国，为晋士师，因姓士。至其后裔士会时，为晋上卿，食采于范地，其后代遂以范为姓。范蠡为春秋时越国政治家，功成身退，影响巨大。

〔彭〕 据《百家姓考略》所记：颛顼的后裔篯铿受封于彭，是为彭祖，传说他活了八百岁，其后代遂以彭为姓。彭蒙为战国时齐国哲学家；彭越为汉初大将。

〔郎〕 据《通志·氏族略》所记：鲁懿公的孙子费伯在郎地建郎邑，其后代遂以郎为姓。郎瑛为明代文学家，撰有笔记《七修类稿》。

〔鲁〕 据《通志·氏族略》所记：周公旦受封于曲阜，其地本名鲁。周武王死后，周公旦在朝辅佐周成王，其子伯禽就封于鲁，其后代遂以鲁为姓。战国时有名士鲁仲连；三国时吴有名将鲁肃。

〔韦〕 据《新唐书·宰相世系表》所记：夏朝少康帝封其孙元哲于豕韦，建立韦国。后来韦国为商所灭，其王族约定以国名韦为姓。唐代有大诗人韦应物；五代有词人韦庄。

〔昌〕 据《风俗通》所记：黄帝的儿子昌意，昌意的后代以祖父昌意的字为姓。昌义之为南朝梁大将。

〔马〕 据《元和姓纂》所记：战国时赵国名将赵奢因战胜秦国，受封于马服(地名)，其后代省去服字，以马为姓。东汉名将有马良、马援；马致远为元代戏曲家。

〔苗〕 据《通志·氏族略》所记：春秋时楚国令尹斗椒之子贲皇，受封于苗邑，其后代遂以苗为姓。清代苗沛霖，曾诱执太平天国英王陈玉成献给清将胜保。

〔凤〕 据《姓氏考略》所记：帝喾高辛氏时代，凤鸟氏为历正，是掌管历法节气时令的官，其后代遂以官名为姓。汉代有医药家凤纲；明代有衡州知府凤翕如。

〔花〕 据《百家姓考略》所记：花姓是华姓分出来的。古代无花字，通作华。后来花专用为花草之花，也有姓华的改为姓花。南北朝时女英雄花木兰代父从军，传为千古美谈。

〔方〕 据《古今姓氏书辨证》所记：黄帝后裔方雷氏，其后代到周宣王时改为单姓方。周大夫方叔率兵平息南方荆国的叛乱，被封为侯。其后代遂以祖父字为姓。方干为唐代诗人；方腊为北宋末年农民起义军首领；方回为元代文学家。

〔俞〕 据《百家姓考略》所记：黄帝的大臣俞伯名柎，他精通医术，曾注释《素问》。他是俞姓的始祖。俞大猷为明代抗倭名将；俞樾为清代学者。

〔任〕 据《通志·氏族略》所记：黄帝少子禹阳受封于任邑，建立任国，其后代遂以任为姓。任昉为南朝梁文学家；任颐为清代画家；任大椿为清代学者。

〔袁〕 据《名贤氏族言行类稿》所记：周朝封帝舜的后裔胡公满于陈。胡公满的后世子孙中有一人名伯爰，亦作伯辕。他的后代便以祖父名字中的爰字为姓，爰与袁通用，是为袁姓之始。袁绍为东汉末年乱世英雄；袁世凯为近代窃国大盗。

〔柳〕 据《广韵》所记：春秋时鲁孝公的后代展禽受封于柳下，遂改为柳姓，称柳下季。柳下季品行皆优，知书达理，名重于诸侯，死后谥惠，史称柳下惠。据说他有坐怀不乱之德。唐代文学家柳宗元为"唐宋八大家"之一。

〔酆〕 据《通志·氏族略》所记：周文王的小儿子姬封，周克商后受封于酆邑，其后代遂以酆为姓。春秋时有酆舒；宋代有酆去奢，少为崇仙宫道士。

〔鲍〕 据《元和姓纂》所记：大禹的后裔敬叔，春秋时为齐国大夫，食采于鲍邑，世称鲍敬叔。他的儿子牙开始以封地鲍为姓，即鲍叔牙。鲍照为南朝宋文学家；鲍敬言为东晋思想家、无神论者。

〔史〕 据《姓氏考略》所记：西周初期，有史官史佚。此人名佚，史是官名。其后代遂以其官名史字为姓。史达祖为南宋词人；史可法为明末大将。

〔唐〕 据《百家姓考略》所记：唐姓出自陶唐氏。舜封尧子丹朱于唐，其后代遂以唐为姓。唐昧为战国时楚国大将；唐寅(伯虎)为明代画家。

〔费〕 据《通志·氏族略》所记：鲁桓公的儿子季友在鲁僖公时代作鲁国宰相，受封于费，其后代遂以费为姓。费长房为东汉方士；费密为明清之际学者。

〔廉〕 据《姓苑》所记：廉姓出自高阳氏，颛顼的裔孙名大廉，其后代遂以廉为姓。廉颇为战国时赵国大将。

〔岑〕 据《通志·氏族略》所记：周武王封其弟姬渠于岑，建立岑国，为子爵，世称岑子，其后代遂以岑为姓。岑参是唐代著名的边塞诗人。

〔薛〕 据《元和姓纂》所记：黄帝裔孙奚仲，夏朝时受封于薛，其后代以国名薛为姓。薛道衡为隋代著名诗人；薛仁贵为唐代大将，英名盖世。

〔雷〕据《姓苑》所记：黄帝时有一位大臣雷公，精通医术，其后代遂以雷为姓。雷焕为晋代天文学家；雷万春为唐代名将。

〔贺〕据《通志·氏族略》所记：春秋时齐桓公的后裔有庆封，至汉其裔孙中有一人名庆纯，官侍中。为避汉安帝的父亲刘庆之讳，诏告天下：凡庆皆改为贺，庆纯改为贺纯，其后代遂以贺为姓。贺知章为唐代诗人。

〔倪〕据《元和姓纂》所记：西周初，周武王封颛顼后人于邾，建立邾国。邾国国君邾武公封其次子肥于郳，建立郳国，乃一附庸小国。后来郳国为楚国所灭，其后裔以郳为姓。为避仇杀，遂改郳姓为倪姓。唐代有户部侍郎倪若水；元代有名画家倪瓒。

〔汤〕据《名贤氏族言行类稿》所记：商代成汤的后裔以祖先的名字汤为姓。汤显祖为明代著名戏曲家、文学家，著有《临川四梦》。

〔滕〕据《百家姓考略》所记：西周初期周武王封弟叔绣于滕，其后世子孙以滕为姓。东汉有京兆尹滕延；五代时前蜀国有画家滕昌佑。

〔殷〕据《元和姓纂》所记：商朝的第十代商王盘庚迁都于殷，称殷朝，其后代遂以殷为姓。殷仲文为东晋文学家；殷芸为南朝文学家。

〔罗〕据《名贤氏族言行类稿》所记：春秋时期，祝融的后代受封于罗，建立罗国，其后代遂以罗为姓。罗隐为唐代诗人；罗贯中为元末明初文学家。

〔毕〕据《通志·氏族略》所记：西周初期，周文王的第十五子姬高受封于毕，公爵，世称毕公高，其后代遂以毕为姓。北宋发明家毕昇发明了活字印刷；毕沅为清代学者。

〔郝〕据《通志·氏族略》所记：殷商时期，殷王乙封子期于郝，其后代遂以郝为姓。郝经为元代著名学者；郝懿行为清代经学家、训诂学家。

〔邬〕据《通志·氏族略》所记：春秋时晋国人祁臧受封于邬，世称邬臧，其后代遂以邬为姓。邬希文为清代画家。

〔安〕据《新唐书·宰相世系表》所记：黄帝子昌意，昌意次子安居西戎，自称安息国，其后代遂以安为姓。唐朝安禄山在天宝年间发动"安史之乱"，使大唐江山一蹶不振。

〔常〕周文王之子康叔分封其子于常邑，其后代遂以常为姓。常建为唐代诗人；常遇春为明初名将。

〔乐〕据《百家姓考略》所记：春秋时宋戴公之子衎，字乐父，其后代遂以乐为姓。乐峻为唐代画家；乐士宣为宋代画家。

〔于〕据《广韵》所记：周武王封其子于邘，世称邘叔。邘叔的后代去掉邘字的"阝"(邑)旁，以于为姓。清代于成龙，官至两江总督，时称天下清官第一。

〔时〕据《百家姓考略》所记：春秋时，商王朝的后裔宋国的公子来，受封于时邑，其后代遂以时为姓。时光为宋代画家；明代时大彬，以陶工著名。

〔傅〕据《史记·殷本纪》所记：殷商武丁时期的宰相本名说，因其早年曾于傅岩隐居，被武丁派人访贤求得，任为相，世称傅说，其后代遂以傅为姓。宋代傅野，博学工文辞，咸淳间以诗知名于时。

〔皮〕 据《百家姓考略》所记：周公之后裔，鲁献公之子仲山甫辅佐周宣王有功，受封于樊国，称樊侯，其子孙遂以樊为姓。樊侯的后代有一人受封于皮氏邑，世称樊仲皮，其后代遂以皮为姓。皮日休为唐代诗人。

〔卞〕 据《百家姓考略》所记：西周初期，周武王封其弟振铎于曹，世称曹叔振铎。曹叔振铎又将自己的一支子孙封于卞邑，其后代遂以卞为姓。卞和为春秋楚国人，曾得璞玉，献给楚厉王和武王，先后被砍断左右足。文王即位，让玉人琢之，果然得玉，命名为"和氏璧"。

〔齐〕 《通志·氏族略》载：周朝"太公望封于齐，国人以国为氏"，皆姓齐。齐德之为元代医学家；齐召南为清代学者。

〔康〕 据《元和姓纂》所记：西周初，周武王封幼弟于康，世称康叔，其后代遂以康为姓。康进之为元代戏曲家，著有《李逵负荆》杂剧。

〔伍〕 出自芈姓，以名为氏。明代伍清源，博学善诗文。

〔余〕 据《姓氏考略》《风俗通》所记：春秋时，有一个叫由余的人在西戎做官，后投靠秦穆公为臣，其后代有的姓由，有的姓余。宋代余靖，官至工部尚书，与欧阳修、王素、蔡襄，并称为"四谏"。

〔元〕 据《通志·氏族略》所记：春秋时卫国大夫元咺受封于元，其后代遂以元为姓。元结为唐代诗人；元好问为金元之际文学家、历史学家。

〔卜〕 据《通志·氏族略》所记：周朝设有卜筮之官，其后代遂以官名卜字为姓。春秋时有卜商(字子夏)，擅长文学，曾做过鲁国的地方官，是孔子弟子。

〔顾〕 据《通志·氏族略》所记：夏朝时有顾国。夏末顾国为成汤所灭，顾国国君的后代遂以顾为姓。顾恺之为东晋画家；顾炎武为明清之际思想家。

〔孟〕 据《元和姓纂》所记：春秋时期，鲁桓公的次子庆父，称仲孙氏。庆父在鲁国作乱，曾先后杀死两位鲁国国君，引起鲁国上下愤怒，时人说："庆父不死，鲁难未已。"后庆父畏罪逃到莒国，改仲孙氏为孟孙氏。庆父的后代有的复姓孟孙，有的单姓孟。孟轲为战国思想家，著有《孟子》七篇；孟浩然为唐代诗人。

〔平〕 据《通志·氏族略》所记：战国时，韩哀侯的儿子婼(chuò)封于平邑，韩亡后其后代遂以平为姓。平畴为清代画家。

〔黄〕 据《百家姓考略》所记：颛顼帝后裔陆终受封于黄，建立黄国，其后代遂以黄为姓。黄盖为三国吴大将；黄庭坚为北宋文学家、书法家。

〔和〕 据《通志·氏族略》所记：帝尧时，羲和掌管天地四时，其后代引以为荣，遂以其祖先名字和为姓。西晋有太子太傅和峤；五代有词人和凝；明代有左都督和勇。

〔穆〕 据《元和姓纂》所记：春秋时，宋国国君宋殇公，英明贤德，死后谥号穆，史称宋穆公，其后代遂以祖先的谥号穆为姓。北魏有尚书令穆亮；唐代有御史中丞穆赞；宋代有散文家穆修。

〔萧〕 商汤的一支子孙受封于萧，建立萧国，其后代遂以国名萧为姓。萧何为西汉丞相。

〔尹〕 据《通志·氏族略》所记：少昊帝的儿子殷受封于尹城，称尹殷，其后代遂以尹为姓。尹文为战国时哲学家；元代尹志平，为丘处机弟子。

〔姚〕 据《通志·氏族略》所记：瞽瞍生舜于姚墟。舜继尧后为帝，其后代遂以其出生地名姚为姓。唐代有史学家姚思廉、宰相姚崇；清代有文学家姚鼐、姚燮。

〔邵〕 据《元和姓纂》所记：周武王封其庶弟姬奭于召地，称召公。召公的后代以祖先的封地召为姓。召姓后人中有的在召旁加邑（阝），表示封邑之意，遂成邵字，并以为姓。宋代有哲学家邵雍、学者邵伯温；清代有书法家邵泰。

〔湛〕 据《姓氏寻源》所记：春秋时居住在湛地的人以湛为姓。唐代僧人湛然为天台宗九祖；明代有南京兵部尚书湛若水。

〔汪〕 据《中国姓氏起源》所记：春秋时鲁桓公庶子满，食采于汪，其后代遂以汪为姓。宋代有词人汪藻、汪元量；清代有画家汪士慎、学者汪中。

〔祁〕 据《百家姓考略》所记：帝尧复姓伊祁氏，其后代中有的以祁为姓。宋代有义武军节度使祁廷训；清代有学者祁韵士。

〔毛〕 据《通志·氏族略》所记：周文王的儿子伯聃，受封于毛邑，其后代遂以毛为姓。毛遂为战国名士；毛晋为明代大学者。

〔禹〕 据《通志·氏族略》所记：夏禹的后人以禹为姓。金代有义胜军节度使禹显；清代有画家禹之鼎。

〔狄〕 据《广韵》所记：周朝时，在齐、鲁、晋、卫之间有狄族，其后代遂以狄为姓。唐代有名相狄仁杰；宋代有枢密使狄青。

〔米〕 据《百家姓考略》所记：米姓始出自西域米国，其中有一支系来到中原地区，以米为姓。米芾(fú)为宋代著名书画家；米友仁为宋代画家。

〔贝〕 据《姓氏考略》所记：周文王的后代召公康封于蓟，其子孙食采于贝丘，其后代遂以贝为姓。贝俊为唐代画家；贝点为清代画家。

〔明〕 据《百家姓注》所记：燧人氏时有大臣名明由，这是明姓之祖。明炳麟为清代画家。

〔臧〕 据《通志·氏族略》所记：春秋时鲁孝公的儿子驱，受封于臧地，其后代遂以臧为姓。明代有文学家臧晋叔；清代有文学家臧琳。

〔计〕 据《百家姓注》所记：夏禹后人建有计国，计国灭亡后，其后代遂以计为姓。宋代有右承议郎计有功（著有《唐诗纪事》）；明代有画家计礼。

〔伏〕 据《氏族博考》所记：伏羲氏的后裔以伏为姓。西汉有经学家伏胜；东汉有学者伏无忌；晋代有将军伏滔。

〔成〕 据《通志·氏族略》所记：周武王封其弟叔武于郕(chéng)，建立郕国。其后代去掉郕的邑（阝）旁，以成为姓。成宗道为宋代画家，善画道、释人物。

〔戴〕 据《元和姓纂》所记：春秋时宋戴公的后裔以祖上的谥号戴字为姓。西汉有经学家戴德、戴圣；清代有史学家戴名世、哲学家戴震。

〔谈〕 据《姓苑》所记：殷商亡国后，商的后人受周武王之封，建立宋国。宋国后裔有一人名谈居，因其受封于谈而得名，其后代遂以谈为姓。明末有史学家谈迁；清代有画家谈友仁。

〔宋〕 据《通志·氏族略》所记:周武王灭殷商后,封商后裔微子于商丘,建立宋国。宋国亡后,其王族仍以原国名宋为姓。宋玉为战国时楚国文学家;宋之问为唐代诗人。

〔茅〕 据《通志·氏族略》所记:周公旦的儿子叔受封于茅邑,世称茅叔,建立茅国,其后代遂以茅为姓。宋代有名儒茅知至;明代有文学家茅坤;清代有学者茅星来。

〔庞〕 据《氏族考略》所记:周文王的儿子毕公高的后代中有人受封于庞地,其后代遂以庞为姓。战国时魏国有大将庞涓;三国时有名士庞统;魏有将军庞德。

〔熊〕 据《元和姓纂》所记:黄帝建都于有熊,故称有熊氏,其后代有的以熊为姓。熊大木为明代通俗小说的编著者、刊行者;熊伯龙为清代思想家、文学家。

〔纪〕 据《通志·氏族略》所记:西周时,炎帝的后裔被封于纪,建立纪国,其后代遂以纪为姓。纪君祥为元代戏曲家;纪晓岚为清代政治家、文学家。

〔舒〕 据《姓氏考略》所记:周武王封皋陶后代于舒,建立舒国,子爵,世称舒子,其后代遂以舒为姓。唐代有著作郎舒元舆;宋代有学者舒璘;清代有诗人舒位。

〔屈〕 据《通志·氏族略》所记:春秋时楚武王儿子瑕受封于屈地,其后代遂以屈为姓。屈原是战国时楚国政治家、文学家。

〔项〕 据《通志·氏族略》所记:春秋时楚公子燕封于项城,建立项国,其后代遂以项为姓。西楚霸王项羽兵败之后乌江自刎,颇富悲剧色彩。

〔祝〕 据《新唐书·宰相世系表》所记:西周初,武王分封先代遗民,黄帝的后裔被封于祝地,建立祝国,其后代遂以祝为姓。明代有书法家祝允明、诗人祝时泰;清代有画家祝昌。

〔董〕 据《广韵》所记:帝舜时有个叫董父的人善于饲养龙,世称豢龙氏,帝舜赐他以董为姓,其后代袭用之。董狐为战国时晋国有名史官;董仲舒为西汉思想家。

〔梁〕 据《通志·氏族略》所记:春秋时周宣王的大夫秦仲有战功,周宣王封其次子康于夏阳梁山,建立梁国,其后代遂以梁为姓。梁鸿为东汉隐士,他的妻子孟光与他举案齐眉,传为美谈。

〔杜〕 据《通志·氏族略》所记:帝尧的后人先封于唐,建立唐国,因不服从周朝号令,为周公旦所灭,改封于杜城,其后代遂以杜为姓。晋代有学者杜预;唐代有大诗人杜甫、杜牧。

〔阮〕 据《通志·氏族略》所记:商朝时有阮国,其王族后代遂以国名为姓。阮籍为三国魏文学家,其侄阮咸为西晋文学家。

〔蓝〕 据《竹书纪年》所记:梁惠王三年,秦王子向命为蓝国国君,其后代遂以蓝为姓。明代有凉国公蓝玉、画家蓝瑛;清代有书画家蓝涟。

〔闵〕 据《通志·氏族略》所记:春秋时鲁庄公之子做了两年国君即被庆父杀害,谥号闵,称鲁闵公,其后代遂以闵为姓。东汉有辽西太守闵业;明代有刑部尚书闵珪;清代有画家闵贞。

〔席〕 据《姓苑》所记:春秋时晋国大夫籍谈,是管理典籍的官员,其后代以籍为姓。秦末项羽名籍,籍谈的后裔为避项籍之讳,改姓席。北魏有光禄大夫席法友;唐代有礼部尚书席豫。

〔季〕 上古时陆终氏少子排行第四,名季连,其后代遂以季为姓。秦末西楚霸王有名将季布;宋代有中书舍人季陵。

〔麻〕 据《风俗通》所记：春秋时齐国有一位大夫叫麻婴，其后代遂以麻为姓。麻居礼为唐代画家；麻云汉为明代画家。

〔强〕 据《百家姓考略》所记：春秋时，齐国有大夫公孙彊，其后代以强为姓。古时"强"与"彊"通用。金代有武士强伸；宋代有祠部郎中强至。

〔贾〕 据《姓苑》所记：西周时，周康王封唐叔虞的少子公明于贾，称贾伯，其后代遂以贾为姓。贾谊为西汉政治家、文学家；贾岛为唐代诗人。

〔路〕 春秋时，炎帝后裔婴被封于路，其后代遂以路为姓。西汉有伏波将军路博德；唐代有学者路敬德，宰相路岩、路隋。

〔娄〕 周武王封颛顼帝后裔于邾娄国，春秋时，邾娄国附庸于鲁国，王室子孙有的姓娄。西汉有建信侯娄敬；唐代有宰相娄师德；明代有书法家娄坚。

〔危〕 据《潜夫论》所记：帝舜时期，在江西鄱阳湖一带有三苗族人居住，因帮助丹朱与舜争帝位，帝舜将三苗族迁至甘肃三危山一带，三苗族人后代遂以危为姓。危素为元代文学家；危联箕为清代画家。

〔江〕 据《百家姓考略》所记：颛顼裔孙伯益的后人受封于江陵，建立江国，其后代遂以江为姓。江淹为南朝宋文学家；江永为清代文学家。

〔童〕 据《元和姓纂》所记：颛顼之子名老童，其后代遂以童为姓。东汉有丹阳太守童恢；宋代有太师童贯；明代有诗人童冀。

〔颜〕 据《姓氏考略》所记：颛顼的后人邾武公，名夷父，字颜，世称颜公，其后代遂以颜为姓。北齐颜之推为著名学者；唐代颜真卿为著名书法家。

〔郭〕 据《百家姓考略》所记：周武王灭商后，封虢仲于东虢，封虢叔于西虢，号曰二虢。后来西虢改号郭，其后代遂以郭为姓。郭象为东晋哲学家；郭守敬为元代科学家。

〔梅〕 据《通志·氏族略》所记：殷商时期有梅伯，后被纣王杀害。周武王克商后，封梅伯的后人于黄梅，其后代遂以梅为姓。梅尧臣为北宋诗人。

〔盛〕 西周召公奭(shì)的后代被封于盛，遂以盛为姓。东汉有廷尉盛吉；唐初有葛国公盛彦师；清代有围棋国手盛年。

〔林〕 据《通志·氏族略》所记：殷纣王无道，杀王叔比干，时比干夫人怀孕，逃至长林避难，生子名坚。周武王灭纣后，拜坚为大夫，因其曾居长林，赐为林姓。"梅妻鹤子"的林逋为北宋诗人；林则徐为清代民族英雄。

〔刁〕 据《百家姓考略》所记：周文王时有雕国，其后代改雕为刁，因以为姓。后魏刁冲，学通百氏，当世服其精博。

〔钟〕 据《百家姓考略》所记：楚公族钟建封于钟吾，其后人为钟吾氏，或为钟氏。是为钟姓之始。钟子期为春秋时音乐家。

〔徐〕 据《百家姓考略》所记：伯益协助大禹治水有功，禹封其子若木于徐地，若木后代遂以徐为姓。徐渭为明代书画家；徐霞客为明代旅行家；徐光启为明代科学家。

〔邱〕 据《元和姓纂》、《百家姓考略》所记：姜尚辅佐周武王有功，受封于齐，建立齐国，都营邱。后来齐国迁都临淄，姜太公的一支子孙留在营邱，遂以邱为姓。明代有学者邱濬。

〔骆〕 据《姓谱》所记：姜太公的裔孙公子骆，他的后代以骆为姓。骆宾王为唐代诗人，系"初唐四杰"之一；骆文盛为明代翰林院编修。

〔高〕 据《百家姓考略》、《广韵》所记：姜太公的裔孙齐文公之子受封于高地，世称公子高，其后代遂以高为姓。高渐离为战国有名的刺客；高鹗为清代小说家。

〔夏〕 据《通志·氏族略》所记：周武王克商后，封夏禹的后裔东楼公于杞，建立杞国。另一部分夏禹后裔没有得到封地，他们大都以夏为姓。夏珪为宋代画家；夏曾佑为清代学者。

〔蔡〕 据《百家姓考略》所记：周文王的儿子叔度受封于蔡，建立蔡国，世称蔡叔度，其后代遂以蔡为姓。东汉蔡伦发明造纸术；蔡邕、蔡琰父女为东汉著名文学家、诗人。

〔田〕 据《通志·氏族略》所记：上古时代田、陈音相近，可以互换称呼。又据《左传》、《史记》等书所记：田氏即陈氏，陈厉公死，陈国大乱，他的小儿子篡位自立，杀太子御寇，次兄敬仲惧祸奔齐，改姓田。后来，敬仲的后人田和推翻姜姓齐国，称齐太公，史称田齐。田单为战国名将；田忌为战国军事家。

〔樊〕 据《通志·氏族略》所记：周文王的后裔仲山甫在周宣王时代任卿士，食采于樊，其后代遂以樊为姓。西汉有左丞相樊哙；唐代有散文家樊宗师。

〔胡〕 据《元和姓纂》所记：西周初期，周武王封舜的后裔胡公满于陈，建立陈国。陈国灭亡后，其公族中有人以祖名胡字为姓。胡安国为宋代著名学者；胡渭为清代经学家。

〔凌〕 据《通志·氏族略》所记：周文王之子康叔封于卫，建立卫国。康叔的庶子在周朝做官，位至凌人(官名，专管冬日贮冰于库，以备王室夏日消暑之用)，其后代遂以祖上的官名凌字为姓。三国时吴有将军凌操、凌统；明末有文学家凌濛初；清代有经学家凌曙。

〔霍〕 据《百家姓考略》所记：周文王的儿子霍叔受封于霍，其后代遂以霍为姓。西汉有大将霍去病，大司马、大将军霍光。

〔虞〕 据《通志·氏族略》所记：舜帝的儿子商均受封于虞城，其后代遂以虞为姓。又据《百家姓考略》所记：周太王的次子仲雍的庶孙被封于虞，其后代遂以虞为姓。唐代有书法家虞世南；元代有学者虞集。

〔万〕 据《通志·氏族略》所记：春秋时，晋国大夫毕万的后代以祖上的万字为姓。战国时孟轲有弟子万章；清代有史学家万斯同。

〔支〕 据《姓氏考略》所记：尧舜时代有个名叫支父的人，其后代遂以支为姓。支鉴为明代画家；支元福为清代画家。

〔柯〕 据《百家姓考略》所记：春秋时吴国公子名柯卢，其后代遂以柯为姓。明代有画家柯著、柯士璜。

〔昝〕 据《百家姓考略》所记：商朝宰相咎单的后代姓咎，但因咎字有灾祸之意，人们以为咎字不吉利，便在咎字的"口"中加一横，变成昝，以昝为姓。明代有名士昝如心、昝学易。

〔管〕　据《通志·氏族略》所记：西周初年，周武王封其弟叔鲜于管，建立管国，世称管叔鲜，其后代遂以管为姓。三国时魏有天文星占家管辂；宋代有词人管鉴。

〔卢〕　据《通志·氏族略》所记：姜太公的裔孙名傒，受封于卢，其后代遂以卢为姓。卢植为东汉名医；卢照邻为唐代诗人，系"初唐四杰"之一。

〔莫〕　据《百家姓考略》、《三郡记》所记：颛顼尝造鄚(mò)城，其后代去掉鄚字的邑(阝)旁，以莫为姓。宋代有工部尚书莫将、诗人莫蒙；明代有书画家莫是龙。

〔经〕　据《百家姓考略》所记：春秋时郑武公之子叔段食邑于京，世称京叔段，后代以京为姓。传至西汉时，有个叫京房的人因事死狱中，其族人因避祸改京姓为经姓。明代有隐士经承辅；清代有知府经元善。

〔房〕　据《百家姓考略》所记：帝舜封尧的儿子丹朱于房，建立房国，其后代遂以房为姓。隋代有经学家房晖远；唐代有宰相房玄龄、房琯。

〔裘〕　据《通志·氏族略》所记：春秋时卫国有一位大夫受封于裘地，其后代遂以裘为姓。清代有画家裘云锦、裘尊生。

〔缪〕　据《元和姓纂》、《通志·氏族略》所记：缪姓为秦穆公的后代。古时缪、穆音同，秦穆公亦称秦缪公，故其部分子孙以缪为姓。西汉有经学博士缪生；三国时有文学家缪袭。

〔干〕　据《百家姓考略》所记：春秋时，宋国有一位大夫名叫干犨(chōu)，其后代遂以干为姓。晋代干宝，著有笔记小说《搜神记》。

〔解〕　据《通志·氏族略》所记：西周初，周武王封儿子叔虞于唐，称唐叔虞。唐叔虞的儿子名良，食采于解，称解良，其后代遂以解为姓。宋代有上将军解晖；明代有学者解缙。

〔应〕　据《百家姓考略》所记：周武王第四子食采于应，建立应国，称应侯，其后代遂以应为姓。东汉末年有学者应劭，文学家应璩；清代有诗人应宝时。

〔宗〕　据《通志·氏族略》所记：周朝设有掌管国家祭祀典礼之官，称宗伯，其后代以祖先官名宗字为姓。南朝宋有画家宗炳；宋代有抗金名将宗泽；明代有文学家宗臣。

〔丁〕　据《通志·氏族略》所记：西周初，姜太公之子吕伋，死后谥号丁公，其后代遂以丁为姓。丁固为秦末项羽部将；丁恭为东汉经学家；丁汝昌为清代北洋水师提督。

〔宣〕　据《风俗通义》所记：西周时，周厉王的儿子姬静，继承父位为君王。他死后谥号"宣"，是为周宣王。周宣王的一支子孙以祖上的谥号宣为姓。明代有中书舍人宣嗣宗。

〔贲〕　据《元和姓纂》所记：春秋时鲁国有贵族县贲父，其后代遂以贲为姓。汉代有名士贲嵩；元代有宣武将军贲亨。

〔邓〕　据《百家姓考略》所记：殷王武丁封叔父曼季于邓，其后代遂以邓为姓。邓析为春秋郑国政治家；邓世昌为清代海军将领。

〔郁〕　据《姓考》所记：古代有郁国，春秋时吴大夫食邑于此，其后代遂以郁为姓。明代有刑部主事郁采；清代有画家郁文名。

〔单〕　据《姓氏考略》所记：西周初，周成王封其少子臻于单邑，称单伯，其后代遂以单为姓。又，南北朝时，进入中原的北方少数民族部落有可单氏、阿单氏，其后代也以单为姓。东汉有车骑将军单超;隋末有名将单雄信。

〔杭〕 据《百家姓略》所记:大禹治水以后,遗留下好多船只,禹王让他的儿子管理这些剩馀的航船,封为馀航国。其后代改航为杭,遂以杭为姓。杭世骏为清代著名画家。

〔洪〕 据《元和姓纂》所记:上古时炎帝的子孙共工氏,一为避仇,二为有水德,共字加水旁,遂以洪为姓。洪秀全为清代太平天国领袖。

〔包〕 据《百家姓考略》所记:春秋时,楚国有一位大夫申包胥,其后代以祖上名字中的包字为姓。宋代包拯,号为"包青天",办案铁面无私。

〔诸〕 据《姓苑》所记:春秋时鲁国有诸邑,在诸邑任官职受俸禄的大夫的后代遂以诸为姓。又据《百家姓考略》所记:越王勾践的后人无诸在汉初因功受封为闽越王,其后代遂以诸为姓。战国时越国有名士诸发;清代有诗人诸匡鼎。

〔左〕 据《元和姓纂》所记:周朝和各诸侯国设置有左史官、右史官,左史记言,右史记事,如周穆王有左史戎夫,楚威王有左史倚相,他们的后代遂以祖上官职左字为姓。左思为晋代文学家;左宗棠为清代东阁大学士。

〔石〕 据《百家姓考略》所记:春秋时卫国公族大夫名石碏(què),其后代遂以石为姓。石崇为西晋富豪;石敬瑭为五代后晋皇帝。

〔崔〕 据《百家姓考略》所记:齐国齐丁公之子季子食采于崔,其后代遂以崔为姓。唐代有诗人崔颢、崔护。

〔吉〕 据《百家姓考略》、《元和姓纂》所记:周宣王时,有大臣尹吉甫,战功卓著,其后代遂以祖上名字中的吉字为姓。吉祥为宋代画家;吉潮为清代画家。

〔钮〕 据《通志·氏族略》所记:东晋的钮滔,一般认为是钮姓之祖。清代有书画家钮嘉荫、钮晋。

〔龚〕 据《百家姓考略》所记:黄帝时有大臣名共工,负责管理水土。共工的儿子名句龙,继任父亲之职,其后代遂把共字和龙字合在一起,组成龚字,并以为姓。龚开为宋代画家;龚自珍为清代思想家、文学家。

〔程〕 据《百家姓考略》所记:颛顼之孙重黎为司火之官,受封于程,称程伯,其后代遂以程为姓。唐代有卢国公程咬金;宋代有哲学家程颐、程颢。

〔嵇〕 据《百家姓考略》、《姓谱》所记:夏朝少康帝封其庶子于会稽,以会稽为氏。西汉初,族人迁至嵇山,会稽氏遂改为嵇姓。嵇康为三国魏音乐家。

〔邢〕 据《元和姓纂》所记:周公旦第四子被封于邢,建立邢国,其后代遂以邢为姓。北朝有思想家邢劭;唐代有宰相邢文伟;宋代有经学家邢昺。

〔滑〕 据《通志·氏族略》所记:古代有滑国,后来为晋所灭,其公族后代遂以滑为姓。明代有医学家滑寿。

〔裴〕 春秋时,秦非子第六代孙陵封为裴乡侯,其后代遂以裴为姓。西晋有司空裴秀;南朝宋有史学家裴松之;唐代有宰相裴寂、裴炎、裴度。

〔陆〕 据《新唐书·宰相世系表》所记：齐宣王的小儿子田通，封于陆邑，其后代遂以陆为姓。陆机为晋代文学家；陆羽为唐代"茶圣"；陆游为宋代诗人。

〔荣〕 据《百家姓考略》所记：周文王大夫夷公受封于荣邑，称荣夷公，其后代遂以荣为姓。汉代有经学家荣广；清代有书法家荣林。

〔翁〕 据《百家姓考略》所记：周昭王庶子食采于翁山，其后代遂以翁为姓。宋代有学者翁梦得、诗人翁卷；清代有诗人、书法家翁方纲，军机大臣翁同龢。

〔荀〕 据《元和姓纂》所记：周文王第十七子受封于郇，建立郇国，称郇伯。其后代改郇为荀，以荀为姓。战国时有思想家荀况；东汉有经学家荀爽、史学家荀悦。

〔羊〕 据《通志·氏族略》、《百家姓考略》所记：羊姓出于祁姓。春秋时，晋国大夫祁盈受封于羊舌，称羊舌氏，其后代去掉舌字，以羊为姓。羊毓金为清代书画家；羊文森为清代女画家。

〔於〕 据《世本》所记：黄帝时有一位大臣因功受封于於，名於则，其后代遂以於为姓。於竹屋为明代画家，善画墨梅。

〔惠〕 据《百家姓考略》、《元和姓纂》所记：周惠王的后代子孙，以祖上的谥号惠字为姓。战国时有哲学家惠施；清代有学者惠士奇、惠栋。

〔甄〕 据《百家姓考略》、《元和姓纂》所记：皋陶的次子仲甄在夏朝为卿，受封于甄，其后代遂以甄为姓。王莽时有大司马甄邯；北周有数学家甄鸾。

〔麴〕 据《元和姓纂》所记：汉代有鞠谭，其后代避难湟中，因居西平，改姓麴氏。晋代有左仆射麴允；唐代有望江令麴信陵。

〔家〕 据《百家姓考略》所记：周幽王时有大夫名家父，其后代遂以家为姓。宋代有工部侍郎家大酉，学者家铉翁。

〔封〕 据《姓苑》所记：炎帝裔孙钜为黄帝师，夏朝时其后代被封于封父，其后代遂以封为姓。北朝北齐有宰相封子绘，唐代有宰相封德彝。

〔芮〕 据《百家姓考略》所记：西周初，周武王封姬姓司徒于芮，建立芮国，称芮伯，其后代遂以芮为姓。三国时吴有溧阳侯芮玄；宋代有右文殿修撰芮煜；清代有学者芮城。

〔羿〕 据《百家姓考略》所记：夏代有穷氏的首领后羿曾夺取帝位自立，后被部将寒浞所杀。后羿的后代遂以羿为姓。

〔储〕 据《百家姓溯源》所记：上古时有储国，储国公族的后代遂以储为姓。又据《风俗通》所记：春秋时，齐国有大夫名叫储子，其后代遂以储为姓。唐代有诗人储光羲；清代有学者储欣、储大文。

〔靳〕 据《风俗通》所记：战国时，楚怀王有侍臣名尚，食邑于靳，称靳尚，其后代遂以靳为姓。靳青为宋代画家；靳观明为明代画家。

〔汲〕 据《通志·氏族略》所记：春秋时，周文王的后人康叔封于卫，建立卫国。卫宣公的太子居于汲，称太子汲，其后代遂以汲为姓。西汉有汲黯，汉武帝时曾任东海太守。

〔邴〕 据《通志·氏族略》所记：春秋时，晋国大夫邴豫受封于邴，其后代遂以邴为姓。西汉有丞相邴吉、京兆尹邴汉；东汉有名士邴原。

〔糜〕 据《百家姓考略》所记：糜与"夏同姓，诸侯有糜之后"。又说糜姓起源于夏代，当时有人以种植"糜子"而闻名，其后代遂以糜为姓。清代有画家糜准、糜桂丛。

〔松〕 据《元和姓纂》所记：秦始皇巡幸泰山遇雨，避雨于五棵松树下，封松树为"五大夫"。同时避雨的人遂以松为姓。隋代有松赟，性刚烈，重名义；明代有松冕，居官严明廉正。

〔井〕 据《通志·氏族略》所记：周朝大夫井利的后人以井为姓。汉代有井丹，精通五经；明代井田、井源父子，俱为官。

〔段〕 据《元和姓纂》所记：春秋时，郑武公之子、郑庄公之弟称共叔段，因夺权未遂，逃奔在外，其后代有的姓共，有的姓段。唐代有宰相段文昌、文学家段成式；清代有文字学家段玉裁。

〔富〕 据《通志·氏族略》所记：周朝有大夫名富辰，其后代遂以富为姓。唐代有监察御史富嘉谟；宋代有宰相富弼。

〔巫〕 据《百家姓考略》所记：商代有大臣巫咸，其后代遂以巫为姓。汉代有冀州刺史巫捷；明代有都督同知巫凯。

〔乌〕 据《百家姓考略》所记：上古少昊氏以鸟名任命官职，掌管高山丘陵的为乌鸟氏，其后代遂以乌为姓。战国时秦国有大力士乌获；明代有学者乌本良。

〔焦〕 据《通志·氏族略》所记：西周初，周武王封神农氏的后裔于焦，建立焦国，其后代遂以焦为姓。西汉有经学家焦延寿；明代有学者焦竑；清代有戏曲理论家焦循。

〔巴〕 据《通志·氏族略》所记：巴国是周朝时诸侯国，在今四川东部地区，巴国国君后代以巴为姓。明代巴思明，正德进士，累迁兵科给事中。

〔弓〕 据《姓氏考略》所记：上古时主管制造弓弩的官员叫弓正，其后代遂以弓为姓。弓蚝为前秦人，积功至侍中，称"万人敌"；弓立本为明代画家。

〔牧〕 《通志·氏族略》载："牧氏，黄帝臣力牧之后。"这是牧姓之始。汉代有越嶲太守牧稂；明代有广西参议牧相。

〔隗〕 据《百家姓考略》所记：商汤灭夏桀之后，封夏桀后裔于隗，建立隗国，其后代遂以隗为姓。汉代大将隗嚣，初附更始，不久归光武帝刘秀，后又叛附公孙述。

〔山〕 据《广韵》所记：周朝设有掌管山林之官，叫山师，其后代遂以山为姓。晋代山涛、山简父子，俱为当时名士。

〔谷〕 据《通志·氏族略》所记：周朝封颛顼后裔于秦谷，其后代遂以谷为姓。唐代谷那律，博通群书，褚遂良称他为"九经库"。

〔车〕 据《百家姓考略》所记：春秋时，秦国公族有子车仲行，其后代遂以车为姓。晋代车胤，少时博学，家贫没有灯油，曾将萤火虫放在纱袋中，借萤光读书。

〔侯〕 据《姓氏考略》所记：西周初，封夏侯氏后裔于侯，建立侯国，其后代遂以侯为姓。清代侯方域，才气横溢，著有《壮悔堂文集》。

〔宓〕 今多读为 mì。据《百家姓考略》所记：宓姓出自太昊氏。上古时伏羲亦作宓羲，伏与宓音同，部分伏姓误作宓姓。宓不齐字子贱，春秋鲁国人，孔子弟子。

〔蓬〕据《百家姓考略》所记：西周初，分封君主的支庶子孙于蓬州，其后代遂以蓬为姓。晋代蓬球于泰始年间入山伐木，曾遇仙境，回家后，已为建兴年间。

〔全〕据《百家姓考略》所记：西周设置有泉官，管理市场贸易和钱财，这一官职的后代遂以泉为姓。泉与全音同，部分人遂改为全姓。全祖望为清代文学家。

〔郗〕据《姓氏考略》所记：西周初，周武王封少昊氏的后裔于郗，其后代遂以郗为姓。晋代郗鉴，明帝初拜安西将军。

〔班〕据《百家姓考略》所记：春秋时，楚令尹子文从小被弃于野外，吃虎乳长大，因虎身有斑纹，其后代为纪念此事，遂以斑为姓，后又改为班姓。汉代班固继承父亲班彪未竟的事业，撰写《汉书》，最后由其妹班昭完成全书。

〔仰〕据《姓氏考略》所记：舜帝时有一位大臣名仰延，其后代遂以仰为姓。宋代有名士仰忻；明代有大理丞仰瞻。

〔秋〕周朝设置秋官，负责纠察和刑狱。秋官的后代遂以秋为姓。清代有"鉴湖女侠"秋瑾。

〔仲〕据《元和姓纂》所记：黄帝后裔高辛氏中有叫仲堪、仲熊的，其后代遂以仲为姓。仲长统为东汉哲学家；仲并为宋代学者。

〔伊〕商汤的大臣伊尹，生于伊水，其后代遂以伊为姓。伊秉绶为清代画家。

〔宫〕据《古今姓氏书辨证》所记：西周时，朝廷中设置宫人，专管宫廷修缮，其后代遂以宫为姓。宫崇为东汉道术家；宫聚为明代平蛮将军。

〔宁〕据《元和姓纂》所记：春秋时，秦襄公的曾孙死后，谥号宁，称宁公，其后代遂以宁为姓。战国时赵国人宁越，原为农民，因努力求学，最终成为周威公之师。

〔仇〕据《百家姓考略》所记：夏代有诸侯九吾氏。商代建立九国。商末纣王杀九侯，其族人为避祸，在九前加人字旁，改九为仇，遂以仇为姓。仇英为明代画家，时称工笔之杰。

〔栾〕据《世本》所记：春秋时，晋靖侯的孙子宾食采于栾邑，其后代遂以栾为姓。西汉有燕国相栾布；东汉有豫章太守栾巴。

〔暴〕据《风俗通》所记：商朝时有暴国。周朝时暴国仍为侯国，后并入郑国。其后代遂以暴为姓。北朝北齐有骠骑大将军暴显；明代有刑部尚书暴昭。

〔甘〕据《通志·氏族略》所记：夏朝时有甘国，其后代遂以甘为姓。战国时秦国有名臣甘茂、甘罗；三国东吴有名将甘宁。

〔钭〕据《百家姓考略》所记：战国时，田和篡齐，齐康公被迁于海上，以钭(酒器)当锅，烹煮食物。其后代为纪念此事，遂以钭为姓。宋代有处州刺史钭滔。

〔厉〕据《风俗通》所记：西周时，齐国君主姜无忌去世，谥号"厉"，世称齐厉公，其后代遂以厉为姓。厉归真为五代画家；厉鹗为清代文学家。

〔戎〕据《百家姓考略》所记：周朝时有戎国，为齐国的附庸国，其后代遂以戎为姓。西汉有柳丘侯戎赐；唐代有诗人戎昱。

〔祖〕据《通志·氏族略》所记：商汤的裔孙有祖甲、祖辛、祖己、祖庚等，都先后为商王，他们的后代遂以祖为姓。祖逖为东晋名将；祖冲之为南朝科学家；祖咏为唐代诗人。

〔武〕 据《风俗通》所记：春秋时，宋武公的后代以其谥号武为姓。武则天为周女皇帝，也是我国历史上第一位女皇帝。

〔符〕 据《元和姓纂》所记：春秋时，鲁顷公的孙子雅，在秦国担任符玺令(掌管王室符玺)，其后代遂以符为姓。东汉有学者符融；清代有诗人符曾。

〔刘〕 据《通志·氏族略》所记：帝尧陶唐氏的后裔，有的被封于刘地，其后代遂以刘为姓。刘邦是汉代开国皇帝；刘备为蜀汉皇帝；刘禹锡为唐代诗人。

〔景〕 据《百家姓考略》所记：春秋时，楚国有大夫景差，其后代遂以景为姓。又据《姓氏考略》所记：战国时，齐景公之后人以祖上谥号中的景为姓。战国时楚有将军景翠、景阳，文学家景差；明代有御史大夫景清。

〔詹〕 据《姓苑》所记：周宣王封其支庶子孙于詹，建立詹国，其后代遂以詹为姓。宋代有龙图阁学士詹适；明代有书法家詹希原。

〔束〕 据《百家姓考略》所记：束姓出自田姓。战国时齐国有疎族，其后代有人去掉足旁，以束为姓。束宗庚为元代画家，擅长人物。

〔龙〕 据《通志·氏族略》所记：黄帝裔孙董父喜畜龙，赐为豢龙氏，其后代遂以龙为姓。秦末项羽有大将龙且；东汉有零陵太守龙伯高；清代有戏曲作家龙燮。

〔叶〕 据《百家姓考略》所记：春秋时，楚大夫沈诸梁食采于叶，建立叶国，世称叶公，其后代遂以叶为姓。叶适为南宋思想家；叶燮为清代文学家。

〔幸〕 《姓氏五书》载："其先得幸于君，因以为姓。如宠氏、党氏等，皆出一辙。"古代君王身边有幸臣，其后代引以为荣，遂以幸为姓。晋代有幸灵；唐代有国子祭酒幸南容；宋代有通判幸元龙。

〔司〕 西周设置司马、司徒、司寇、司城等官职，任职者的后代遂以司为姓。元代有国史院修撰司允德；清代有宣化总兵司九经。

〔韶〕 据《姓氏考略》所记：帝舜时有乐官，创作《韶》，时称《韶乐》。这个乐官的后代遂以祖上创作的乐曲名"韶"为姓。明代有按察佥事韶护。

〔郜〕 据《通志·氏族略》所记：周文王的第十五子受封于郜，其后代遂以郜为姓。元代有诗人郜知章；清代有学者郜煜、郜坦。

〔黎〕 周文王封尧的后裔于黎，建立黎国，其后代遂以黎为姓。唐代有京兆尹黎干；明代有诗人黎贞；清代有文学家黎恂。

〔蓟〕 据《姓氏考略》所记：西周初，周武王封黄帝的后裔于蓟，建立蓟国，其后代遂以蓟为姓。东汉有方士蓟子训。

〔薄〕 春秋时，宋国有一位大夫受封于薄，其后代遂以薄为姓。南朝宋有书法家薄绍之；明代有四川道监察御史薄彦冰。

〔印〕 据《百家姓考略》所记：郑穆公的儿子睔，字子印，其后代在郑国为大夫，遂以祖上的字印为姓。春秋时郑国有印段；印廷宝、印文奎父子均为清代画家。

〔宿〕 据《姓氏考略》所记：西周初，周武王封伏羲氏的后裔于宿，建立宿国，其后代遂以宿为姓。汉代有雁门太守宿详；北魏有吏部尚书宿石。

〔白〕 据《百家姓考略》所记：春秋时，秦文公的儿子名公白，其后代遂以白为姓。白起为战国时秦国大将；白居易为唐代大诗人；白朴为元代戏曲家。

〔怀〕 据《百家姓考略》所记：西周初，周武王封其弟叔虞于怀，后又改封于晋，叔虞的后人有一支以怀为姓。三国时吴有尚书郎怀叙。

〔蒲〕 舜曾建都于蒲阪，其后代或以蒲为姓。宋代有画家蒲永昇；清代有文学家蒲松龄。

〔邰〕 据《百家姓考略》所记：帝尧封后稷于邰，其后代遂以邰为姓。明代有孝子邰茂质。

〔从〕 据《元和姓纂》所记：周平王封少子于枞，建立枞国，世称枞侯，其后代改枞为从，以从为姓。从子云为元代画家。

〔鄂〕 据《百家姓考略》所记：春秋时，晋侯光居于鄂，其后代遂以鄂为姓。又据《姓氏考略》所记：楚王封其弟于武昌东鄂，称鄂君，其后代遂以鄂为姓。西汉有安平侯鄂千秋。

〔索〕 据《姓氏考略》所记：索姓出自子姓，是商汤王的后裔。西周初年，周武王把殷商六大家族中的索氏迁于鲁定居，其后代遂以索为姓。晋代有书法家索靖；唐代有酷吏索元礼。

〔咸〕 据《姓苑》所记：商朝时有掌卜祝巫事的大臣，叫咸巫，其后代遂以咸为姓。唐代"开元十八学士"中有咸冀；明代有学者咸惟。

〔籍〕 据《通志·氏族略》所记：春秋时，晋大夫伯黡负责管理典籍文献，其后代遂以籍为姓。春秋时晋国有大夫籍谈；西汉有大臣籍孺、籍福。

〔赖〕 据《风俗通》所记：西周初，周武王封炎帝后裔于赖，建立赖国，其后代遂以赖为姓。宋代有地理学家赖文俊；元代有文学家赖良。

〔卓〕 据《战国策》所记：春秋时，楚国有大夫卓滑，其后代遂以卓为姓。明代有画家卓向、卓发之；清代有画家卓椿。

〔蔺〕 据《通志·氏族略》所记：春秋时，晋穆公的少子(韩厥)封于韩，建立韩国。其玄孙名康，仕于赵国，受封于蔺，其后代遂以蔺为姓。战国时赵国有大将蔺相如；宋代有朝奉郎蔺敏修。

〔屠〕 黄帝战胜蚩尤后，迁其部落至邹、屠二地，后代遂以屠为姓。明代有学者屠文升、戏曲家屠隆；清代有史学家屠寄。

〔蒙〕 据《元和姓纂》所记：夏朝初年，封颛顼之后裔于双蒙，其后代遂以蒙为姓。春秋时楚国有大夫蒙榖；明代有都御史蒙诏。

〔池〕 据《风俗通》所记：春秋时，城邑有城墙，墙外有护城河，称为池，居于池畔的人家遂以池为姓。明代有太常寺少卿池浴德；清代有国子监司业池生春。

〔乔〕 据《通志·氏族略》所记：黄帝葬于桥山(今陕西黄陵)，守陵人遂以山名桥字为姓，后又简化为乔。唐代有宰相乔琳；元代有戏曲家乔吉。

〔阴〕 据《通志·氏族略》所记：战国时，管仲的裔孙名修，仕于楚国，封为阴大夫，世称阴修，其后代遂以阴为姓。东汉光武帝有皇后阴丽华；南朝陈有文学家阴铿。

〔鬱〕 《姓苑》载:"鬱氏出太原,与蔚姓通。"上古仙人有鬱林。

〔胥〕 据《通志·氏族略》所记:春秋时,晋国大夫有胥臣,其后代遂以胥为姓。春秋时晋国有大夫胥甲;清代有工部主事胥庭清。

〔能〕 据《百家姓考略》所记:能姓出自熊姓。西周初年,周成王的大臣熊绎,因功受封,建立楚国。熊绎的儿子熊挚被封于夔,建立夔国,后来被灭。其后代为避难,遂改熊为能,以能为姓。唐代有能延寿;能仁甫为宋代书画家。

〔苍〕 据《风俗通》所记:黄帝之孙颛顼有八子,为八大贤臣(史称"八恺"),帮助帝尧治国。其一名苍舒,其后代遂以苍为姓。汉代有江夏太守苍英。

〔双〕 据《百家姓考略》所记:颛顼帝的裔孙封于双蒙,其后代遂以双为姓。南朝宋有名士双泰贞;宋代有循吏双渐。

〔闻〕 据《风俗通》所记:春秋时,鲁国有一位名人少正卯,很有学问,号称"闻人"。其后代便以"闻人"二字为姓,后又有部分改姓闻。明代有广东按察使闻良辅;清代有金石收藏家闻珽。

〔莘〕 据《百家姓考略》所记:夏王启封帝喾高辛氏之子挚于莘地,其后代遂以莘为姓。清代有书画家莘开。

〔党〕 据《百家姓考略》所记:夏禹后裔世居党项,遂以党为姓。宋代有忠武节度使党进;金代有翰林学士党怀英。

〔翟〕 据《百家姓考略》所记:黄帝的后裔居于翟国,王室后裔遂以翟为姓。西汉有丞相翟方进;隋末有瓦岗军领袖翟让。

〔谭〕 据《百家姓考略》所记:周朝有诸侯国谭国,其公族后代遂以谭为姓。汉代有河南尹谭闳;明代有文学家谭元春;清末有政治家谭嗣同。

〔贡〕 据《百家姓考略》所记:春秋时,孔子的弟子端木赐字子贡,其后人有一部分以贡为姓。西汉有御史大夫贡禹;元代有学者贡奎,史学家贡师道。

〔劳〕 据《百家姓考略》所记:现在山东青岛市之东有崂山,古称劳山。西汉时劳山之民始与中原相通,进贡汉室,赐劳为姓。明代有副都御史劳堪;清代有云贵总督劳崇光。

〔逢〕 据《百家姓考略》所记:炎帝裔孙名叫陵,商朝时受封于逢,建立逢国,伯爵,世称逢伯陵。其后代遂以逢为姓。春秋时楚国有大夫逢伯;汉代有大司马逢安。

〔姬〕 据《帝王世纪》、《百家姓考略》所记:黄帝出生于寿丘,长于姬水,遂以姬为姓。周朝王族是黄帝后裔,姬姓之始。金代有侠士姬汝作;明代有滕县令姬文允。

〔申〕 据《元和姓纂》所记:周朝封炎帝后裔于申地,建立申国,伯爵,世称申伯吕,其后人遂以申为姓。申涵光为清代诗人、画家;申奇猷为清代画家。

〔扶〕 据《路史》所记:夏禹的大臣有扶登氏,其后代遂以扶为姓。北周有临江县公扶猛;明代有御史扶克俭。

〔堵〕 据《百家姓考略》所记:春秋时,郑国大夫泄伯受封于堵邑,其后代遂以堵为姓。元代有诗人、画家堵简;清代有画家堵霞。

〔冉〕 周武王第十五子受封于冉，其后代遂以冉为姓。春秋时孔子有弟子冉求、冉季、冉雍；清代有经学家冉永光。

〔宰〕 据《百家姓考略》所记：周朝大夫有宰孔，其后代遂以宰为姓。孔子有弟子宰予，字子我。

〔郦〕 据《元和姓纂》所记：夏禹封黄帝后裔于郦，建立郦国，其后代遂以郦为姓。西汉有谋士郦食其；东汉有诗人郦炎；北魏有地理学家郦道元。

〔雍〕 据《通志·氏族略》所记：西周初，周文王第十三子被封于雍，伯爵，世称雍伯，其后代遂以雍为姓。雍齿为汉初大将，但汉高祖不喜欢他。高祖听从张良之计，为安抚诸将，先封雍齿为什邡侯。诸将说："雍齿且侯，吾属无患矣！"

〔郤〕 春秋时，晋国有大夫受封于郤，其后代遂以郤为姓。东汉有侍中郤巡；明代有辽东总兵郤永。

〔璩〕 据《姓氏考略》所记：璩与镰通用，意思是用金银制的耳环，最早制作璩(耳环)的人，其后代遂以璩为姓。明代有画家璩之璞、璩元瑜。

〔桑〕 据《通志·氏族略》所记：春秋时，秦国公族公孙枝，字子桑，其后代遂以其字桑为姓。西汉有御史大夫桑弘羊、学者桑钦；三国时魏有音乐家桑馥。

〔桂〕 周朝王族后裔姬季桢为秦国博士。秦始皇焚书坑儒时季桢被杀。其弟季眭(huī)为避祸，以自己名字眭的同音字桂为子孙之姓。宋代有朝散大夫桂万荣；清代有学者桂馥。

〔濮〕 据《姓苑》所记：春秋时，卫国有一位大夫食采于濮，其后代遂以濮为姓。濮万年为南朝宋画家；濮士铨为清代书画家。

〔牛〕 据《通志·氏族略》所记：商汤的后人、宋微子的裔孙名叫牛父，在宋国为官期间，为保卫宋国而殉职，其后代遂以牛为姓。牛僧孺为唐代宰相；牛皋为宋代抗金名将。

〔寿〕 据《史记》所记：春秋时，有吴王寿梦，其后代遂以寿为姓。春秋时吴有大夫寿越、寿于姚；南朝宋有南泰山太守寿寂之。

〔通〕 据《元和姓纂》所记：春秋时，巴国有大夫受封于通川，其后代遂以通为姓。

〔边〕 据《元和姓纂》所记：商朝有边国，国主为伯爵，世称边伯，其后代遂以边为姓。东汉有文学家边让；唐代有画家边鸾。

〔扈〕 据《百家姓考略》所记：夏朝时有扈国，其公族后代遂以扈为姓。西汉有车骑将军扈云；宋代有文史学家扈蒙。

〔燕〕 据《百家姓考略》所记：西周初，周武王封召公姬奭于燕，建立燕国，其后代遂以燕为姓。隋代有大将军燕荣；宋代有画家燕文贵。

〔冀〕 西周有诸侯国冀国，后来被晋所灭，其王室后裔遂以冀为姓。金代有尚书省都事冀禹锡；清代有工部尚书冀如锡。

〔郏〕 据《元和姓纂》所记：周朝王族后裔中有人定居于郏鄏，其后代遂以郏为姓。宋代有学者郏元鼎；清代有画家郏抡逵。

〔浦〕 据《百家姓考略》所记：晋国大夫浦跞系姜太公的后裔，其后代遂以浦为姓。浦融为明代画家；浦熙为清代画家。

〔尚〕 据《万姓统谱》所记：姜太公辅佐周武王灭商有功，在周朝为太师，称太师尚父，或简称尚父，其后代遂以尚为姓。元代有戏曲家尚仲贤；清代有平南王尚可喜、尚之信。

〔农〕 据《风俗通》所记：西周初，有农正官管理农业生产，其后代遂以农为姓。

〔温〕 据《元和姓纂》所记：周武王的儿子唐叔虞的后人中的一支受封于温地，这一支人以温为姓。温子昇为北魏文学家；温庭筠为唐代诗人。

〔别〕 《百家姓考略》载："古诸侯卿大夫长子，世为宗子。宗子之次子，世为小宗。小宗之次子为别子。"按古代宗法制度，别子不能用家族之姓，别为一姓，以其父官爵、谥号等为姓，有的人干脆就以别为姓。宋代别之杰，嘉定进士，淳祐中拜参知政事。

〔庄〕 据《姓氏考略》所记：春秋时，楚庄王的后代以祖上谥号庄为姓。又，春秋宋戴公武庄的后人以祖父字为姓。庄周为战国时宋国哲学家、文学家；庄有恭为清代书法家。

〔晏〕 据《百家姓考略》所记：晏姓系出陆终氏，陆终的儿子叫晏安，其后代遂以晏为姓。宋代有宰相、词人晏殊，词人晏几道；明代有诗人晏铎。

〔柴〕 据《通志·氏族略》所记：西周初，周武王封姜太公于齐，建立齐国。其后世裔孙有一人名高柴，高柴的孙子遂以其祖父的柴字为姓，名柴举，后代皆以柴为姓。宋代有枢密副使柴禹锡；明代有开国功臣柴虎。

〔瞿〕 据《百家姓考略》所记：商朝有个大夫受封于瞿上，名瞿父，其后代遂以瞿为姓。明代有诗人瞿佑；清代有画家、篆刻家瞿应绍。

〔阎〕 据《新唐书·宰相世系表》所记：西周初，周武王封泰伯曾孙奕于阎乡，奕的后代遂以阎为姓。唐代有画家、宰相阎立本；清代有经学家阎若璩。

〔充〕 据《姓谱》所记：周朝官制中有充人一职，"养祭祀之牲而肥"。充人的后代遂以充为姓。战国时孟轲有弟子叫充虞。

〔慕〕 据《路史》、《通志·氏族略》所记：帝喾高辛氏的一支苗裔最初居住于东北地区，秦汉之时被匈奴所败，退保鲜卑山，这一部落遂以"鲜卑"为名。五代时鲜卑族发展壮大，建立政权，自称"慕二仪(天、地)之德，继三光(日、月、星)之容"，王室之人或姓"慕"，或姓"慕容"。清代有江苏巡抚慕天颜。

〔连〕 据《姓氏考略》所记：颛顼曾孙陆终的儿子名惠连，其后代遂以连为姓。连均为明代永乐进士，以廉洁著称。

〔茹〕 据《百家姓考略》所记：茹姓出自如姓，汉代有人名如淳，其后代在"如"上加草头，遂成茹，因以茹为姓。茹棻为清代乾隆进士，官至兵部尚书。

〔习〕 据《风俗通》所记：古代有习国，习国灭亡后，其王室子孙遂以习为姓。晋代有学者习凿齿；明代有兵部郎中习韶。

〔宦〕 据《姓氏五书》载：宦姓"当取意于仕宦，不以阉宦为姓，今贵州遵义有此姓，江苏丹阳亦多"。由此可知，宦姓出于仕宦。

〔艾〕《通志·氏族略》载：艾氏为"夏少康臣汝艾之后"。由此可知，夏朝少康帝的大臣叫汝艾，其后代遂以艾为姓。艾宣为宋代画家；艾德为清代画家。

〔鱼〕《百家姓考略》载：鱼姓"系出子姓，宋司马子鱼之后，以父王字为氏"。这是鱼姓之始。唐代有郑国公鱼朝恩，女诗人鱼玄机。

〔容〕据《通志·氏族略》所记：虞舜有"八恺"(八位贤人)，其中一人名叫仲容，其后代遂以容为姓。金代有普定知府容苴；明代有淮府审理容恭。

〔向〕周朝有诸侯国向国，其王室子孙遂以向为姓。明代向昌，以诗画名于时；向腾蛟为清代画家。

〔古〕据《风俗通》所记：周朝周太王叫古公亶父，其后代有以古为姓者。宋代有潮州太守古革；明代有画家古其品。

〔易〕据《姓氏考略》所记：春秋时，齐桓公的宠臣雍巫字易牙。易牙善于烹调，其后代遂以易为姓。清代易祖栻，诗与书画俱妙。

〔慎〕据《百家姓考略》所记：春秋时，楚国白公胜的后人被封于慎邑，其后代遂以慎为姓。清代有画家慎弘、慎宗源。

〔戈〕据《姓谱》所记：夏禹的后裔被封于戈，其后代遂以戈为姓。明代戈尚友，官至刑部主事。任饶平知县时，当地有一种叫"断肠"的毒草，戈尚友让那些想赎罪的人移置此草于沿海井中。及海寇至，取水饮，死者过半。

〔廖〕据《百家姓考略》所记：商朝时封黄帝的后裔叔安于廖，其后代遂以廖为姓。三国时蜀汉有车骑将军廖化；宋代有工部尚书廖刚。

〔庾〕据《百家姓考略》、《元和姓纂》所记：周朝时置有庾廪之官，负责保管粮食(庾是一种露天堆积五谷的仓库)，其后代遂以庾为姓。南朝梁有文学家庾肩吾；北朝有文学家庾信。

〔终〕据《元和姓纂》所记：颛顼的裔孙陆终，其后代以终为姓。汉代有给事中终军；明代有外交大使终其功。

〔暨〕彭祖的后人有的受封于暨，其后代遂以暨为姓。晋代有关内侯暨逊；宋代有奉议郎暨陶。

〔居〕据《百家姓考略》所记：春秋时晋国大夫有先且居，其后代遂以居为姓。居节为明代画家。

〔衡〕据《通志·氏族略》所记：伊尹辅佐商汤灭夏有功，商朝建立后，被尊称为"阿衡"，伊尹的后代遂以衡为姓。西汉有讲学大夫衡咸。

〔步〕春秋时，晋国大夫阳食采于步，其后代遂以步为姓。晋代步熊，少好卜筮术数，门徒甚众。

〔都〕据《百家姓考略》、《通鉴》所记：春秋时，郑国大夫公孙阏字子都，他是有名的美男子，其后代遂以都为姓。宋代有学者都郁；明代有南京兵部尚书都杰。

〔耿〕据《通志·氏族略》、《百家姓考略》所记：商代时有耿国，周朝封同姓人于耿，耿国灭亡后，其王室子孙遂以耿为姓。唐代有诗人耿沛；宋代有抗金义军领袖耿京。

〔满〕 据《姓氏考略》所记：春秋时陈国开国之君胡公满的后人，有的以满为姓。西晋有尚书令满奋；明代有浙江布政使满福周。

〔弘〕 据《元和姓纂》《风俗通》所记：春秋时，卫国有大夫名弘演，其后代遂以弘为姓。汉代有中书令弘恭；三国吴有名士弘咨。

〔匡〕 据《风俗通》《古今姓氏书辨正》所记：春秋时，鲁国的大夫句须任匡邑宰，其后代遂以匡为姓。战国时齐国有将军匡章；西汉有丞相匡衡。

〔国〕 据《元和姓纂》所记：春秋时，郑穆公之子发，字子国，其后代有的以祖上之字国为姓。三国时魏有太仆国渊。

〔文〕 据《风俗通》所记：周文王的支庶子孙有的以祖上谥号文字为姓。文彦博为北宋宰相；文天祥为南宋民族英雄。

〔寇〕 据《韵谱》所记：周文王的儿子康叔在周朝为司寇，其后代遂以寇为姓。寇准为宋代著名宰相。

〔广〕 据《风俗通》所记：黄帝时有人名广成子，隐居崆峒山石室之中，其后代有的以广为姓。

〔禄〕 据《百家姓考略》所记：商纣王的儿子武庚字禄父，受封于宋，其后代遂以禄为姓。清代陇庆侯母亲禄氏，深明大义。

〔阙〕 据《百家姓考略》所记：春秋时，鲁国有阙党邑，世居阙里者以阙为姓。清代有画家阙鸣珂、阙岚。

〔东〕 据《通志·氏族略》所记：帝舜有七位好友，其中一位名东不訾，其后代遂以东为姓。

〔欧〕 据《新唐书·宰相世系表》《姓谱》所记：夏朝国君少康的庶子受封于会稽，建立越国。至越王无疆，为楚所灭。楚王封越王无疆的次子蹄于乌程欧余山之阳，称欧阳亭侯，其后代或姓欧阳，或姓欧。战国时有铸剑家欧冶子；元代有起义军将领欧普祥。

〔殳〕 据《百家姓考略》所记：帝舜有大臣殳斨，其后代遂以殳为姓。殳默为清代女画家。

〔沃〕 据《百家姓考略》所记：商王太甲之子沃丁为商朝第三代君主，其后代遂以沃为姓。明代有温县令沃野、监察御史沃頖。

〔利〕 据《百家姓考略》《路史》所记：尧帝时代的大理(官名)皋陶，其后代以理为姓。其后裔有个理利贞，因逃避纣王迫害，避居李子树下，食李充饥，遂改名李利贞。其后人中有的以理为姓，有的以李为姓，也有的以利为姓。宋代有文人利申；明代有赣县主簿利本坚。

〔蔚〕 据《姓氏考略》所记：春秋时郑国公子翩受封于蔚邑，世称蔚翩，其后代遂以祖上封邑蔚为姓。宋代有保静军节度使蔚昭敏；明代有礼部尚书蔚绶。

〔越〕 据《百家姓考略》所记：夏王少康之子无余受封于会稽，建立越国，越国灭亡后，其王室子孙有的以越为姓。春秋时齐国有贤士越石父；明代有河南巡抚越其杰。

〔夔〕 据《通志·氏族略》《百家姓考略》所记：春秋时，楚国国君的六世孙熊挚受封于夔城，建立夔国。夔国灭亡后，其王室子孙以国名夔为姓。

〔隆〕 据《姓氏考略》所记：春秋时鲁国有地名隆，世居此地者，以隆为姓。明代有工部侍郎隆光祖，南宫知县隆英。

〔师〕 据《风俗通》所记：夏商周时代，掌管音乐歌咏之官名师，这些乐官的后代多以师为姓。春秋时郑国有大夫师叔；晋国有大夫师服；西汉有大司空师丹。

〔巩〕 据《潜夫论》所记：周敬王时封同族卿士简公于巩，称巩简公，其后代遂以巩为姓。汉代有侍中巩伋；宋代有诗人巩丰。

〔厍〕 《风俗通》载："古守厍大夫，因官命氏。"由此可知，厍(shè)乃库(kù)之俗音，义同。守厍即守库。其后代遂以官名厍为姓。

〔聂〕 据《百家姓考略》所记：春秋时，齐丁公封支庶子孙于聂城，其后代遂以聂为姓。战国时有侠士聂政；唐代有诗人聂夷中；明代有哲学家聂豹。

〔晁〕 据《通志·氏族略》所记：周景王少子名朝。周景王死后，王子朝在争夺王位中失败，逃往楚国，其后代遂以朝为姓。又因朝与晁同音，后来又改为晁姓。西汉有御史大夫晁错；宋代有文学家晁端礼、晁补之、晁冲之。

〔勾〕 据《百家姓考略》所记：远古时少皞氏的儿子重为勾芒官，掌管森林，其后代遂以勾为姓。孔子弟子有勾井疆；宋代有史馆修撰勾涛、中书勾希仲。

〔敖〕 据《风俗通》所记：古帝颛顼的老师名太敖，其后代遂以敖为姓。宋代有温陵通判敖陶孙；元代有学者敖继公。

〔融〕 据《世本》所记：古帝颛顼的后裔有祝融氏，其后代有的姓祝，有的姓融。

〔冷〕 周文王之子康叔的裔孙封于冷水，其后代遂以冷为姓。宋代冷世光，为官时弹劾无所避，人谓之"冷面御史"。

〔訾〕 《姓苑》载："今齐人本姓祭氏，以不祥改为訾。"元代有善士訾汝道。

〔辛〕 据《元和姓纂》所记：夏禹的儿子启建立夏朝后，封其支庶子于莘，莘与辛音相近，其后代遂以辛为姓。元代有学者辛文房；明代有学者辛全。

〔阚〕 据《百家姓考略》所记：春秋时齐国大夫止封于阚，世称阚止，其后代遂以阚为姓。三国时吴有阚泽；晋代有阚骃，所著《十三州志》，为古代地理学名著。

〔那〕 据《百家姓考略》所记：春秋时楚武王灭权国后，将权国人迁往那处，其后代遂以那为姓。北朝西魏有扬州刺史那椿。

〔简〕 据《百家姓考略》、《元和姓纂》所记：春秋时晋国大夫狐鞫居食邑于续，死后谥号简，称续简伯，其后代遂以简为姓。简雍为三国时蜀汉大将；简朝亮为清代学者。

〔饶〕 据《史记·赵世家》所记：赵悼襄王六年封长安君于饶，其后代遂以饶为姓。明代有画家饶震元、饶大振。

〔空〕 据《姓氏考略》所记：商代始祖契的后代受封于空桐，遂姓空桐，后人又改为单姓空。

〔曾〕 据《世本》、《百家姓考略》所记：夏少康帝封其子由列于鄫，其后代以鄫为姓，后去掉邑(阝)旁，改为姓曾。北宋有宰相曾公亮、曾布，有文学家曾巩、曾几、曾慥。

〔毋〕 据《百家姓考略》所记：齐宣王封其弟于毋邱，以此延续对其祖先胡公满的祭祀。此后其后代分为三姓：一支姓胡毋，一支姓毋邱，一支姓毋。毋咸之为宋代画家，擅长画鸡。

〔沙〕 据《姓苑》所记：炎帝时有大臣夙沙氏，其后代遂以沙为姓。沙馥为清代画家。

〔乜〕 据《元和姓纂》所记：春秋时，卫国大夫食采于乜城，其后代遂以地名乜为姓。

〔养〕 据《姓氏考略》、《左传·昭公三十年》所记：春秋时，吴国公子掩余、烛庸逃到楚国，居住在养地，其后代遂以养为姓。养由基为春秋时楚国人，是有名的神射手，百步之外射柳叶，百发百中。

〔鞠〕 据《元和姓纂》所记：后稷的孙子名鞠陶，其后代遂以其名鞠字为姓。孔子弟子有鞠语；宋代有殿中侍御史鞠咏、著作郎鞠常。

〔须〕 据《风俗通》所记：春秋时少昊氏的后代曾建立须句国，其公族称须句氏，后改为须姓。战国时魏国有大夫须贾；汉代有陆量侯须无。

〔丰〕 据《通志·氏族略》所记：春秋时郑穆公之子名丰，其后代遂以丰为姓。宋代有御史中丞丰稷；明代有学者丰坊、诗人丰越人。

〔巢〕 据《姓谱》、《通志·氏族略》所记：上古有先民居山林之中，架木为巢，发明了房屋，称有巢氏。夏禹封有巢氏后人建立巢国。后巢国为楚所灭，其王室子孙遂以巢为姓。东汉有司空巢堪；隋代有医学家巢元方、经学家巢猗。

〔关〕 据《百家姓考略》所记：夏朝时有个贤臣叫关龙逄，因敢于当面直谏，触怒夏桀而被杀害。其后代遂以关为姓。关羽为三国时蜀汉大将；关全为宋代画家；关汉卿为元代戏曲家。

〔蒯〕 据《百家姓考略》所记：春秋时，卫庄公名蒯聩，其后代遂以蒯为姓。汉初有名士蒯通；明代有建筑家蒯祥。

〔相〕 据《姓谱》、《百家姓考略》所记：夏朝第五位帝王名相，所都为相里，其后代遂以相为姓。明代有刑部郎中相世芳，诗人相礼。

〔查〕 据《百家姓考略》、《姓苑》所记：春秋时，齐顷公封其子于楂，其后代遂以楂为姓，后来去掉木旁，改为姓查。五代时南唐有工部尚书查文徽；清代有画家查士标、诗人查慎行。

〔後〕 据《姓氏考略》所记：後姓出自太昊氏。太昊的裔孙後照，其后代遂以後为姓。後祺为清代书画家。

〔荆〕 据《通志·氏族略》所记：西周初，楚国先君熊绎被封于荆，建立荆国，其后代遂以荆为姓。战国时有侠士荆轲；五代有画家荆浩；明代有刑部侍郎荆州俊。

〔红〕 据《百家姓考略》所记：春秋时，楚国公族熊渠的儿子熊挚，字红。熊挚受封为鄂王，其支庶子孙以祖上的字红为姓。明末有农民起义军将领红军友、红娘子。

〔游〕 据《元和姓纂》所记：春秋时，郑穆公之子名偃，字子游，其后代遂以祖上的字游为姓。北魏有雍州刺史游雅；隋代有治书侍御史游元；宋代有丞相游似。

〔竺〕 据《姓苑》所记：夏、商、周三代有孤竹国。春秋时，孤竹国国君之子伯夷、叔齐的后人以国名竹字为姓。到了汉代，其后人竹晏改竹为竺，以竺为姓。又据《汉书·西域传》所记：古代印度称天竺国，天竺国的僧人来中国传教，皆以竺为姓。《姓氏考略》："汉宣帝时有谒者竺次,为竺姓之始,望出东海。"竺元标为唐代画家。

〔权〕 据《通志·氏族略》所记:商代武丁的后裔封于权,建立权国。权国灭亡后,其王室子孙以权为姓。汉代有左辅都尉权忠;唐代有宰相权德舆。

〔逯〕 据《百家姓考略》所记:秦国有大夫封于逯,其后代遂以逯为姓。元代有监察御史逯鲁曾;明代有员外郎逯端。

〔盖〕 据《百家姓考略》所记:春秋时,齐国有大夫被封于盖邑,其后代遂以盖为姓。东汉有安平侯盖延;明代有礼部主事盖霖。

〔益〕 据《百家姓考略》所记:帝舜的大臣皋陶,其子伯益的后代以益为姓。汉代有益强、益寿。

〔桓〕 据《姓氏考略》所记:黄帝时有大臣名桓常,其后代遂以桓为姓。西汉有学者桓宽;东汉有哲学家桓谭;唐代有宰相桓彦范。

〔公〕 据《通志·氏族略》所记:春秋时,鲁昭公有两个儿子,一个叫衍,一个叫为,都被封为公爵,世称公衍、公为,他们的后代遂以公为姓。此外,古代很多复姓带有公字,如:公西、公子、公孙、公叔、公正、公羊、公冶,等等,其后人多把复姓改为单姓公。明代公鼐,以孝著称;明代公鼐,累官礼部侍郎。

〔万俟〕 据《百家姓考略》、《元和姓纂》所记:南北朝时,鲜卑族人主中原,其中的万俟部落随鲜卑族的王族拓跋氏一起进入,万俟部落的后裔以部落名为姓。宋代万俟雅言,工于词,自号词隐,著有《大声集》。

〔司马〕 据《通志·氏族略》所记:周宣王时,程伯休的父亲官至司马(管理军务),其后代遂以司马为姓。司马相如为西汉文学家;司马迁为西汉史学家;司马光为北宋史学家。

〔上官〕 据《元和姓纂》所记:楚庄王的少子子兰,官至上官大夫,其后代遂以上官为姓。上官喜为明代书画家;上官周为清代画家。

〔欧阳〕 姓氏来源见前"欧"姓。欧阳询为唐代书法家;欧阳修为宋代文学家。

〔夏侯〕 据《百家姓考略》所记:古有杞国,乃周武王封夏禹的后代夏侯氏所建。后杞国灭亡,杞简公之弟佗逃到鲁国,受封为侯爵,世称夏侯,其后代遂以夏侯为姓。西汉有太仆夏侯婴、经学家夏侯胜;晋代有文学家夏侯湛。

〔诸葛〕 据《风俗通》所记:古有葛国,葛国灭亡后其一支族迁往诸城,其后代遂以国名葛字和地名诸字,合成诸葛为姓。诸葛亮为三国时蜀汉政治家、军事家。

〔闻人〕 姓氏来源见前"闻"姓。西汉有学者闻人通汉;宋代有学者闻人宏;明代有画家闻人益。

〔东方〕 据《百家姓考略》所记:东方姓系出于太昊氏。伏羲氏的裔孙羲仲,世掌东方青阳之令,其后代遂以东方为姓。唐代有诗人东方虬、东方颢。

〔赫连〕 据《通志·氏族略》所记:复姓赫连出自南匈奴部族。东晋时,南匈奴右贤王的后人勃勃称大夏天王,始改姓曰赫连。《晋书》载匈奴首领勃勃语曰:"帝王者,系天为子,是为徽赫，实与天连。今改姓曰赫连。"北周有大将军赫连达；唐代有贤士赫连韬。

〔**皇甫**〕 据《新唐书·宰相世系表》所记：春秋时，宋戴公之子名充石，字皇父。后其孙南雍邮以祖父的字皇父为姓，称皇父邮。西汉时，皇父氏自鲁地迁往茂陵，改"父"为"甫"，是为皇甫之始。晋代皇甫谧，精通百家，著述颇多。

〔**尉迟**〕 据《通志·氏族略》所记：北魏孝文帝下令鲜卑族改汉姓，同时赐尉迟族人以族名尉迟为姓。尉迟恭为隋末唐初著名大将。

〔**公羊**〕 据《通志·氏族略》所记：春秋时，鲁国有公羊孺，其孙以祖父名公羊二字为姓。公羊寿为公羊高玄孙，景帝时与弟子胡毋子都，录《春秋传》于竹帛，而后此书大行。

〔**澹台**〕 据《百家姓考略》所记：春秋时，孔子的弟子灭明字子羽，居于澹台，以貌丑不为孔子所重。退而修德，南游至长江一带，门下有弟子三百人，名闻于诸侯。孔子感叹道："以貌取人，失之子羽。"灭明的后代遂以澹台为姓。东汉有学者澹台敬伯。

〔**公冶**〕 据《百家姓考略》所记：春秋时鲁国有季冶，字公冶，其后代遂以公冶为姓。春秋时鲁国有公冶长，孔子弟子，能通鸟语。

〔**宗政**〕 自秦以来，历代朝廷设宗正，亦作宗政，是掌管皇族事务的官，这一官职的后代遂以官名宗政为姓。后魏有光禄大夫宗政珍孙。

〔**濮阳**〕 据《陈留风俗传》、《百家姓考略》所记：春秋时郑国公族大夫居于濮水之阳，其后代遂以濮阳为姓。清代有画家濮阳诚身，工画罗汉。

〔**淳于**〕 据《水经注》、《尚友录》所记：夏朝时有斟灌国。西周初，周武王封斟灌给淳于公，改地名为淳于。淳于公的后代遂以淳于为姓。战国时齐国有著名学者淳于髡；东汉有侍中淳于恭。

〔**单于**〕 据《汉书·匈奴传》、《姓氏寻源》所记：早期匈奴最高首领称"撑犁孤涂单于"，后匈奴部族消失，单于的子孙以祖上的王位名称单于为姓。《汉书》："单于者，广大之貌也，言其象天单于然也。"

〔**太叔**〕 据《古今姓氏书辨证》所记：春秋时卫文公之子姬仪，世称太叔仪，其后代遂以太叔为姓。

〔**申屠**〕 据《风俗通》所记：帝舜的后裔有申屠氏，其后代遂以申屠为姓。申屠子迈为元代画家，善画马；申屠友松为明代画家，善写生。

〔**公孙**〕 《广韵》载："古封公之后，皆自称公孙，故其姓多，非一族也。"由此可知，古代姓公孙的人很多，都出身于贵族，有的是因祖上受封为公爵，有的则是诸侯的后裔。公孙鞅(即商鞅)为战国卫人，后入秦，为秦孝公所用，实行变法。

〔**仲孙**〕 据《元和姓纂》所记：春秋时，鲁桓公的次子名庆父，因他在兄弟中排行老二，故世称公仲，又因他是鲁国王族后代，故庆父的子孙称仲孙氏，是为仲孙之始。春秋时齐国有大夫仲孙湫。

〔**轩辕**〕 据《元和姓纂》所记：黄帝居于轩辕之丘，又号轩辕氏，其后裔中有一支遂以轩辕为姓。唐代有道士轩辕集。

〔令狐〕 据《新唐书·宰相世系表》所记：周文王之子毕公高有孙毕万，春秋时任晋国大夫。他的曾孙魏颗，因战胜秦将杜回，屡立战功，受封于令狐邑，其后代遂以令狐为姓。唐代有文史学家令狐德棻，宰相令狐楚、令狐绹。

〔钟离〕 据《新唐书·宰相世系表》所记：春秋时宋国公族后裔曾定居于楚国的钟离，其后代遂以钟离为姓。战国时齐有名士钟离子；唐代有钟离权(即"八仙"中的汉钟离)。

〔宇文〕 据《通志·氏族略》所记：复姓宇文出自鲜卑族。鲜卑族"其俗谓天曰宇，谓君曰文，因号宇文国，并为氏焉"。宇文肃为唐代画家，善杂画。

〔长孙〕 据《旧唐书·长孙无忌传》所记：复姓长孙出自鲜卑族拓跋氏。其祖先是魏孝文帝的第三兄，后为宗室之长，故以长孙为姓。唐代有宰相长孙无忌。

〔慕容〕 姓氏来源见前"慕"姓。隋代有大将军慕容三藏；宋代有检校太尉慕容延钊。

〔鲜于〕 据《通志·氏族略》所记，西周初，周武王封商纣王的叔父箕子于朝鲜。箕子的支庶子仲食采于于地，其后代遂以"鲜"和"于"组成复姓。鲜于枢为元代书法家、诗人。

〔闾丘〕 据《古今姓氏书辨证》所记：春秋时，齐国有一位大夫名婴，在闾丘居住，时称闾丘婴，其后代遂以闾丘为姓。唐代有诗人闾丘晓；宋代有隐士闾丘宾用。

〔司徒〕 据《通志·氏族略》所记：夏、商、周三朝都设置司徒官职，为六卿之一，地位很高，相当于宰相。任此官职者的后代，有的就以司徒为姓。春秋时陈国有大夫司徒卬。

〔司空〕 据《通志·氏族略》所记，春秋时，晋国设置司空官职，管理土木，任此官职者的后代有的以司空为姓。唐代有诗人司空曙，文学理论家司空图。

〔亓官〕 据《元和姓纂》《姓氏寻源》所记：亓与笄在古代是一个字，读jī。后来亓又读qí。笄是插在绾起的头发上的簪子。周代设有笄官，管理公族男女冠笄之礼(古时男二十而冠，女十五而笄，表示已成年)。掌管笄礼的官员的后代遂以祖上官职笄官为姓，后笄又简化为亓，遂有亓官之姓。孔子的妻子，即宋国的亓官氏。

〔司寇〕 据《韵谱》所记，周文王之子康叔在周朝为司寇(掌管司法刑狱的官)，其后代遂以祖上官职司寇为姓。

〔仉〕 据《通志·氏族略》所记：仉姓出自党姓。春秋时，鲁国大夫中有人姓党(zhǎng)，其后代有一支以音为姓，故姓掌。后来又有人改掌为仉。战国时孟轲之母即姓仉；明代仉经，洪武间任高苑县簿，有惠称。

〔督〕 据《姓苑》所记：周代宋国有大夫名华督，其后代遂以督为姓。

〔子车〕 据《左传》所记：周朝时，秦国大夫有子车氏，其族人复姓子车。秦穆公时有子车仲行、子车奄息、子车钳虎，三人政绩卓著，世称"三良"。

〔颛孙〕 据《尚友录》所记：春秋时，陈国公子颛孙在晋国做官，其后代遂以祖上字颛孙为姓。春秋时孔子弟子有颛孙师。

〔端木〕 据《论语》所记：春秋时，孔子弟子中有卫国人端木赐，字子贡，曾任鲁国宰相，其后人遂以端木为姓。战国时有端木叔，以旷达著称于世；清代有内阁中书端木国瑚。

〔巫马〕 据《姓氏考略》所记：周朝时，设置有驯养和医治马病的官职，称巫马，其后代遂以祖上官职巫马为姓。春秋时鲁国人巫马施，曾为单父宰，孔子弟子。

〔公西〕 据《姓氏寻源》所记：春秋时，鲁国公族季孙氏的一支子孙以公西为姓。公西赤、公西舆如为孔子弟子。

〔漆雕〕 据《路史》所记：春秋时，鲁国有复姓漆雕的家族，其后代皆姓漆雕。后来也有人单姓漆。孔子弟子有漆雕开。

〔乐正〕 据《元和姓纂》所记：周朝设有乐正官，管理有关音乐的事务，其后代遂以乐正为姓。春秋时鲁国有乐正子春，为曾子弟子；宋代有乐正子长，年逾一百八十岁。

〔壤驷〕 据《姓氏考略》所记：春秋时有复姓壤驷的家族。孔子弟子有壤驷赤。

〔公良〕 据《姓氏考略》所记：周朝时，陈国有个名叫良的公子，世称公子良，其后代遂以公良为姓。公良孺为春秋时陈国人，孔子弟子，以勇敢著称。

〔拓跋〕 据《魏书·官氏志》所记：复姓拓跋出自古代鲜卑族。其后人拓跋珪于公元386年建立北魏政权。到北魏孝文帝拓跋宏，改复姓拓跋为单姓元，他自己改姓名为元宏。

〔夹谷〕 据《姓氏考略》所记：复姓夹谷出自女真族。金代有昭义军节度使夹谷谢奴；元代有吏部尚书夹谷之奇。

〔宰父〕 据《孔子家语》所记：周朝时设有管理公卿官员升迁考核的官职，称宰夫，因夫与父音相近，后来转变成宰父，曾任此官职者的后代遂以祖上官职宰父为姓。春秋时有宰父黑，孔子弟子。

〔穀梁〕 春秋时，鲁国有大夫食采于穀梁，其后代遂以穀梁为姓。孔子的再传弟子穀梁赤，战国时鲁国人，撰有《春秋穀梁传》(起初仅口说流传，西汉时才成书)。

〔晋〕 据《元和姓纂》所记：周初，周武王的儿子虞叔受封于唐，称唐虞叔。唐虞叔之子迁居晋水，建立晋国，称晋侯。其后代遂以晋为姓。晋代晋灼，仕为尚书郎，著有《汉书音义》。

〔楚〕 据《姓苑》所记：周成王封熊绎于楚，其后代遂以楚为姓。宋代有枢密使楚昭辅；明代有都指挥使楚智。

〔闫〕 据《姓谱》所记：闫姓为阎姓的别支。闫、阎二姓同出一源。

〔法〕 据《后汉书·法雄传》所记：战国时，齐襄王名法章。秦国灭齐后，齐国的王室子孙为避祸，遂以祖上名的法字为姓。三国时蜀汉有尚书令法正；清代有诗人、画家、江南布政使法若真。

〔汝〕 据《姓源》所记：东周初期，周平王封其少子于汝邑，其后代遂以汝为姓。汝文淑为清代女画家。

〔鄢〕 据《国语》所记：古代有鄢国。春秋时鄢国为郑国所灭，其王室子孙遂以鄢为姓。明代有左副都御史鄢懋卿；清代有明遗民鄢正畿。

〔涂〕 据《姓氏族谱笺释》所记：夏朝时有涂山氏，其后人省去山字，以涂为姓。又据《通志·氏族略》所记：古有涂水，即今天的滁河，源于安徽东部滁州。居住在涂水岸边的人以涂为姓。西汉有经学家涂恽；清代有工部尚书涂天相。

〔钦〕 据《姓苑》所记：钦姓起源于吴地，即今江苏、浙江一带。又据《魏书》所记：古渔阳乌桓部落中有钦姓，可能起源于乌桓山脉。清代有书画家钦揖、文学家钦善。

〔段干〕 据《史记》、《姓氏考略》所记：春秋时，哲学家老子李聃之子李宗在魏国为将，他受封于段干，其后代遂以段干为姓。战国时魏国有名士段干木。

〔百里〕 据《史记》、《中国姓氏起源》所记：春秋时秦国有大夫百里奚，其先虞人（古时掌管山泽苑囿、帝王田猎之官）居于百里，故后代以地为姓。汉代有徐州刺史百里蒿。

〔东郭〕 据《姓谱》所记：周朝时，一座城有内城和外城之分，外城叫郭。当时齐国公族大夫有居住在国都临淄东郭、南郭、北郭的，住在东郭的，称东郭大夫，后来又称东郭氏，其后代遂以东郭为姓。东郭牙为周代齐臣；东郭顺子为战国时魏国贤士。

〔南门〕 据《姓氏考略》所记：古代居住在南城门一带的居民有的以南门为姓。

〔呼延〕 据《通志·氏族略》所记：古代匈奴贵族有称呼衍氏，入中原后改为呼延，其后代遂以为姓。东晋时前赵国有太守呼延谟；宋代有名将呼延赞。

〔归〕 据《通志·氏族略》所记：春秋时有宗胡国，其国君为归姓。后宗胡国为楚所灭，其国君的后代有的以归为姓。明代有文学家归有光；清代有文学家归庄。

〔海〕 据《姓苑》、《尚友录》所记：春秋时，卫国有大臣海春，其后代遂以海为姓。海瑞为明代有名的清官。

〔羊舌〕 据《元和姓纂》所记：春秋时，晋国晋靖侯的后裔，受封于羊舌邑，其后代遂以羊舌为姓。春秋时晋国有羊舌赤、羊舌虎。

〔微生〕 据《路史》所记，春秋时，鲁国有贵族微生氏，其后代遂以微生为姓。春秋时鲁国有隐士微生亩。

〔岳〕 据《姓苑》所记：上古时设有"四岳"官职，其职责是管理山岳的祭祀工作，任此官职者的后代遂以岳为姓。岳飞为南宋抗金名将。

〔帅〕 据《通志·氏族略》、《广韵》所记：古代管理音乐工作的官员称师，如晋国有师旷，鲁国有师乙，其后代遂以师为姓。后因晋国晋景公的名字有师字，为避讳，将师字去掉一横，改姓帅。晋代有尚书帅昺；清代有文学家帅我，诗人帅念祖。

〔缑〕 据《通志·氏族略》所记：周朝时，有大夫受封于缑邑，其后代遂以缑为姓。明代有南京右通政缑谦。

〔亢〕 据《战国策》所记：春秋时有一贵族被封于军事要地亢父，其后代遂以亢为姓。明代亢良玉，事父母至孝。

〔况〕 据《三国志·蜀志》所记：三国时，蜀中有一位名人叫况长宁，其后代遂以况为姓。明代有礼部郎中况钟。

〔后〕 据《世本》所记：春秋时，鲁孝公八世孙成叔受封于郈邑，其后人去掉郈字的邑（阝）旁，以后为姓。孔子有弟子叫后处（字子里）；西汉有经学家后巷。

〔有〕 据《尚友录》所记：远古时期，为躲避猛兽的侵袭，有人开始架树为巢，被称为有巢氏，其后代遂以有为姓。春秋时孔子弟子中有有若，字子有。

〔琴〕 据《姓氏考略》所记：周朝时，有人以制琴或弹琴为业，其后代遂以祖上的职业琴字为姓。春秋时卫国有琴牢，字子开，孔子学生；明代有琴彭。

〔梁丘〕 据《尚友录》所记：春秋时，齐国有大夫受封于梁丘，其后代遂以梁丘为姓。汉代有少府梁丘临、梁丘贺。

〔左丘〕 据《通志·氏族略》所记：春秋时，齐国有个地方叫左丘，当时有个叫明的人居于此地，遂以左丘为姓，世称左丘明，撰有《春秋左氏传》。左丘明的后人皆以左丘为姓。

〔东门〕 据《左传》所记：春秋时，鲁庄公之子遂，字襄仲，居住于东门，称东门襄仲，其后代遂以东门为姓。西汉有相马专家东门京，经学家、荆州刺史东门云。

〔西门〕 据《通志·氏族略》所记：春秋时，郑国有大夫居住在西门，其后代遂以西门为姓。战国时魏国有大夫西门豹；唐代有神策中尉西门季玄。

〔商〕 据《史记》所记：商朝灭亡后，其公族子孙有的以商为姓。周初有数学家商高（著有中国第一本数学著作《周髀算经》）；元代有宰相商挺。

〔牟〕 据《风俗通》所记：春秋时有牟子国，其国人有的以牟为姓。西汉有经学博士牟卿；宋代有书画家牟益、礼部尚书牟子才。

〔佘〕 据《通志·氏族略》所记：唐开元时代有大学士佘钦。这是佘姓较早的记载。佘熙璋为清代画家。

〔佴〕 《通志·氏族略》载："佴氏，奴代切，晋《山公集》有佴湛。"这是佴姓较早的记载。

〔伯〕 据《风俗通》所记：古代嬴姓的祖先伯益，在舜帝、夏禹时都受到重用。伯益的后代有的以伯为姓。伯宗为春秋晋国大夫，贤而好以直辩凌人。

〔赏〕 据《姓苑》所记：春秋时，吴国有吴中八姓，赏姓即其中之一，赏姓始于此。

〔南宫〕 据《通志·氏族略》所记：春秋时鲁国大夫孟僖子的儿子仲孙闵住在南宫，其后代遂以南宫为姓。南宫括为春秋鲁国人，孔子弟子，又称南容；宋代南宫靖，著有《小学史断》。

〔墨〕 据《通志·氏族略》所记：商朝时，孤竹国国君名墨胎，其后代遂以墨为姓。墨翟(dí)为战国时宋国人，他以"兼爱"、"尚同"等学说，成一家之言。

〔哈〕 哈姓为"回民十三姓"之一。大约始于元代。哈桂为清代画家。

〔谯〕 据《元和姓纂》所记：周文王的后裔有一支受封于谯，其后代遂以谯为姓。三国时蜀汉谯周，好古笃学，通晓天文。

〔笪〕 《通志·氏族略》载："笪氏，今建州（现在的福建建瓯）多此姓。"清代笪重光，顺治进士，有直声，工书画。

〔年〕 据《明史·年富传》所记：年姓出自严姓。年字与严字读音相近，因字音讹传，严姓的一支遂以年为姓。年王臣为清代诗人、画家。

〔爱〕 据《姓氏考略》所记：唐代西域有回鹘（亦称回纥）国，其国相叫爱邪勿。后回鹘国成为唐朝的附庸国，爱邪勿来到中原，唐朝皇帝赐他姓爱，名弘顺，其后代遂以爱为姓。爱同为唐代高僧，住开业寺。

〔阳〕 据《广韵》所记：东周时，周景王封其少子于阳樊，其后代遂以祖上封地阳字为姓。春秋时鲁国有阳虎，字货，为季氏家臣。

〔佟〕 据《满洲氏族谱》所记：佟姓出自佟佳氏。今辽宁省境内的鸭绿江支流，元明时期称佟佳江，沿岸住有佟佳氏族，其后代改为单姓佟。佟世晋为清代画家。

〔第五〕 据《后汉书·第五伦传》所记：汉高祖刘邦即帝位后，把战国时的齐、楚、燕、韩、赵、魏六国王族后裔迁徙到关中，以削弱地方豪强势力。其中齐国贵族田氏族大人多，只好变更原来的姓氏，而以第一氏至第八氏来划分。第五氏即其中的一氏，其后代遂以第五为姓。汉代有第五伦，以清节著称。

〔言〕 据《元和姓纂》、《论语》所记：春秋时，吴国人言偃，字子游，是孔子的弟子，其后代遂以言为姓。明代有言芳，成化进士，曾任广平知府。

〔福〕 据《姓氏考略》所记：春秋时，齐国有大夫福子丹，其后代遂以福为姓。元代有福寿，曾任江南行台御史大夫。

千字文

[南朝梁]周兴嗣 编撰

◎ 千字文

天地玄黄,宇宙洪荒。
日月盈昃,辰宿列张。
寒来暑往,秋收冬藏。
闰馀成岁,律吕调阳。
云腾致雨,露结为霜。
金生丽水,玉出昆冈。
剑号巨阙,珠称夜光。
果珍李柰,菜重芥姜。
海咸河淡,鳞潜羽翔。

龙师火帝,鸟官人皇。
始制文字,乃服衣裳。
推位让国,有虞陶唐。
吊民伐罪,周发殷汤。
坐朝问道,垂拱平章。
爱育黎首,臣伏戎羌。
遐迩一体,率宾归王。
鸣凤在竹,白驹食场。
化被草木,赖及万方。

盖此身发,四大五常。
恭惟鞠养,岂敢毁伤!
女慕贞洁,男效才良。
知过必改,得能莫忘。

罔谈彼短,靡恃己长。
信使可覆,器欲难量。
墨悲丝染,《诗》赞羔羊。
景行维贤,克念作圣。
德建名立,形端表正。
空谷传声,虚堂习听。
祸因恶积,福缘善庆。
尺璧非宝,寸阴是竞。
资父事君,曰严与敬。
孝当竭力,忠则尽命。
临深履薄,夙兴温凊。
似兰斯馨,如松之盛。
川流不息,渊澄取映。
容止若思,言辞安定。
笃初诚美,慎终宜令。
荣业所基,籍甚无竟。
学优登仕,摄职从政。
存以甘棠,去而益咏。
乐殊贵贱,礼别尊卑。
上和下睦,夫唱妇随。
外受傅训,入奉母仪。
诸姑伯叔,犹子比儿。
孔怀兄弟,同气连枝。
交友投分,切磨箴规。
仁慈隐恻,造次弗离。
节义廉退,颠沛匪亏。
性静情逸,心动神疲。

蒙学六种·千字文

守真志满，逐物意移。
坚持雅操，好爵自縻。

都邑华夏，东西二京。
背邙面洛，浮渭据泾。
宫殿盘郁，楼观飞惊。
图写禽兽，画彩仙灵。
丙舍傍启，甲帐对楹。
肆筵设席，鼓瑟吹笙。
升阶纳陛，弁转疑星。
右通广内，左达承明。
既集坟典，亦聚群英。
杜稿钟隶，漆书壁经。
府罗将相，路侠槐卿。
户封八县，家给千兵。
高冠陪辇，驱毂振缨。
世禄侈富，车驾肥轻。
策功茂实，勒碑刻铭。
磻溪伊尹，佐时阿衡。
奄宅曲阜，微旦孰营？
桓公匡合，济弱扶倾。
绮回汉惠，说感武丁。
俊乂密勿，多士寔宁。
晋楚更霸，赵魏困横。
假途灭虢，践土会盟。
何遵约法，韩弊烦刑。
起翦颇牧，用军最精。

宣威沙漠，驰誉丹青。
九州禹迹，百郡秦并。
岳宗泰岱，禅主云亭。
雁门紫塞，鸡田赤城。
昆池碣石，钜野洞庭。
旷远绵邈，岩岫杳冥。

治本于农，务兹稼穑。
俶载南亩，我艺黍稷。
税熟贡新，劝赏黜陟。
孟轲敦素，史鱼秉直。
庶几中庸，劳谦谨敕。
聆音察理，鉴貌辨色。
贻厥嘉猷，勉其祗植。
省躬讥诫，宠增抗极。
殆辱近耻，林皋幸即。
两疏见机，解组谁逼？
索居闲处，沉默寂寥。
求古寻论，散虑逍遥。
欣奏累遣，戚谢欢招。
渠荷的历，园莽抽条。
枇杷晚翠，梧桐蚤凋。
陈根委翳，落叶飘飖。
游鹍独运，凌摩绛霄。
耽读玩市，寓目囊箱。
易辀攸畏，属耳垣墙。
具膳餐饭，适口充肠。

饱饫烹宰，饥厌糟糠。
亲戚故旧，老少异粮。
妾御绩纺，侍巾帷房。
纨扇圆洁，银烛炜煌。
昼眠夕寐，蓝笋象床。
弦歌酒宴，接杯举觞。
矫手顿足，悦豫且康。
嫡后嗣续，祭祀烝尝。
稽颡再拜，悚惧恐惶。
笺牒简要，顾答审详。
骸垢想浴，执热愿凉。
驴骡犊特，骇跃超骧。
诛斩贼盗，捕获叛亡。
布射僚丸，嵇琴阮啸。
恬笔伦纸，钧巧任钓。
释纷利俗，并皆佳妙。
毛施淑姿，工颦妍笑。
年矢每催，曦晖朗曜。
璇玑悬斡，晦魄环照。
指薪修祜，永绥吉劭。
矩步引领，俯仰廊庙。
束带矜庄，徘徊瞻眺。
孤陋寡闻，愚蒙等诮。
谓语助者，焉哉乎也。

《千字文》串解

天地玄黄，宇宙洪荒：天是青黑色的，地是黄色的，茫茫宇宙，广阔无边。玄，黑色。洪荒，远古时代。

日月盈昃,辰宿列张:太阳和月亮在天空运行,有斜有正,有圆有缺,都有规律,星辰遍布于广袤的天空。盈,满。昃(zè),太阳西斜。辰宿(xiù),日、月、群星。列,陈列,分布。

寒来暑往,秋收冬藏:春夏秋冬四季循环,来去不断,秋天收割庄稼,冬天则进行储藏。

闰馀成岁,律吕调阳:几年的闰馀合并成一个月,放在闰年的某一个月,乐律里有六律六吕配合一年中的十二个月。闰馀,指农历一年与地球绕太阳公转一周所需时间的差数,故每隔数年必设闰日或闰月加以调整,使四季正常运行。律吕,古人用以确定乐音的竹管,阳六称律,阴六称吕,合称十二律,与一年中的十二月正好对应。将葭(jiā)灰放在竹管中,吹灰后观察灰的上下走向,以确定阴阳。

云腾致雨,露结为霜:乌云升腾,导致降雨,露水遇寒,凝结成霜。

金生丽水,玉出昆冈:金沙江中出产黄金,昆仑山冈出产美玉。丽水,即云南金沙江,也叫丽江。昆冈,昆仑山,位于新疆与西藏之间。

剑号巨阙,珠称夜光:最为有名的宝剑是巨阙剑,最为贵重的明珠是夜光珠。巨阙,宝剑名,相传越王允常令欧冶子铸造五把宝剑,其中最好的一把即巨阙。夜光,珠名,即隋珠,又叫夜光珠,传说为南海鲸鱼的眼珠,夜间发光,可以照明。

果珍李柰,菜重芥姜:果品中最为珍贵的是李和柰,蔬菜中最为珍贵的是芥和姜。李,李子,果呈圆形,紫红色。柰(nài),俗称"花红",果实比苹果略小。

海咸河淡,鳞潜羽翔:海水是咸的,河水是淡的,鱼类在水中游动,鸟类在空中飞翔。鳞,鱼鳞,代指鱼类。羽,羽毛,代指鸟类。

以上是第一部分,从天、地、日、月、四季、物产等方面,讲述大自然中所蕴藏的生机。

龙师火帝,鸟官人皇:龙师、火帝、鸟官、人皇,都是上古时代官员的名称。龙师,相传伏羲氏以龙为百官命名,称龙师。火帝,相传神农氏以火为百官命名,称火帝。鸟官,相传少昊氏以鸟为百官命名,称鸟官。人皇,相传上古时代有天皇、地皇、人皇。

始制文字,乃服衣裳:黄帝的史官仓颉发明文字,黄帝的妻子嫘(léi)祖始作服装。

推位让国,有虞陶唐:将君位让给贤明之人的,是有虞氏舜和陶唐氏尧。

吊民伐罪,周发殷汤:安抚水深火热中的黎民百姓,讨伐罪人商纣和夏桀的,是周武王姬发和商朝的成汤。吊,慰问。伐,讨伐。

坐朝问道,垂拱平章:贤明的君主端坐于朝廷,与大臣商讨治国之道。垂衣拱手,共商国是。

爱育黎首,臣伏戎羌:做国君的爱护、养育黎民百姓,致使远方的少数民族也俯首称臣。戎羌,古时指中原以西的少数民族。

遐迩一体,率宾归王:远近各地都统一了,所有的臣民都归顺于贤君。率,都。宾,服从。

鸣凤在竹,白驹食场:凤凰鸣唱于竹林,白马驹觅食于草场。

化被草木,赖及万方:贤明君主的仁德连草木都得到感化,恩泽遍及四面八方。赖,好处,恩典。

以上是第二部分,叙述从开天辟地以来,三皇五帝爱民化物,恩泽遍于四方。

盖此身发，四大五常：我们的身体发肤由地、水、火、风四种物质(即"四大")组成，我们的言行以仁、义、礼、智、信(即"五常")为准则。盖，句首发语词。

恭惟鞠养，岂敢毁伤：恭敬地想一想，是父母生我养我，哪敢轻易损伤身体。鞠养，养育。

女慕贞洁，男效才良：作为女子，应仰慕贞节保持纯洁；作为男子，应仿效有才能、有德行的人。

知过必改，得能莫忘：知道自己的过错，一定要改正，自己能够做的事，千万不要放弃。

罔谈彼短，靡恃己长：不要议论别人的短处，也不要夸耀依仗自己的长处。罔、靡，不要。

信使可覆，器欲难量：诚信要经得起审察和考验，器度要大到别人难以揣测衡量。覆，审察。器，度量。

墨悲丝染，诗赞羔羊：墨子悲叹纯洁的蚕丝被染成五颜六色，《诗经·召南·羔羊》篇赞美羊羔的毛色纯正。《墨子·所染》载，墨子见丝被染，叹道："染于苍则苍，染于黄则黄。"《诗经·召南·羔羊》："羔羊之皮，素丝五绽。"

景行维贤，克念作圣：景仰贤人的德行，克制私念学做圣人。

德建名立，形端表正：有高尚的德行，就有美好的名声，形态端庄，仪表自然正直。

空谷传声，虚堂习听：在空旷的山谷，声音会传播得很远，在空寂的厅堂，说话能有回音。习，重复。

祸因恶积，福缘善庆：灾祸往往是因为作恶而起，幸福则是乐善好施的回报。庆，回报。

尺璧非宝，寸阴是竞：直径一尺的璧玉不是什么宝贝，只有分分秒秒的光阴才值得去竞争。璧，圆形的玉。竞，竞争。

资父事君，曰严与敬：侍奉父亲，侍奉国君，要做到谨严而恭敬。资，这里是侍奉的意思。

孝当竭力，忠则尽命：孝顺父母应竭尽全力，忠于国君则不惜生命。

临深履薄，夙兴温清：要如临深渊、如履薄冰那样，小心翼翼地侍奉双亲，要早起晚睡，使他们冬天得到温暖，夏天得到清凉。夙兴，早起。

似兰斯馨，如松之盛：努力培养自己的品德，使其像兰花一样芳香，像松柏一样常年不衰。

川流不息，渊澄取映：这样的品德能延及子孙，如同大河一样川流不息；也能影响众人，如同碧潭清澈照人。

容止若思，言辞安定：容貌举止端庄安详，言谈话语从容镇定。

笃初诚美，慎终宜令：修养品德重视开头固然不错，而求得好的结果则更为重要。笃，专心。令，美好。

荣业所基，籍甚无竟：修养品德是从事显荣事业之基础，具备了这一点，才能美名传扬，流芳百世。

学优登仕，摄职从政：学习优秀并有馀力，就可以登上仕途做官，担当一定的职务，治理国家。优，宽裕，有馀力。

存以甘棠，去而益咏：人们留下甘棠树来表达对召公的怀念(召公曾在甘棠树下理政)，并创作《甘棠》诗怀念歌咏他。

乐殊贵贱，礼别尊卑：乐曲的选择因身份的贵贱而不同，礼仪的确定也因地位的尊卑而有别。

上和下睦,夫唱妇随:尊卑老幼和睦相处,丈夫倡导的,妻子应跟随。

外受傅训,入奉母仪:在外求学要接受师傅的教诲,回家之后应当奉行母亲定下的规矩。

诸姑伯叔,犹子比儿:对待姑母、伯父、叔父,如同对待自己的父母,对待兄弟之子,如同对待自己的儿女。

孔怀兄弟,同气连枝:兄弟之间非常友爱,因为同受父母之血气,如同树枝一样紧紧相连。孔,很,十分。

交友投分,切磨箴规:交朋友要意气相投,学问方面互相切磋,品德方面互相勉励。切磨,切磋。箴规,告诫,规劝。

仁慈隐恻,造次弗离:要有同情怜悯之心,不可在紧要关头掉头而去。造次,指紧要关头、仓促之间。

节义廉退,颠沛匪亏:节操、正义、廉耻和谦让,即便在遭受挫折之时也不能有所亏空。颠沛,指遭受困窘。

性静情逸,心动神疲:性格沉静则心情安逸,用心过度则精神疲惫。

守真志满,逐物意移:坚守节操,不失自我,则心满意足;追求物质的享受,则会意志动摇。

坚持雅操,好爵自縻:坚持高雅的操守,好的职位自然为你所有。縻,牵系,拴住。

以上是第三部分,讲述传统的伦理道德及君子自身的修养。

都邑华夏,东西二京:古代的都城华美广大,有东京洛阳和西京长安。都邑,都城。华,华美。夏,广大。

背邙面洛,浮渭据泾:东京洛阳背靠北邙山,南临洛水;西京长安左跨渭河,右依泾水。浮,横跨。据,依。

宫殿盘郁,楼观飞惊:宫殿曲折盘旋,楼观高耸如飞,令人心惊。盘郁,曲折盘旋的样子。

图写禽兽,画彩仙灵:宫殿楼观之上绘有各种飞禽走兽及天仙神灵。

丙舍傍启,甲帐对楹:两边厢房的门开启,豪华的帐幕对着高高的楹楼。丙舍,正室两旁的房屋。甲帐,用明珠、美玉装饰的床帐。

肆筵设席,鼓瑟吹笙:宫廷里大摆宴席,乐队用琴瑟、笙管等乐器演奏美妙的音乐。肆,摆设。

升阶纳陛,弁转疑星:文武官员走上宫廷的台阶,帽子团团转,犹如群星闪烁。纳,进入。陛,台阶。弁(biàn),帽子,其缝合处用彩玉装饰。

右通广内,左达承明:进入宫廷后,向右可通向广内殿,向左可通向承明殿。广内、承明,汉代宫殿名。

既集坟典,亦聚群英:其中既有大量的图书典籍,又有英雄豪杰汇聚一起。

杜稿钟隶,漆书壁经:宫廷图书馆中收藏着汉朝书法家杜度的草书和钟繇的隶书,以及古时的竹简和从孔宅墙壁间发现的经典。杜稿,汉朝人杜度的草书。古时写文稿多用草书,故称草书为稿。钟隶,三国时书法家钟繇的隶书。漆书,古人用漆代墨写在竹简上的文字。壁经,西汉时,鲁恭王拆除孔子的旧宅,从墙壁中得到古文《尚书》《论语》等,用蝌蚪文写成,世称壁中经。

府罗将相,路侠槐卿:宫廷内将相侍立两旁,宫廷外公卿大夫夹道送迎。侠,通"夹"。槐,槐树。周代在朝廷外种三槐九棘，公卿大夫分立其下。后用槐卿泛指朝廷大臣。

户封八县，家给千兵：皇帝赏给他们八县之广的封地，配备有数千家兵。

高冠陪辇，驱毂振缨：他们戴着高高的帽子陪皇帝出行，车子飞驰时缨带飞扬。辇，皇帝的车子，代指皇帝。毂(gǔ)，车轮，代指车子。缨，帽子上的飘带。

世禄侈富，车驾肥轻：大臣们的后代享受优厚的俸禄，过着奢侈的生活，车子华丽，骏马肥壮。

策功茂实，勒碑刻铭：朝廷将他们的功绩加以记载，刻于碑石之上，永志不忘。

磻溪伊尹，佐时阿衡：姜太公辅佐周武王灭纣建立周朝，伊尹则辅佐商汤推翻夏桀的统治，建立商朝，他们均为辅弼当朝皇帝的宰相。磻溪，地名，在陕西宝鸡东南，传说中姜太公垂钓之处，代称姜太公。伊尹，商汤大臣，辅佐成汤灭夏，被成汤尊为阿衡(商朝官名)。

奄宅曲阜，微旦孰营：周成王占有古奄国曲阜一带，若不是周公姬旦辅佐，怎么能成。奄，古国名，在曲阜以东。

桓公匡合，济弱扶倾：齐桓公为匡正天下之乱，多次援助势单力薄的诸侯小国。

绮回汉惠，说感武丁：绮里季回朝，保住了汉惠帝的位子，傅说(yuè)与武丁心心相印，帮助商王振兴商朝。绮，绮里季。与东园公、夏黄公、甪(lù)里先生隐居商山，须眉皆白，号称"商山四皓"。汉高祖宠幸戚夫人，欲废太子而立戚夫人之子，吕后用张良之计，迎商山四皓辅佐太子，高祖因见太子"羽翼已成"而打消了废太子的念头。后太子即位，即汉惠帝。说，傅说，先为奴隶，筑墙于傅岩。武丁梦天帝赐贤臣，于是画像寻找，结果找到傅说，任为相。

俊乂密勿，多士寔宁：有才能的人勤勉努力，全凭他们这样的贤士，才使国家安宁昌盛。俊乂(yì)，才能出众者。密勿，勤勉而努力。寔(shí)，通"是"，语气助词。

晋楚更霸，赵魏困横：春秋时代晋文公与楚庄王轮番称霸，战国时代赵国、魏国等东方六国因张仪的"连横"政策而受困于秦。

假途灭虢，践土会盟：晋献公向虞国借道消灭了虢国，回师途中又灭虞国；晋文公在践土与诸侯会盟，被推选为盟主。践土，春秋时郑国地名。

何遵约法，韩弊烦刑：萧何遵照汉高祖刘邦的约法三章而制订九律，韩非却受困于自己提出的烦琐苛刑。

起翦颇牧，用军最精：秦国大将白起、王翦，赵国大将廉颇、李牧，领兵打仗，最为精通。

宣威沙漠，驰誉丹青：他们的声名远播沙漠之地，美誉连同画像载入史册。

九州禹迹，百郡秦并：大禹治水时足迹遍及九州大地，秦国兼并百郡之后统一了天下。

岳宗泰岱，禅主云亭：五岳之中数东岳泰山最为尊贵，历代帝王都要到泰山脚下的云山、亭山举行封禅大典。

雁门紫塞，鸡田赤城：中国北部有雁门关和紫色的古长城，还有鸡田驿和赤城山。

昆池碣石，钜野洞庭：昆明有滇池可观，河北有碣石可临，山东有钜野之泽，湖南有洞庭之湖。

旷远绵邈，岩岫杳冥：江河流长，湖海无边，名山奇洞，深远幽暗。

以上是第四部分，简述天下自然之美，英才辈出，名胜遍布其中。

治本于农，务兹稼穑：治国的根本是发展农业生产，一定要搞好春种秋收。

俶载南亩,我艺黍稷:一年的农活开始之时,我种下黍子,又种下高粱。俶(chù),开始。艺,种植。黍稷,黍子与高粱,泛指农作物。

税熟贡新,劝赏黜陟:秋天收获后,用新熟的谷子缴纳税粮,官府则根据农户的贡献与否,给予奖惩。黜陟(chùzhì),本指官员的降职或升迁,这里是指处罚和奖赏。

孟轲敦素,史鱼秉直:孟子崇尚本色,史鱼坚持刚直。

庶几中庸,劳谦谨敕:为人处世要尽量做到不偏不倚,坚持中庸之道,同时又要勤奋、谦虚、谨慎,时时刻刻告诫自己。庶几,差不多。

聆音察理,鉴貌辨色:听人讲话要分析话中的道理与是非,看别人的面孔,要会察言辨色。

贻厥嘉猷,勉其祗植:最好能给他人以高明的建议,勉励他处世立身应谨小慎微。贻,赠送。嘉猷(yóu),好的建议。祗(zhī),恭敬,小心。植,这里是指处世立身。

省躬讥诫,宠增抗极:要经常反省自我,不可讥笑他人,不可因宠幸过度而对抗当权者。

殆辱近耻,林皋幸即:将要发生危险的事,可能招来耻辱,要尽早归隐山林。

两疏见机,解组谁逼:汉代的疏广和疏受预见到危险的苗头便辞官还乡,哪有谁逼迫他们解除官印?两疏,汉宣帝时太子太傅疏广、太子少傅疏受,备受宠幸,任职五年之后主动辞官。机,征兆,苗头。组,官印上所系的丝带。

索居闲处,沉默寂寥:独居闲处,悠闲自在,甘于寂寞冷清的生活。

求古寻论,散虑逍遥:在古书中找寻人生的寄托,消除忧虑,乐得逍遥自在。

欣奏累遣,戚谢欢招:愉快的事凑于一起,忧愁的事弃在一边,杜绝烦恼,招来欢乐。

渠荷的历,园莽抽条:池中的荷花鲜艳夺目,园中的草木长出嫩芽。的历,鲜明的样子。

枇杷晚翠,梧桐蚤凋:枇杷树到了冬天仍然翠绿,梧桐树叶在初秋即早早凋谢。蚤,同"早"。

陈根委翳,落叶飘飖:陈根老树蜿蜒倒伏,落叶纷纷飘落大地。委,通"萎",枯萎。翳(yì),树木枯死倒地。

游鹍独运,凌摩绛霄:鹍鹏独自高飞,冲向布满彩霞的云霄。

耽读玩市,寓目囊箱:汉代的王充年幼时家贫无书,他游览洛阳市场,读所卖之书,过目不忘。眼中所看到的,无非是装书的袋子和箱子。

易輶攸畏,属耳垣墙:说话要小心戒备,以防隔墙有耳。易輶(yóu),轻视,忽视。属耳,将耳朵放在墙上听。

具膳餐饭,适口充肠:安排一日三餐的饭食,要可口,让人人都能吃饱。

饱饫烹宰,饥厌糟糠:酒足饭饱之时自然厌烦大鱼大肉,而饥肠辘辘时有糟糠填饱肚子就心满意足了。饫(yù),饱。烹宰,指鱼肉荤食。厌,同"餍",吃饱。

亲戚故旧,老少异粮:亲朋老友来家做客,应盛情招待,老人与小孩的食物应有所区别。

妾御绩纺,侍巾帷房:小妾在家中从事纺织,还要在内室服侍丈夫。御,从事。帷房,内室。

纨扇圆洁,银烛炜煌:绢扇又圆又光洁,银烛台上灯火亮。炜煌(wěihuáng),明亮。

昼眠夕寐,蓝笋象床:白天躺在蓝色的竹席上午休,夜晚睡在大大的象牙床上。蓝笋,用蓝青染过的竹席。象床,用象牙装饰的床。

弦歌酒宴，接杯举觞：在有乐队歌舞助兴的宴会上，举起酒杯，开怀畅饮。觞(shāng)，酒杯。

矫手顿足，悦豫且康：一直喝到手舞足蹈，又快乐又安康。

嫡后嗣续，祭祀烝尝：正妻所生的儿子继承王位，一年四季的祭祀大礼不可忘却。烝(zhēng)，冬祭。尝，秋祭。

稽颡再拜，悚惧恐惶：祭祀时，要反复磕头再拜，心中悲痛而虔诚。稽颡，叩头时以额触地。悚，恐惧。

笺牒简要，顾答审详：写信时要简明扼要，回答问题时应详细而周全。

骸垢想浴，执热愿凉：身体有了污垢就想洗澡，拿着烫手的东西时希望它马上变凉。

驴骡犊特，骇跃超骧：驴、骡、牛、马等牲畜一旦受惊吓，便会狂奔乱跑。犊，小牛。特，公牛。骧(xiāng)，奔跑。

诛斩贼盗，捕获叛亡：对那些犯有抢劫、偷盗、反叛、逃亡之罪的人，该抓则抓，该杀则杀。

布射僚丸，嵇琴阮啸：吕布精于射箭，宜僚有弄丸的绝技，嵇康擅长弹琴，阮籍能撮(cuō)口长啸。

恬笔伦纸，钧巧任钓：蒙恬造出毛笔，蔡伦发明纸张，马钧巧制指南车，任公子用牛肉为饵食垂钓大鱼。

释纷利俗，并皆佳妙：为他人解决纠纷，为别人带来便利，都是值得赞赏的行为。

毛施淑姿，工颦妍笑：毛嫱(qiáng)和西施，姿色贤淑，无论是皱眉还是欢笑，都美丽动人。工，善于。颦(pín)，皱眉。

年矢每催，曦晖朗曜：可叹日月如梭，频繁催人，只有太阳的光耀永照人间。矢，古时计时用的箭。曦(xī)，太阳。曜(yào)，照耀。

璇玑悬斡，晦魄环照：观察天象的璇玑悬空转动，月圆月缺循环照耀。璇玑，古代观察天象的仪器。斡(wò)，转动。晦，阴历月末之日。魄，晦日微弱的光。

指薪修祜，永绥吉劭：像不熄灭的火把一样不断积累德行，吉祥幸福，永远美好。指薪，即脂薪，以油脂灌柴，当火把用。祜(hù)，福。绥(suí)，安。劭(shào)，美好。

矩步引领，俯仰廊庙：昂首阔步，伸颈远望，从容地应付朝廷派下的各项任务。

束带矜庄，徘徊瞻眺：衣冠整洁，仪表庄重，既可散步，也可远眺。

孤陋寡闻，愚蒙等诮：孤陋寡闻的人，愚昧无知的人，定会遭受他人的嘲笑。诮(qiào)，讥笑。

谓语助者，焉哉乎也：被称为语气助词的，有焉、哉、乎、也。

以上是第五部分，讲述日常生活等方面的内容。

增广贤文

[清] 无名氏　编撰

◎增广贤文

昔时贤文，诲汝谆谆。
集韵增广，多见多闻。
观今宜鉴古，无古不成今。
知己知彼，将心比心。
酒逢知己饮，诗向会人吟。
相识满天下，知心能几人？
相逢好似初相识，到老终无怨恨心。
近水知鱼性，近山识鸟音。
易涨易退山溪水，易反易覆小人心[1]。
运去金成铁[2]，时来铁似金[3]。
读书须用意，一字值千金。
逢人且说三分话，未可全抛一片心。
有意栽花花不发，无心插柳柳成荫。
画虎画皮难画骨，知人知面不知心。
钱财如粪土，仁义值千金。
流水下滩非有意，白云出岫本无心。
当时若不登高望，谁信东流海样深。
路遥知马力，日久见人心。
马行无力皆因瘦，人不风流只为贫。
饶人不是痴汉，痴汉不会饶人。
是亲不是亲，非亲却是亲。
美不美，乡中水；亲不亲，故乡人。
相逢不饮空归去，洞口桃花也笑人。
红粉佳人休使老，风流浪子莫教贫。
在家不会迎宾客，出外方知少主人。
为人莫作亏心事，半夜敲门心不惊。
两人一般心，无钱堪买金[4]；一人一般心，有钱难买针。

莺花犹怕春光老,岂可教人枉度春。
黄金无假,阿魏无真[5]。
客来主不顾,应恐是痴人。
贫居闹市无人问,富在深山有远亲。
谁人背后无人说,哪个人前不说人。
有钱道真语,无钱语不真。
不信但看筵中酒,杯杯先劝有钱人。
闹里有钱,静处安身。
来如风雨,去似微尘。
长江后浪催前浪,世上新人赶旧人。
近水楼台先得月,向阳花木早逢春。
古人不见今时月,今月曾经照古人。
先到为君,后到为臣。
莫道君行早,更有早行人。
莫信直中直,须防仁不仁。
山中有直树,世上无直人。
自恨枝无叶,莫怨太阳倾。
一年之计在于春,一日之计在于寅[6],一家之计在于和,一生之计在于勤。
责人之心责己,恕己之心恕人。
守口如瓶,防意如城。
宁可人负我,切莫我负人。
再三须重事,第一莫欺心。
虎生犹可近,人毒不堪亲。
来说是非者,便是是非人。
远水难救近火,远亲不如近邻。
有茶有酒多兄弟,急难何曾见一人。
人情似纸张张薄,世事如棋局局新。
山中也有千年树,世上难逢百岁人。
力微休负重[7],言轻莫劝人。
无钱休入众,遭难莫寻亲。

平生莫作皱眉事，世上应无切齿人[8]。
士者国之宝，儒为席上珍。
若要断酒法[9]，醒眼看醉人。
求人须求大丈夫，济人须济急时无。
渴时一滴如甘露，醉后添杯不如无。
久住令人贱，频来亲也疏。
酒中不语真君子，财上分明大丈夫。
积金千两，不如明解经书。
养子不教如养驴，养女不教如养猪。
有田不耕仓廪虚，有书不读子孙愚。仓廪虚兮岁月乏，子孙愚兮礼义疏。
听君一席话，胜读十年书。
人不通古今，马牛而襟裾。
茫茫四海人无数，哪个男儿是丈夫。
美酒酿成缘好客，黄金散尽为收书。
救人一命，胜造七级浮屠[10]。
城门失火，殃及池鱼。
庭前生瑞草，好事不如无。
欲求生富贵，须下死功夫。
百年成之不足，一旦败之有余。
人心似铁，官法如炉。
善化不足，恶化有余。
水至清则无鱼，人至察则无徒[11]。
知者减半[12]，愚者全无。
痴人畏妇，贤女敬夫。
是非终日有，不听自然无。
宁可正而不足，不可邪而有余。
宁可信其有，不可信其无。
竹篱茅舍风光好，道院僧堂总不如。
命里有时终须有，命里无时莫强求。
道院迎仙客，书堂隐相儒。

庭栽栖凤竹，池养化龙鱼。
结交须胜己，似我不如无。
但看三五日，相见不如初。
人情似水分高下，世事如云任卷舒。
会说说都是，不会说无礼。
磨刀恨不利，刀利伤人指；求财恨不多，财多反害己。
知足常足，终身不辱；知止常止，终身不耻。
有福伤财，无福伤己。
差之毫厘，失之千里。
若登高必自卑[13]，若涉远必自迩[14]。
三思而行，再思可矣。
使口不如自走，求人不如求己。
小时是兄弟，长大各乡里。
妒财莫妒食，怨生莫怨死。
人见白头嗔，我见白头喜，多少少年亡，不到白头死。
墙有缝，壁有耳。
好事不出门，恶事传千里。
贼是小人，智过君子。
君子固穷，小人穷斯滥矣。
贫穷自在，富贵多忧。
不以我为德，反以我为仇。
宁向直中取，不可曲中求。
人无远虑，必有近忧。
知我者谓我心忧，不知我者谓我何求。
晴天不肯去，直待雨淋头。
成事莫说，覆水难收[15]。
是非只为多开口，烦恼皆因强出头。
忍得一时之气，免得百日之忧。
惧法朝朝乐，欺公日日忧。
人生一世，草生一春。
黑发不知勤学早，转眼便是白头翁。

月过十五光明少，人到中年万事休。
儿孙自有儿孙福，莫为儿孙作马牛。
人生不满百，常怀千岁忧。
今朝有酒今朝醉，明日愁来明日忧。
路逢险处难回避，事到头来不自由。
药能医假病，酒不解真愁。
人贫不语，水平不流。
一家养女百家求，一马不行百马忧。
有花方酌酒，无月不登楼。
三杯通大道[16]，一醉解千愁。
深山毕竟藏猛虎，大海终须纳细流。
惜花须检点，爱月不梳头。
大抵选他肌骨好，不擦红粉也风流。
受恩深处宜先退，得意浓时便可休。莫待是非来入耳，从前恩爱反成仇。
留得五湖明月在，不愁无处下金钩。
休别有鱼处，莫恋浅滩头。
去时终须去，再三留不住。
忍一句，息一怒；饶一着，退一步。
三十不豪，四十不富，五十将近寻死路。
生不认魂，死不认尸。
一寸光阴一寸金，寸金难买寸光阴。
父母恩深终有别，夫妻义重也分离。
人生似鸟同林宿，大限来时各自飞。
人善被人欺，马善被人骑。
人恶人怕天不怕，人善人欺天不欺。善恶到头终有报，只争来早与来迟。
黄河尚有澄清日，岂可人无得运时。
得宠思辱，居安思危。
念念有如临敌日[17]，心心常似过桥时[18]。
英雄行险道，富贵似花枝。

人情莫道春光好,只怕秋来有冷时。
送君千里,终有一别。
但将冷眼观螃蟹,看你横行到几时。
见事莫说,问事不知。
闲事休管,无事早归。
假缎染就真红色,也被旁人说是非。
善事可作,恶事莫为。
许人一物,千金不移。
龙生龙子,虎生豹儿。
龙游浅水遭虾戏,虎落平阳被犬欺。
一举首登龙虎榜,十年身到凤凰池。
十载寒窗无人问,一举成名天下知。
酒债寻常行处有,人生七十古来稀。
养儿防老,积谷防饥。
当家才知盐米贵,养子方知父母恩。
常将有日思无日,莫把无时当有时。
时来风送滕王阁[19],运去雷轰荐福碑[20]。
入门休问荣枯事,观看容颜便得知。
官清书吏瘦,神灵庙祝肥[21]。
息却雷霆之怒,罢却虎狼之威。
饶人算人之本,输人算人之机。
好言难得,恶语易施。
一言既出,驷马难追[22]。
道吾好者是吾贼,道吾恶者是吾师。
路逢侠客须呈剑,不是才人莫献诗。
三人行必有我师焉。择其善者而从之,其不善者而改之。
欲昌和顺须为善,要振家声在读书。
少壮不努力,老大徒伤悲。
人有善愿,天必佑之。
莫饮卯时酒,昏昏醉到酉;莫骂酉时妻,一夜受孤凄。
种麻得麻,种豆得豆。

天网恢恢,疏而不漏。
见官莫向前,做客莫在后。
宁添一斗,莫添一口。
螳螂捕蝉,岂知黄雀在后。
不求金玉重重贵,但愿儿孙个个贤。
一日夫妻,百世姻缘。
百世修来同船渡,千世修来共枕眠。
杀人一万,自损三千。
伤人一语,利如刀割。
枯木逢春犹再发,人无两度再少年。
未晚先投宿,鸡鸣早看天。
将相顶头堪走马,公侯肚内好撑船。
富人思来年,穷人思眼前。
世上若要人情好,赊去物件不取钱[23]。
死生有命,富贵在天。
击石原有火,不击乃无烟。
为学始知道,不学亦枉然。
莫笑他人老,终须还到老。
和得邻里好,犹如拾片宝。
但能依本分,终须无烦恼。
大家做事寻常,小家做事慌张。
大家礼义教子弟,小家凶恶训儿郎。
君子爱财,取之有道;贞妇爱色,纳之以礼。
善有善报,恶有恶报;不是不报,日子未到。
万恶淫为首,百行孝当先。
人而不信,不知其可也。
一人道虚,千人传实。
凡事要好,须问三老[24]。若争小利,便失大道。
家中不和邻里欺,邻里不和说是非。
年年防饥,夜夜防盗。
好学者如禾如稻,不好学者如蒿如草。

遇饮酒时须饮酒，得高歌处且高歌。
因风吹火，用力不多。
不因渔父引，怎得见波涛。
无求到处人情好，不饮任他酒价高。
知事少时烦恼少，识人多处是非多。
世间好语书说尽，天下名山僧占多。
入山不怕伤人虎，只怕人情两面刀。
强中更有强中手，恶人终受恶人磨。
会使不在家豪富，风流不在着衣多。
光阴似箭，日月如梭。
天时不如地利，地利不如人和。
黄金未为贵，安乐值钱多。
为善最乐，为恶难逃。
羊有跪乳之恩，鸦有反哺之义。
孝顺还生孝顺子，忤逆还生忤逆儿，不信但看檐前水，点点滴滴在旧窝。
隐恶扬善，执其两端。
妻贤夫祸少，子孝父心宽。
人生知足何时足，到老偷闲且是闲。
但有绿杨堪系马，处处有路通长安。
既堕釜甑[25]，反顾何益[26]。
已覆之水，收之实难。
见者易，学者难。
莫将容易得，但作等闲看。
用心计较般般错，退步思量事事宽。
道路各别，养家一般。
从俭入奢易，从奢入俭难。
知音说与知音听，不是知音莫与弹。
点石化为金，人心犹未足。
信了肚，卖了屋。
他人睨睨[27]，不涉你目；他人碌碌，不涉你足。

谁人不爱子孙贤，谁人不爱千钟粟。
莫把真心空计较，儿孙自有儿孙福。
天下无不是的父母，世上最难得者兄弟。
与人不和，劝人养鹅；与人不睦，劝人架屋。
但行好事，莫问前程。
不交僧道，便是好人。
河狭水激，人急计生。
明知山有虎，莫向虎山行。
路不铲不平，事不为不成。人不劝不善，钟不敲不鸣。
无钱方断酒，临老始看经。
点塔七层，不如暗处一灯。
堂上二老是活佛，何用灵山朝世尊。
万事劝人休瞒昧，举头三尺有神明。
但存方寸土，留与子孙耕。
灭却心头火，剔起佛前灯。
惺惺常不足，懵懵作公卿。
众星朗朗，不如孤月独明。
兄弟相害，不如友生。
合理可作，小利莫争。
牡丹花好空入目，枣花虽小结实成。
随分耕锄收地利，他时饱暖谢苍天。
得忍且忍，得耐且耐，不忍不耐，小事成大。
相论逞英豪，家计渐渐消。
贤妇令夫贵，恶妇令夫败。
一人有庆[28]，兆民咸赖[29]。
人老心不老，人穷志不穷。
人无千日好，花无百日红。
杀人可恕，情理难容。
乍富不知新受用，乍贫难改旧家风。
座上客常满，杯中酒不空。
屋漏更遭连夜雨，行船又遇打头风。

笋因落箨方成竹[30],鱼为奔波始化龙。
曾记少年骑竹马,看看又是白头翁。
礼义生于富足,盗贼出于赌博。
天上众星皆拱北[31],世间无水不朝东。
君子安贫,达人知命。
良药苦口利于病,忠言逆耳利于行[32]。
顺天者存,逆天者亡。
人为财死,鸟为食亡。
夫妻相合好,琴瑟与笙簧。
善必寿考[33],恶必早亡。
爽口食多偏作病,快心事过恐生殃。
富贵定要依本分,贫穷不必再思量。
画水无风空作浪,绣花虽好不闻香。
贪他一斗米,失却半年粮;争他一脚豚,反失一肘羊。
龙归晚洞云犹湿,麝过春山草木香。
平生只会说人短,何不回头把己量。
见善如不及,见恶如探汤。
人穷志短,马瘦毛长。
自家心里急,他人不知忙。
贫无达士将金赠,病有高人说药方。
触来莫与竞,事过心清凉。
秋至满山多秀色,春来无处不花香。
凡人不可貌相,海水不可斗量。
清清之水为土所防,济济之士为酒所伤。
蒿草之下还有兰香,茅茨之屋或有侯王。
无限朱门生饿殍[34],几多白屋出公卿[35]。
醉后乾坤大,壶中日月长。
万事皆已定,浮生空自忙。
千里送毫毛,礼轻仁义重。
世事明如镜,前程暗似漆。
架上碗儿轮流转,媳妇自有做婆时。

人生一世，如驹过隙。
良田万顷，日食一升；大厦千间，夜眠八尺。
千经万典，孝悌为先。
一字入公门，九牛拖不出。
八字衙门向南开，有理无钱莫进来。
富从升合起，贫因不算来。
家无读书子，官从何处来。
人间私语，天闻若雷；暗室亏心，神目如电。
一毫之恶，劝人莫作；一毫之善，与人方便。
欺人是祸，饶人是福；天眼昭昭[36]，报应甚速。
圣贤言语，神钦鬼服。
人各有心，心各有见。
口说不如身逢，耳闻不如眼见。
养兵千日，用兵一时。
国清才子贵，家富小儿娇。
利刀割体疮犹合，恶语伤人恨不消。
有才堪出众，无衣懒出门。
公道世间唯白发，贵人头上不曾饶。
为官须作相，及第必争先。
苗从地发，树由枝分。
父子亲而家不退，兄弟和而家不分。
官有公法，民有私约。
闲时不烧香，急时抱佛脚。
幸生太平无事日，恐防年老不多时。
国乱思良将，家贫思贤妻。
池塘积水须防旱，田土深耕足养家。
根深不怕风摇动，树正何愁月影斜。
学在一人之下，用在万人之上。
一字为师，终身如父。
忘恩负义，禽兽之徒。
劝君莫将油炒菜，留与儿孙夜读书。

书中自有千钟粟,书中自有颜如玉。
莫怨天来莫怨人,五行八字命生成。
莫怨自己穷,穷要穷得干净;莫羡他人富,富要富得清高。
别人骑马我骑驴,仔细思量我不如,待我回头看,还有挑脚汉。
路上有饥人,家中有剩饭。
积德与儿孙,要广行方便。
作善鬼神钦,作恶遭天谴[37]。
积钱积谷不如积德,买田买地不如买书。
一日春工十日粮,十日春工半年粮。
疏懒人没吃,勤俭粮满仓。
人亲财不亲,财利要分清。
十分伶俐使七分,常留三分与儿孙,若要十分都使尽,远在儿孙近在身。
君子乐得做君子,小人枉自做小人。
好学者则庶民之子为公卿,不好学者则公卿之子为庶民。
惜钱莫教子,护短莫从师。
记得旧文章,便是新举子。
人在家中坐,祸从天上落。
但求心无愧,不怕有后灾。
只有和气去迎人,哪有相打得太平。
忠厚自有忠厚报,豪强一定受官刑。
人到公门正好修,留些阴德在后头。
为人何必争高下,一旦无命万事休。
山高不算高,人心比天高。
白水变酒卖,还嫌猪无糟。
贫寒休要怨,富贵不须骄。
善恶随人作,祸福自己招。
奉劝君子,各宜守己,只此呈示,万无一失。

[1] 覆:反复无常。

[2] 运:运气。

[3] 时：时机，时运。

[4] 堪：可以，能够。

[5] 阿魏：一种中草药，主要产于伊朗、阿富汗及我国新疆地区。古时交通不畅，因而市面上的阿魏基本是假的。

[6] 寅：寅时，指夜里三点钟到五点钟的时间。

[7] 力微：力量小。

[8] 切齿人：指仇人。

[9] 断酒：戒酒。

[10] 浮屠：梵语，塔的意思。

[11] 察：明察。

[12] 知者：即"智者"。

[13] 卑：低处。

[14] 迩：近处。

[15] 覆水：倒掉的水。

[16] 三杯：泛指很多杯。大道：这里是仙境的意思。

[17] 念念：时时刻刻想着。

[18] 心心：每一个心思、念头。

[19] 时来风送滕王阁：相传唐代王勃去滕王阁赴宴，本已误期，夜梦风神相告，愿起风送他。结果王勃准时到达，写下了千古传诵的《滕王阁序》。

[20] 运去雷轰荐福碑：相传宋代有位书生极贫困，范仲淹劝他临摹荐福碑卖字活命。笔墨均已备好，碑却被雷劈断。

[21] 庙祝：寺庙中管香火的人。

[22] 驷马：古时一辆车由四匹马拉。

[23] 赊(shē)：本义是欠，这里是舍弃的意思。

[24] 三老：古时主管教化的官员，泛指年长者。

[25] 釜甑(zèng)：釜即锅，甑即蒸锅。

[26] 反顾：回头看，引申为后悔。

[27] 睊睊：斜眼看人。

[28] 庆：福。

[29] 兆民：泛指百姓。 咸赖：都依赖他。

[30] 箨(tuò)：竹类主干所生的叶。竹笋时期包于笋外，在竹竿生长过程中陆续脱落。

[31] 拱北：环绕北斗星。

[32] 逆耳：听起来不受用。

[33] 寿考：指长寿。

[34] 殍(piǎo)：因饥饿而死。

[35] 白屋：泛指贫寒之家。

[36] 昭昭：明亮。

[37] 天谴：上天惩罚。

幼学琼林

［明］程登吉　编撰
［清］邹圣脉　增补

◎ 幼学琼林

卷 一

天 文

混沌初开，乾坤始奠。气之轻清上浮者为天，气之重浊下凝者为地。日月五星，谓之七政[1]；天地与人，谓之三才。日为众阳之宗，月乃太阴之象。虹名螮蝀[2]，乃天地之淫气；月里蟾蜍，是月魄之精光。风欲起而石燕飞[3]，天将雨而商羊舞[4]。旋风名为羊角，闪电号曰雷鞭。青女乃霜之神，素娥即月之号。雷部至捷之鬼曰律令，雷部推车之女曰阿香。云师系是丰隆，雪神乃是滕六。欻火[5]、谢仙，俱掌雷火；飞廉、箕伯，悉是风神。列缺乃电之神，望舒是月之御[6]。甘霖、甘澍，俱指时雨；玄穹、彼苍，悉称上天。雪花飞六出，先兆丰年；日上已三竿，乃云时晏[7]。蜀犬吠日，比人所见甚稀；吴牛喘月，笑人畏惧过甚。望切者，若云霓之望；恩深者，如雨露之恩。参商二星，其出没不相见；牛女两宿，惟七夕一相逢。后羿妻，奔月宫而为嫦娥；傅说死，其精神托于箕尾。披星戴月，谓早夜之奔驰；沐雨栉风，谓风尘之劳苦。事非有意，譬如云出无心；恩可遍施，乃曰阳春有脚。馈物致敬，曰敢效献曝之忱[8]；托人转移，曰全赖回天之力。感救死之恩，曰再造；诵再生之德，曰二天。势易尽者若冰山，事相悬者如天壤。晨星谓贤人寥落，雷同谓言语相符。心多过虑，何异杞人忧天；事不量力，不殊夸父追日。如夏日之可畏，是谓赵盾；如冬日之可爱，是谓赵衰。齐妇含冤，三年不雨[9]；邹衍下狱，六月飞霜[10]。父仇不共戴天，子道须当爱日。盛世黎民，嬉游于光天化日之下；太平天子，上召夫景星庆云之祥。夏时大禹在位，上天雨金[11]；《春秋》《孝经》既成，赤虹化玉[12]。箕好风，毕好雨，比庶人愿欲不同；风从虎，云从龙，比君臣会合不偶。雨旸时若，系是休征；天地交泰，斯称盛世。

【增】大圆乃天之号，阳德为日之称。涿鹿野中之云，彩分华盖；柏梁台上之露，润浥金茎。欲知孝子伤心，晨霜践履，每见雄军喜气，晚雪销融。郑公风,一往一来;御史雨,既沾既足。赤电绕枢而附宝孕[13],白虹贯日而荆轲歌[14]。太子庶子之名,星分前后;旱年潦年之占,雷辨雌雄。中台为鼎鼐之司;东壁是图书之府。鲁阳苦战挥西日,日返戈头;诸葛神机祭东风,风回纛下[15]。束先生精神毕至,可祷三日之霖;张道士法术颇神,能作五里之雾。儿童争日,如盘如汤;辩士论天,有头有足。月离毕而雨候将征[16],星孛辰而火灾乃见[17]。

[1] 七政:金、木、水、火、土五星加上日、月,称为七政。
[2] 蝃蝀(dìdōng):彩虹。
[3] 石燕:《舆地志》载:"霍陵山多石燕,遇风雨起而群飞。雨止仍复为石。"
[4] 商羊:《孔子家语》载:齐有一足鸟,遣使问孔子。子曰:"此商羊也,昔有童子屈其一足,展臂而跳,歌曰:'天将大雨,商羊鼓舞。'今齐有之,将大雨矣。"
[5] 欻(xū)火:雷神之一。欻,忽然。
[6] 御:驾车者。
[7] 时晏:时辰已不早。
[8] 献曝:据《列子》记载,宋国有田父,冬曝于日,不知天下还有高楼大厦、华丽服装。对他的妻子说,在太阳之下暴晒,别人还不知道有多么舒服,应当将这一秘诀献给君王,定有重赏。
[9] 齐妇含冤,三年不雨:东海孝妇窦氏,夫死不嫁,奉养婆婆十分勤勉。婆婆不忍心拖累她,便上吊自杀。小姑子诬告窦氏杀死婆婆,窦氏被冤致死。全郡大旱三年,新上任的郡守致祭其墓,乃雨。
[10] 邹衍下狱,六月飞霜:邹衍听说燕昭王礼贤下士,自梁至燕。燕昭王拥彗前驱,筑碣石宫,师事之。昭王崩,惠王信谗,下衍于狱。邹衍冤不能白,仰天而哭,时方六月,天忽飞霜。
[11] 夏时大禹在位,上天雨金:据《史记》载,大禹平治水土,功齐天地,是时天雨金三日,雨稻三日三夜。
[12] 赤虹化玉:据《搜神记》载,孔子修成《春秋》、《孝经》,告于上天,赤虹自天而下,化为黄玉,长三尺,上有刻文。
[13] 赤电绕枢而附宝孕:据《帝王世纪》载,黄帝之母附宝,见电光绕北斗枢星,感之而孕。二十四个月而生帝,日角龙颜。
[14] 白虹贯日而荆轲歌:据《史记》载,荆轲入秦刺秦王,燕太子丹送于易水,轲歌曰:"风萧萧兮易水寒,壮士一去兮不复返。"精诚感天,白虹贯日。
[15] 纛(dào)下:旗帜下。
[16] 毕:指毕星。
[17] 星孛辰:彗星之光扫过大辰星。

地　舆

　　黄帝画野，始分都邑；夏禹治水，初奠山川。宇宙之江山不改，古今之称谓各殊。北京原属幽燕，金台是其异号；南京原为建业，金陵又是别名。浙江是武林之区，原为越国；江西是豫章之地，又曰吴皋。福建省属闽中，湖广地名三楚。东鲁西鲁，即山东山西之分；东粤西粤，乃广东广西之域。河南在华夏之中，故曰中州；陕西即长安之地，原为秦境。四川为西蜀，云南为古滇。贵州省近蛮方，自古名为黔地。东岳泰山，西岳华山，南岳衡山，北岳恒山，中岳嵩山，此为天下之五岳；饶州之鄱阳，岳州之青草，润州之丹阳，鄂州之洞庭，苏州之太湖，此为天下之五湖。金城汤池，谓城池之巩固；砺山带河，乃封建之誓盟。帝都曰京师，故乡曰梓里。蓬莱弱水[1]，惟飞仙可渡；方壶员峤[2]，乃仙子所居。沧海桑田，谓世事之多变；河清海晏，兆天下之升平。水神曰冯夷，又曰阳侯；火神曰祝融，又曰回禄。海神曰海若，海眼曰尾闾。望人包容，曰海涵；谢人恩泽，曰河润。无系累者，曰江湖散人；负豪气者，曰湖海之士。问舍求田[3]，原无大志；掀天揭地，方是奇才。凭空起事，谓之平地风波；独立不移，谓之中流砥柱。黑子弹丸，漫言至小之邑；咽喉右臂，皆言要害之区。独立难持，曰一木焉能支大厦；英雄自恃，曰丸泥亦可封函关[4]。事先败而后成，曰失之东隅，收之桑榆；事将成而终止，曰为山九仞，功亏一篑。以蠡测海，喻人之见小；精卫衔石，比人之徒劳。跋涉谓行路艰难，康庄谓道路平坦。硗地曰不毛之地[5]，美田曰膏腴之田。得物无所用，曰如获石田；为学已大成，曰诞登道岸[6]。淄渑之滋味可辨，泾渭之清浊当分。泌水乐饥，隐居不仕；东山高卧，谢职求安。圣人出则黄河清，太守廉则越石见。美俗曰仁里[7]，恶俗曰互乡[8]。里名胜母，曾子不入；邑号朝歌，墨翟回车。击壤而歌，尧帝黎民之自得；让畔而耕，文王百姓之相推。费长房有缩地之方[9]，秦始皇有鞭石之法[10]。尧有九年之水患，汤有七年之旱灾。商鞅不仁而阡陌开，夏桀无道而伊洛竭。道不拾遗，由在上有善政；海不扬波，知中国有圣人。

　　【增】神州曰赤县，边地曰穷庐。白鹭洲，二水中分吴壮丽；金牛路，五丁凿破蜀空虚[11]。瀑布岭头悬，苍碧空中垂白练；君山湖内翠，水晶盘里拥青螺。浩荡长江，险称天堑；嵯峨秦岭，高谓坤维。雪浪涌鞋山[12]，洗清步武；彩云笼笔岫，绚出文章。金谷园中[13]，花卉俱备；平泉庄上[14]，木石皆奇。滩之凶，无如虎臂；路之险，莫若羊肠。烟树晴岚，潇湘可纪；武乡文里，汉郡堪夸。七里滩是严光乐地[15]，九折坂乃王阳畏途[16]。将军征战之场，雁门紫塞；仙子遨游之境，玄圃阆风。

注释

[1] 蓬莱：传说中的海上仙山，高千里。 弱水：据传西海之山，有水无力，不能负芥，故曰弱水。
[2] 方壶员峤：据《拾遗记》载，渤海之东有大壑，中有五座山：岱舆、员峤、方壶、瀛洲、蓬莱。台观都是金玉做成，所居者皆仙圣之极。
[3] 问舍：问安居之宅。 求田：求取肥腴之田。
[4] 丸泥亦可封函关：据《后汉书》载，王元对隗嚣说："请以一丸泥封函关，此万世一时也。"
[5] 硗(qiāo)地：坚硬不肥沃的土地。
[6] 道岸：指大道的极致。
[7] 仁里：有仁厚之德的乡里。古时二十五家为一里。《论语》："里仁为美。"
[8] 互乡：交相为恶之乡。《论语》："互乡难与言。"
[9] 费长房有缩地之方：据《神仙传》载，费长房学术于壶公，公问所欲，曰："欲观尽世界耳。"公与之以缩地鞭，欲至何处，缩之即在目前。
[10] 秦始皇有鞭石之法：据《三齐略记》载，秦始皇欲渡海观日出处，有神人鞭石作桥，石行不速，鞭之见血。
[11] 金牛路，五丁凿破蜀空虚：据《史记》载，秦惠王欲吞蜀，诡言五石牛能粪金，欲献蜀而无路。蜀使五丁力士开路，秦国得以伐蜀。
[12] 鞋山：在鄱阳湖中。
[13] 金谷园：晋代石崇所建，在洛阳。
[14] 平泉庄：唐代李德裕所建，花石俱奇，其中醉石、醒石尤珍贵。
[15] 七里滩：在浙江，系严光隐钓之处。
[16] 九折坂：在四川。王阳为益州刺史，至其处，叹曰："奉先人遗体，奈何乘此险。"

岁 时

爆竹一声除旧，桃符万户更新。履端，是初一元旦；人日，是初七灵辰。元日献君以《椒花颂》，为祝遐龄[1]；元日饮人以屠苏酒，可除疠疫。新岁曰王春，去年曰客岁。火树银花合，谓元宵灯火之辉煌；星桥铁锁开，谓元夕金吾之不禁[2]。二月朔为中和节，三月三为上巳辰。冬至百六是清明,立春五戊为春社。寒食节是清明前一日,初伏日是夏至第三庚。四月乃是麦秋,端午却为蒲节。六月六日,节名天贶[3];五月五日,序号天中。端阳竞渡,吊屈原之溺水;重九登高,效桓景之避灾。五戊鸡豚宴社,处处饮治聋之酒;七夕牛女渡河,家家穿乞巧之针。中秋月朗,明皇亲游于月殿;九日风高,孟嘉帽落于龙山。秦人岁终祭神曰腊,故至今以十二月为腊;始皇当年御讳曰政,故至今读正月为征。东方之神曰太皞,乘震而司春,甲乙属木,木则旺于春,其色青,故春帝曰青帝;南方之神曰祝融,居离而司夏,丙丁属火,火则旺于夏,其色赤,故夏帝曰赤帝;西方之神曰蓐收,当兑而司秋,庚辛属金,金则旺于秋,其色白,故秋帝曰白帝;北方之神曰玄冥,乘坎而司冬,壬癸属水,水则旺于冬,其色黑,故冬帝曰黑帝;中央戊己属土,其色黄,故中央帝曰黄帝。夏至一阴生,是以天时渐短;冬至一阳生,是以日晷初长[4]。冬至到而葭灰飞,立秋至而梧叶落。上弦谓月圆其半,系初八、九;下弦谓月缺其半,系廿二、三。月光都尽谓之晦,三十日之名;月光复苏谓之朔,初一日之号;月与日对谓之望,十五日之称。初一是死魄,初二旁死魄,初三哉生明,十六始生魄。翌日、诘朝,皆言明日;谷旦、吉旦,悉是良辰。片晌即谓片时,日曛乃云日暮。畴昔、曩者,俱前日之谓;黎明、昧爽,皆将曙之时。月有三浣:初旬十日为上浣,中旬十日为中浣,下旬十日为下浣;学足三馀:夜者日之馀,冬者岁之馀,雨者晴之馀。以术愚人,曰朝三暮四;为学求益,曰日就月将。焚膏继晷,日夜辛勤;俾昼作夜,晨昏颠倒。自愧无成,曰虚延岁月;与人共语,曰少叙寒暄。可憎者,人情冷暖;可厌者,世态炎凉。周末无寒年,因东周之懦弱;秦亡无燠岁[5],由嬴氏之凶残。泰阶星平曰泰平,时序调和曰玉烛。岁歉曰饥馑之岁,年丰曰大有之年。唐德宗之饥年,醉人为瑞[6];梁惠王之凶岁,野莩堪怜[7]。丰年玉,荒年谷,言人品之可珍;薪如桂,食如玉,言薪米之腾贵。春祈秋报,农夫之常规;夜寐夙兴,吾人之勤事。韶华不再,吾辈须当惜阴;日月其除,志士正宜待旦。

【增】寒暑代迁,居诸迭运[8]。九秋授御寒之服,自古已然;三月上踏青之鞋,于今不改。双柑斗酒,雅称春游;对影三人,仅堪夜饮。五月孤军渡泸水,蜀丞相何等忠勤[9];上元三鼓夺昆仑,狄将军更多妙算[10]。二月扑蝶之会,洵可乐焉[11];元正磔鸡之朝[12],必有取尔。吴质浮瓜避暑，陂塘九夏为秋；葛仙吐火驱寒，户牖三冬亦暖。豪吟释子，夜敲咏月之钟；胜赏君王，春击催花之鼓。清秋汾水，歌传汉武之词；上巳兰亭，事记右军之序。人日卧含章檐下，寿阳试学梅妆[13]；中秋过牛渚矶头，谢尚细吹竹笛[14]。寇公春色诗[15]，真可喜也；欧子《秋声赋》[16]，何其凄然。

注释

[1] 元日献君以《椒花颂》，为祝遐龄：晋代刘臻的妻子陈氏，在元旦这天献给丈夫一首《椒花颂》，祝丈夫长寿。遐龄，长寿。

[2] 金吾：汉代戒备夜行的官员。

[3] 天贶(kuàng)：宋真宗信奉道教，他说元符四年六月六日有天书降诏，故定这一天为天贶节。贶，赐。

[4] 晷(guǐ)：日影。

[5] 燠(yù)岁：暖和的年份。

[6] 唐德宗之饥年，醉人为瑞：据《唐书》载，唐德宗时年值饥馑，无酿酒者。偶有一个醉人，人们都围观，以其为祥瑞。

[7] 野莩(piǎo)：野外饿死的人。

[8] 居诸：代指日月。

[9] 蜀丞相：指诸葛亮，他率孤军渡过泸水收服南方少数民族。

[10] 狄将军：宋代大将狄青。他在镇守广西时，用计消灭拒守昆仑关的叛军。

[11] 洵(xún)：确实。

[12] 元正磔(zhé)鸡之朝：据《晋书》载，新春元旦，官吏杀羊悬头于门，又杀鸡覆在上面，为的是压疠气，助生气。

[13] 寿阳试学梅妆：据《南史》载，武帝寿阳公主于人日卧于含章檐下，梅花落额上成五色，拂之而不去，成为一种流行的"梅花妆"，人人效仿。

[14] 谢尚：晋代人，曾夜过牛渚矶，会袁宏在舟中啸咏，谢闻之，遂过袁舟，谈论达旦。

[15] 寇公：宋代宰相寇准。

[16] 欧子：宋代文学家欧阳修。

朝　廷

三皇为皇[1]，五帝为帝[2]。以德行仁者王，以力假仁者霸。天子天下之主，诸侯一国之君。官天下，乃以位让贤；家天下，是以位传子。陛下，尊称天子；殿下，尊重宗藩。皇帝即位曰龙飞，人臣觐君曰虎拜。皇帝之言，谓之纶音；皇后之命，乃称懿旨。椒房是皇后所居，枫宸乃人君所莅。天子尊崇，故称元首；臣邻辅翼，故曰股肱。龙之种，麟之角，俱誉宗藩；君之储，国之贰，皆称太子。帝子爰立青宫，帝印乃是玉玺。宗室之派，演于天潢；帝胄之谱，名为玉牒。前星耀彩，共祝太子以千秋；嵩岳效灵，三呼天子以万岁。神器大宝，皆言帝位；妃嫔媵嫱，总是宫娥。姜后脱簪而待罪[3]，世称哲后；马后练服以鸣俭[4]，共仰贤妃。唐放勋德配昊天，遂动华封之三祝[5]；汉太子恩覃少海[6]，乃兴乐府之四歌。

【增】德奉三无[7]，功安九有[8]。陈桥驿军兵欲变，独日重轮；春陵城圣哲诞生，一禾九穗[9]。祥钟汉代，禁中卧柳生枝；瑞霭宋廷，榻下灵芝生叶。设鼓悬钟，千古仰夏王之乐善；释旄结袜，万年钦西伯之尊贤。信天命攸归，驰王骤帝；知人心爱戴，冠道履仁。帝尧用心，哀孺子又哀妇人；武王伐暴，廉货财还廉女色[10]。六宫无丽服，玄宗罢织锦之坊；万姓有馀粮，周祖建绘农之阁。仁宗味淡而撤蟹[11]，晋武尚朴而焚裘[12]。汉文除肉刑，仁昭法外；武王分宝玉，恩溢伦中。更知唐主颂成功，舞扬七德[13]；且仰汉高颁令典，约法三章[14]。

[1] 三皇：指伏羲氏、燧人氏、神农氏。

[2] 五帝：指黄帝、颛顼、帝喾、尧、舜。

[3] 姜后脱簪而待罪：据《列女传》载，周宣王曾晚起床，姜后脱掉簪珥，待罪于永巷，派傅母对宣王说："妾不才，致君乐色而忘德，失礼而晏起，其罪在妾。"王曰："寡人不德，非夫人罪也。"于是勤于政事。

[4] 马后练服以鸣俭：据《汉书》载，汉明帝明德马皇后，是马援的女儿，为倡导节俭之风，食不求甘，穿粗布衣裳。

[5] 唐放勋德配昊天，遂动华封之三祝：据《通鉴》载，帝尧巡狩于华，封人祝曰："愿圣人多福多寿多男子。"放勋，尧名放勋。

[6] 汉太子：指汉明帝。他当太子时，乐人作歌四章，贺太子之德。

[7] 三无：指天无私覆，地无私载，日月无私照。

[8] 九有：九州。

[9] 一禾九穗：据《东观汉记》载，光武帝刘秀之父刘钦，生光武帝于春陵。这一年有嘉禾生，一茎九穗，刘钦很奇异，于是给儿子取名为刘秀。

[10] 廉货财还廉女色：据《史记》载，武王克商，上堂见玉，入室见女，说："此诸侯之玉、诸侯之女，取而归之诸侯。"天下闻之曰："武王廉于财，廉于色。"

[11] 仁宗味淡而撤蟹：据《宋书》载，宋仁宗食新蟹，有二十八枚，问左右曰："费钱几何？"对曰："二十八千。"帝曰："一下箸费二十八千，朕不忍也。"遂命撤去不食。

[12] 晋武尚朴而焚裘：晋武帝司马炎崇尚俭朴，有人曾献雉头裘，武帝焚之于殿前。

[13] 舞扬七德：秦王李世民破军之乐，名七德舞。

[14] 约法三章：汉高祖废除秦朝的严刑苛法，与百姓约法三章：杀人者死，伤人者及盗抵罪。

文 臣

帝王有出震向离之象，大臣有补天浴日之功。三公上应三台，郎官上应列宿。宰相位居台铉[1]，吏部职掌铨衡[2]。吏部天官大冢宰，户部地官大司徒，礼部春官大宗伯，兵部夏官大司马，刑部秋官大司寇，工部冬官大司空。司宪中丞，都御史之号；内翰学士，翰林院之称。天使，誉称行人；司成，尊称祭酒。称都堂曰大抚台，称巡按曰大柱史。方伯、藩侯，左右布政之号；宪台、廉宪，提刑按察之称。宗师称为大文衡，副使称为大宪副。郡侯、邦伯，知府名尊；郡丞、贰侯，同知誉美。郡宰、别驾，乃称通判；司理、廌史[3]，赞美推官。刺史、州牧，乃知州之两号；廌史、台谏，即知县之尊称。乡官曰乡绅，农官曰田畯[4]。钧座、台座，皆称仕宦；帐下、麾下，并美武官。秩官既分九品，命妇亦有七阶。一品曰夫人，二品亦夫人，三品曰淑人，四品曰恭人，五品曰宜人，六品曰安人，七品曰孺人。妇人受封曰金花诰，状元报捷曰紫泥封。唐玄宗以金瓯覆宰相之名[5]，宋真宗以美珠箝谏臣之口[6]。金马玉堂，羡翰林之声价；朱幡皂盖，仰郡守之威仪。台辅曰紫阁名公，知府曰黄堂太守。府尹之禄二千石，太守之马五花骢。代天巡狩，赞称巡按；指日高升，预贺官僚。初到任曰下车，告致仕曰解组。藩垣屏翰，方伯犹古诸侯之国；墨绶铜章，令尹即古子男之邦。太监掌阁门之禁令，故曰阉宦；朝臣皆搢笏于绅间[7]，故曰搢绅。萧曹相汉高，曾为刀笔吏；汲黯相汉武，真是社稷臣。召伯布文王之政，尝舍甘棠之下，后人思其遗爱，不忍伐其树；孔明有王佐之才，尝隐草庐之中，先主慕其令名，乃三顾其庐。鱼头参政[8]，鲁宗道秉性骨鲠；伴食宰相[9]，卢怀慎居位无能。王德用，人称黑王相公；赵清献，世号铁面御史。汉刘宽责民，蒲鞭示辱[10]；项仲山洁己，饮马投钱[11]。李善感直言不讳，竟称鸣凤朝阳；汉张纲弹劾无私，直斥豺狼当道。民爱邓侯之政，挽之不留；人言谢令之贪，推之不去。廉范守蜀郡，民歌五裤；张堪守渔阳，麦穗两歧。鲁恭为中牟令，桑下有驯雉之异；郭伋为并州守，儿童有竹马之迎。鲜于子骏，宁非一路福星；司马温公，真是万家生佛。鸾凤不栖枳棘，羡仇香之为主簿；河阳遍种桃花，乃潘岳之为县官。刘昆宰江陵，昔日反风灭火；龚遂守渤海，令民卖刀买牛。此皆德政可歌，是以令名攸著。

【增】太守称为紫马，邑宰地号雷封。槐位棘垣，三公及孤卿异秩；棱官紧职，拾遗与御史别称。给事谓之夕郎，黄门批敕；翰林名为仙掖，紫禁宣麻[12]。饱卿睡卿，名号自别；铨部祠部，政事攸分。俗美化醇，尹翁归去思蜀郡；名高望重，汲长孺卧治淮阳。张魏公作冲天羽翼，李长吉为瑞世琼瑶。士仰直声，汉世喜多二鲍[13]；民歌善政，江东闻有三岑[14]。棠棣理政多能，刘氏弟兄守南郡；乔梓治县有谱，傅家父子宰山阴。政简刑清，姜谟号太平官府；身修行洁，裴侠称独立使君。袁尚书学问深宏，不愧魏朝杜预；寇丞相事功彪炳，真为宋代谢安。熙宁三舍人[15]，乃一朝硕彦；庆历四谏士[16]，实千古良臣。宰相必用读书人，舍寔可象谁当鼎辅[17]；状元曾为瞌睡汉，惟吕文穆乃占魁名[18]。谁云公种生公，或谓相门有相。

[1] 台铉：台是指三台星，铉是指鼎的双耳。比喻宰相之位置，如同星之三台，鼎之双耳，非常重要。

[2] 铨衡：选拔度量人物。

[3] 廌(zhì)史：古代掌司法审判的廷尉的别称。

[4] 田畯(jùn)：主管农事的官员。

[5] 唐玄宗以金瓯(ōu)覆宰相之名：唐玄宗每任命宰相，都预先写下名字。一天写下崔琳等名，用金碗盖住，让太子猜。太子说："莫不是崔琳、卢从愿？"玄宗说是，并赐太子酒。

[6] 宋真宗以美珠箝谏臣之口：宋真宗信奉道教，宰相王旦每每谏诤。真宗想封泰山，又担心王旦反对，于是赐给王旦美酒。王旦回家一看，全是美珠，从此不敢再提异议。

[7] 搢笏于绅间：将笏板(大臣朝见皇帝时用以记事的板子，用竹、玉等制成)插于衣带之间。搢(jìn)，插。绅，衣带。

[8] 鱼头参政：宋鲁宗道参知政事，耿直敢言，为权贵所忌，加之姓鲁，故被称为鱼头(刺多，难以对付)参政。

[9] 伴食宰相：唐代卢怀慎与姚崇同为玄宗宰相，卢自以为不如姚，每每谦让，人称伴食宰相。

[10] 汉刘宽责民，蒲鞭示辱：汉代的刘宽责罚百姓，只使用柔软的蒲鞭，让其有耻辱感则可。

[11] 项仲山洁己，饮马投钱：项仲山为人廉洁，每于渭河饮马一次，即投钱三枚，以示不敢妄取。

[12] 宣麻：草拟、宣布皇帝的诏书。

[13] 二鲍：东汉人鲍永和鲍恢，以刚直著称。

[14] 三岑：唐岑羲举进士，官金坛令，其弟岑翔为长洲令，岑休为溧水令，均有政绩，号称"三岑"。

[15] 三舍人：宋熙宁年间，神宗与丞相王安石想破格提拔王定为御史，因宋敏求、苏颂、李大临三位知制诰反对而作罢，时人称为"三舍人"。

[16] 四谏士：北宋庆历年间，仁宗亲选余靖、欧阳修、王素、蔡襄四人为谏官，他们直言敢谏，

时称"庆历四谏士"。

[17]窦可象：宋初翰林学士窦仪字可象。但他终生未曾做鼎辅(宰相)。

[18]吕文穆：宋吕蒙正官至宰相，谥文穆。他在未仕之前，有诗"挑尽寒灯梦不成"，被人嘲笑为"瞌睡汉"。及第之后，吕托人捎话给嘲笑他的人："瞌睡汉中状元了。"

武 职

韩柳欧苏[1]，固文人之最著；起翦颇牧[2]，乃武将之多奇。范仲淹胸中具数万甲兵，楚项羽江东有八千子弟。孙膑吴起，将略堪夸；穰苴尉缭，兵机莫测。姜太公有《六韬》，黄石公有《三略》。韩信将兵，多多益善；毛遂讥众，碌碌无奇。大将曰干城，武士曰武弁；都督称为大镇国，总兵称为大总戎；都阃即是都司，参戎即是参将；千户有户侯之仰，百户有百宰之称。以车为户曰辕门，显揭战功曰露布。下杀上谓之弑，上伐下谓之征。交锋为对垒，求和曰求成。战胜而回，谓之凯旋；战败而走，谓之奔北。为君泄恨，曰敌忾；为国救难，曰勤王。胆破心寒，比敌人慑伏之状；风声鹤唳，惊士卒败北之魂。汉冯异当论功[3]，独立大树下，不夸己绩；汉文帝尝劳军，亲幸细柳营，按辔徐行[4]。苻坚自夸将广，投鞭可以断流；毛遂自荐才奇，处囊便当脱颖。羞与哙等伍，韩信降作淮阴；无面见江东，项羽羞归故里。韩信受胯下之辱，张良有进履之谦。卫青为牧猪之奴，樊哙为屠狗之辈。求士莫求全，毋以二卵弃干城之将；用人如用木，毋以寸朽弃连抱之材。总之，君子之身，可大可小；丈夫之志，能屈能伸。自古英雄，难以枚举；欲详将略，须读《武经》。

【增】《书》曰桓桓武士，《诗》云矫矫虎臣。黄骢少年，登先陷阵；白马长史，殿后摧锋。天子遣赵将军，真得御边之策；路人问霍去病，速收绝漠之勋。北敌势方强，娄师德八遇八克；南蛮心未服，诸葛亮七纵七擒。卫将军一举而朔庭空[5]，仗剑洗刘家日月；薛总管三箭而天山定[6]，弯弓造李氏乾坤。韩信用木罂渡军，机谋叵测；田单以火牛出阵，势焰莫当。太史慈乃猿臂英雄，班定远实虎头豪杰。力能迈众，敬德避槊而复夺槊[7]；胆略过人，张辽出阵而复入阵。狄天使可例云长[8]，高敖曹堪比项籍[9]。紫髯会稽[10]，振耀吴军武烈；黄须骁骑[11]，奋扬曹氏威声。鸦军雷军雁子军，鬼神褫魄[12]；飞将锐将熊虎将[13]，草木知名。圻父王之爪牙[14]，《诗》旨真可味也；将军国之心膂，人言其不谬乎。

[1] 韩柳欧苏：韩愈、柳宗元、欧阳修、苏轼，均为著名文学家。

[2] 起翦颇牧：白起、王翦、廉颇、李牧，均为著名武将。

[3] 冯异：汉代人，曾为光武帝偏将军，诸将都坐在那里论功，只有冯异独立大树之下，因号"大树将军"。

[4] 按辔徐行：汉文帝至周亚夫细柳营慰劳部队，依照军中的规定，牵着马缰绳慢慢行走。

[5] 卫将军：卫青。　朔庭空：指一举击败北方匈奴的入侵，使这一带安定。

[6] 薛总管：薛仁贵。他用三箭平定天山，巩固了李唐王朝。

[7] 敬德：唐初大将尉迟敬德。他力气过人，曾与李元吉比武，既能躲过对方的长矛，又能夺下对方的长矛。矟(shuò)：长矛，即槊。

[8] 狄天使：宋代大将狄青，人称"狄天使"，宋仁宗将他比作三国时的关云长。

[9] 高敖曹：北齐大将，擅长弓马，时人将他比作项羽。

[10] 紫髯会稽：东吴孙权长着一副紫色胡须，曾任会稽太守。

[11] 黄须骁骑：曹操之子曹彰长着一副黄色胡须，被封为骁骑将军。

[12] 鸦军：唐末至五代时期李克用的军队穿黑衣，被称为鸦军。　雷军：唐代郑畋曾为凤翔陇西节度使，曾招募精兵五百，号疾雷军。　雁子军：唐末郓州朱瑾，招募军中骁勇者，在额头刺双雁，命名这支部队为雁子都(都为唐及五代的部队编制单位)。　褫(chǐ)魄：丧魂落魄。

[13] 飞将：汉代大将李广被匈奴称为"飞将军"。　锐将：唐代马璘在平定安史之乱后成为军队中的骨干，被誉为"中兴锐将"。　熊虎将：三国时吴国周瑜称关羽、张飞为"熊虎之将"。

[14] 圻(qí)父：古代官名，职掌王畿内兵马。《诗经·小雅·祈父》："祈父，予王之爪牙。"祈父即圻父。

卷　二

祖孙父子

　　何谓五伦？君臣、父子、兄弟、夫妇、朋友；何谓九族？高、曾、祖、考[1]、己身、子、孙、曾、玄。始祖曰鼻祖，远孙曰耳孙。父子创造，曰肯构肯堂；父子俱贤，曰是父是子。祖称王父，父曰严君。父母俱存，谓之椿萱并茂；子孙发达，谓之兰桂腾芳。桥木高而仰，似父之道；梓木低而俯，如子之卑。不痴不聋[2]，不作阿家阿翁[3]；得亲顺亲，方可为人为子。盖父愆，名为干蛊；育义子，乃曰螟蛉。生子当如孙仲谋，曹操美孙权之语；生子须如李亚子，朱温叹存勖之词。菽水承欢，贫士养亲之乐；义方是训，父亲教子之严。绍箕裘，子承父业；恢先绪，子振家声。具庆下，父母俱存；重庆下，祖父俱在。燕翼贻谋，乃称裕后之祖；克绳祖武，是称象贤之孙。称人有令子,曰麟趾呈祥;称宦有贤郎,曰凤毛济美。弑父自立,隋杨广之天性何存?杀子媚君,齐易牙之人心何在[4]?分甘以娱目,王羲之弄孙自乐;问安惟点颔,郭子仪厥孙最多。和丸教子,仲郢母之贤[5];戏彩娱亲,老莱子之孝[6]。毛义捧檄,为亲之存;伯俞泣杖,因母之老。慈母望子,倚门倚闾;游子思亲,陟岵陟屺[7]。爱无差等,曰兄子如邻子;分有相同,曰吾翁即若翁。长男为主器,令子可克家。子光前曰充闾,子过父曰跨灶。宁馨英畏,皆是美人之儿;国器掌珠,悉是称人之子。可爱者子孙之多,若螽斯之蛰蛰;堪美者后人之盛,如瓜瓞之绵绵。

【增】经遗世训,韦玄成乐有贤父兄;书擅时名,王羲之却是佳子弟。敬则应得鸣鼓角,母觇子荣[8];宗武更勿带罗囊[9],父规儿忌。宋之问能分父绝,作述重光;狄兼谟绰有祖风[10],后先辉映。焚裘伏剑[11],罗母与陵母皆贤;跃鲤杀鸡[12],姜生与茅生并孝。灵运子孙多是凤,岂是阿私[13];僧虔后嗣半为龙,原非自侈[14]。马援得璘能耀武,毕竟孙贤;祁奚举午不避亲,皆因子肖。触詟犹怜少子[15],乞清要于君前;萧俶喜见曾孙[16],效传呼于阶下。王霸则曾惭贵客,张凭则喜说佳儿。李峤贻讥[17],甘罗堪美[18]。公才公望,喜说云礽;率祖率亲,宁云委蜕。杜氏之宝田斯在,薛家之磐石犹存。词辩既见渊源[19],强项亦征风烈[20]。

[1] 考:指已去世的父亲。

[2] 不痴不聋:这里是不能装痴、不能装聋之意。

[3] 阿家(gū)阿翁:婆婆和公公。

[4] 易牙之人心何在:春秋时齐桓公的宠臣易牙善于烹调,他曾杀死自己的儿子给齐桓公吃,以讨欢心。

[5] 和丸教子,仲郢母之贤:唐代柳仲郢的母亲极贤惠,她曾配制熊胆丸让儿子服用,使其读书有精神。

[6] 戏彩娱亲,老莱子之孝:春秋末年楚国的老莱子是个大孝子,为了让年老的父母高兴,他穿上五彩衣服,扮成婴儿做游戏。

[7] 陟(zhì)岵(hù)陟屺(qǐ):登上山峰。陟,登。岵,青山。屺,荒山。《诗经》有"陟彼岵兮,瞻望父兮""陟彼屺兮,瞻望母兮"的诗句,后便以"陟岵陟屺"表达游子思念父母的心情。

[8] 敬则应得鸣鼓角,母觇子荣:南齐会稽太守王敬则小的时候,他母亲便预言儿子将来一定会有人替他打鼓吹号(意为做大官)。

[9] 宗武:唐代大诗人杜甫之子,杜甫曾告诫宗武不要佩戴紫罗香囊之类的东西,而应多读诗书。

[10] 狄兼谟:唐代名相狄仁杰之孙,颇具祖父遗风。

[11]焚裘：晋桓玄破荆州，罗企生尽忠被杀，桓玄曾赠给罗企生之母一件羊皮袍子，罗母听到儿子被杀的消息，将羔裘烧掉。　伏剑：秦末王陵起兵归汉后，项羽将王母作为人质以招降王陵，王母为了不拖累儿子，伏剑自杀。

[12]跃鲤：姜诗夫妇奉母至孝，姜母爱吃鱼，夫妇便每天打鱼，后来每天都能打到两条鲤鱼。杀鸡：东汉茅生留客在家住宿，杀鸡做熟后端给母亲，自己则用蔬菜陪客吃饭。

[13]阿私：自己吹捧。

[14]自多：自夸。

[15]触詟(zhé)：一作触龙。战国赵国人。曾巧妙地通过为自己的小儿子求职之事，说服赵太后让其幼子为人质于齐，以救赵国。

[16]萧倣：唐末宰相。一次接待客人，曾孙萧愿在阶下戏效传呼之声，萧倣很高兴。

[17]李峤贻讥：李峤做中书令时，一次皇帝召见李峤与苏瓌的儿子，让他们背书。苏瓌之子所背为"木从绳则直，后从谏则圣"，李峤之子所背为"斫朝涉之胫，剖贤人之心"。皇帝说："苏瓌有子，李峤无儿。"李峤之子给父亲招来耻辱。

[18]甘罗：战国秦国人。十二岁时出使赵国，说服赵国将王城献给秦国，被秦始皇拜为上卿。

[19]词辩既见渊源：唐朝员半千，博学多能。他的孙子员椒九岁时进宫，在玄宗面前辩说佛、道与孔子的学说，令人折服。玄宗说，半千的孙子应该如此。

[20]强项亦征风烈：东汉杨震刚直不阿，他的孙子杨奇也很耿直，汉灵帝说："卿强项，真杨震子孙。"强项，指倔强、耿直。

兄　弟

　　天下无不是底父母，世间最难得者兄弟。须贻同气之光，无伤手足之雅。玉昆金友，羡兄弟之俱贤；伯埙仲篪[1]，谓声气之相应。兄弟既翕，谓之花萼相辉；兄弟联芳，谓之棠棣竞秀。患难相顾，似鹡鸰之在原[2]；手足分离，如雁行之折翼。元方、季方俱盛德，祖太丘称为难弟难兄；宋郊、宋祁俱中元，当时人号为大宋小宋。荀氏兄弟，得八龙之佳誉；河东伯仲，有三凤之美名。东征破斧，周公大义灭亲；遇贼争死，赵孝以身代弟。煮豆燃萁，谓其相害；斗粟尺布，讥其不容。兄弟阋墙[3]，谓兄弟之斗狠；天生羽翼，谓兄弟之相亲。姜家大被以同眠[4]，宋君灼艾而分痛[5]。田氏分财，忽瘁庭前之荆树[6]；夷齐让国，共采首阳之蕨薇。虽曰安宁之日，不如友生；其实凡今之人，莫如兄弟。

　　【增】《诗》歌绰绰，圣训怡怡。羯末封胡，俱称彦秀；醍醐酪乳，并属可珍。陆机陆云，名共喧于洛邑；季心季布，气并盖于关中。刘孝标之绶方青，马季常之眉本白。文采则眉山轼辙，才名则秦氏昕通。欲成弟名，虽择肥美而何咎[7]；中分财产，宁取荒顿以为安[8]。一家之桐木称荣,千里之龙驹谁匹。上留田何如廉让江[9],闭户挝亦当唾面受[10]。推田相让,知延寿之化行[11];洒泪息争,感苏琼之言厚[12]。三孔既推鼎立[13],五张亦号明经[14]。爱敬宜法温公,恭让当师延寿。

[1] 伯埙(xūn)仲篪(chí):典出《诗经·何斯》:"伯氏吹埙,仲氏吹篪。"意即:老大吹埙,老二吹篪。埙、篪,两种吹奏乐器。

[2] 鹡鸰(jílíng):一种鸟,飞则鸣,行则摇,有急难之意。

[3] 阋(xì)墙:在墙里争斗。

[4] 姜家大被以同眠:东汉姜肱与两个弟弟十分友爱,常盖一床大被同眠。

[5] 宋君灼艾而分痛:宋太祖赵匡胤的弟弟赵匡义生病,太祖亲自为他灼艾,匡义疼痛,太祖便用艾灼自己,以示分痛。

[6] 田氏分财,忽瘁庭前之荆树:隋朝田真、田广、田庆三兄弟议论分家,准备将堂前的紫荆树一分为三,第二天树即枯萎了。田氏兄弟有感于此,决定不再分家,紫荆树便又茂盛起来。

[7] 欲成弟名,虽择肥美而何咎:东汉许武在与两个弟弟分家时,自己取好的多的一份,以便两个弟弟得到贤良之名,受到选举和推荐。然后他又把家产分给弟弟。

[8] 中分财产,宁取荒顿以为安:东汉薛包与弟弟分家时,自己主动选择老弱的奴婢、荒芜的田地和朽坏的家具,他说只有如此才能安心。

[9] 上留田:古乐府曲《上留田》,说的是上留田这个地方,有人父母去世却不抚育孤苦的弟弟。廉让江:古时交州有个廉让江,因当地李祖仁兄弟十人互相廉让而得名。

[10] 闭户挝(zhuā):东汉缪彤兄弟四人娶妻后,弟弟、弟媳要分家,缪彤将自己关在房中,一边击打自己,一边责备自己不善治家,弟弟、弟媳因此不再分家。 唾面受:唐代娄师德教导弟弟忍辱自全之法,说人家唾你的脸,你也不要擦,让其自干,只有如此才不至于激怒对方。

[11] 推田相让,知延寿之化行:西汉韩延寿任冯翊地方官,有兄弟二人为争田地而诉讼,他认为是自己未做好教化百姓的工作,于是闭门思过,感动了那两个兄弟而相互推让田地。

[12] 洒泪息争,感苏琼之言厚:北朝苏琼任乐陵太守时,有兄弟为争田地而斗殴,苏琼做双方的工作,说:"天下最难得的是兄弟,最易得的是土地,为了土地而失去兄弟,于心何忍?"边说边流泪,终于感动了双方。

[13] 三孔:宋代孔文仲、孔武仲、孔平仲兄弟三人都以文才知名,黄庭坚曾说他们是三足鼎立。

[14] 五张:唐代张知玄、张知晦、张知謇、张知泰、张知默五兄弟都曾以"明经"中举。

夫　妇

　　孤阴则不生,独阳则不长,故天地配以阴阳;男以女为室,女以男为家,故人生偶以夫妇。阴阳和而后雨泽降,夫妇和而后家道成。夫谓妻曰拙荆,又曰内子;妻称夫曰藁砧,又曰良人。贺人娶妻,曰荣偕伉俪;

留物与妻,曰归遗细君。受室即是娶妻,纳宠谓人娶妾。正妻谓之嫡,众妾谓之庶。称人妻曰尊夫人,称人妾曰如夫人。结发系是初婚,续弦乃是再娶。妇人重婚曰再醮,男子无偶曰鳏居。如鼓瑟琴,夫妻好合之谓;琴瑟不调,夫妇反目之词。牝鸡司晨[1],比妇人之主事;河东狮吼,讥男子之畏妻。杀妻求将[2],吴起何其忍心;蒸梨出妻[3],曾子善全孝道。张敞为妻画眉,媚态可哂;董氏对夫封发,贞节堪夸。冀郤缺夫妻,相敬如宾;陈仲子夫妇,灌园食力。不弃糟糠,宋弘回光武之语;举案齐眉,梁鸿配孟光之贤。苏蕙织回文,乐昌分破镜,是夫妇之生离;张瞻炊白梦,庄子鼓盆歌,是夫妇之死别。鲍宣之妻,提瓮出汲,雅得顺从之道;齐御之妻[4],窥御激夫,可称内助之贤。可怪者买臣之妻,因贫求去,不思覆水难收;可丑者相如之妻,鬻夜私奔,但识丝桐有意。要知身修而后家齐,夫义自然妇顺。

【增】《诗》称偕老,《易》著家人。或穿墉以窥宾[5],或断机而勖学[6]。贾大夫之射雉,未足欢娱;百里奚之烹雌,何嫌寂寞。仍求故剑,宣帝不忘许后于多年;忽著新衣,桓冲顿化成心于一旦。吴隐之得淑女,奚惜负薪;司马懿有贤妻,何辞执爨。慕死士以拒敌,谁同杨氏之坚持;提数骑以拔围,孰比邵姬之勇往。李益设防妻之计,常撒冷灰;志坚摛送妇之词,任撩新发[7]。苟内则之无忝,自中馈之称能。

[1]牝鸡司晨:母鸡打鸣报晓,比喻超越职权。

[2]杀妻求将:战国时齐人攻鲁,鲁国欲用吴起为将,又因吴起之妻系齐国人而有所怀疑。吴起为此而杀掉妻子,以示清白。

[3]蒸梨出妻:孔子的弟子曾子因孝闻名,他对后母非常孝敬,曾因妻子给后母蒸梨不熟而休掉妻子。出妻,休妻。

[4]齐御之妻:春秋时齐国晏婴的车夫因给相国驾车而洋洋自得,车夫的妻子从门缝里看到这一切,对他说:"晏子身高只有六尺,当了相国仍很谦虚,你身高八尺,替人驾车却趾高气扬,我为你感到羞耻。"车夫有所感悟,不断提高品德,后做了大夫。

[5]穿墉以窥宾:晋代山涛与嵇康、阮籍友好,嵇、阮来访时,山涛之妻韩氏从墙上穿洞仔细观察,而后对山涛说:"你的才能比不上他俩,他俩是你应该结交的朋友。"

[6]断机而勖(xù)学:东汉乐羊子外出求学,一年即归,其妻用刀砍断织布的梭子,说:"夫子积学,中道而归,这和断机停织有何区别?"乐羊子愧疚不已,发奋读书。勖,勉励。

[7]志坚摛(chī)送妇之词,任撩新发:唐朝杨志坚家贫,妻子要求离婚另嫁,要他写休书。志坚于是写了"金钗任意撩新发,鸾镜从他别画眉"的诗句,意即妻子改嫁富人,可戴上金钗,得到爱抚。摛,赋词。

叔 侄

曰诸父，曰亚父，皆叔父之辈；曰犹子，曰比儿，俱侄儿之称。阿大中郎，道韫雅称叔父；吾家龙文，杨素比美侄儿。乌衣诸郎君，江东称王谢之子弟；吾家千里驹，苻坚美苻朗为侄儿。竹林叔侄之称，兰玉子侄之誉。存侄弃儿，悲伯道之无后[1]；视叔犹父，羡公绰之居官[2]。卢迈无儿，以侄而主身之后；张范遇贼，以子而代侄之生。

【增】谢密能成佳器，刘孺可号明珠。或献泛湖之图[3]，或称招隐之寺[4]。陆家精饭，何损素风；杨氏铜盘，独逾诸子。谢安石东山之费[5]，阮仲容北道之贫[6]。可为都督，王浑预评犹子之词；必破吾门，宗炳先料比儿之语。愚者宜归葱肆[7]，贤者得返金刀[8]。

[1] 存侄弃儿，悲伯道之无后：晋代邓伯道遭石勒之乱，携家出走，中途遇贼，被掠去牛马，肩担儿及侄儿步行，后抛弃亲生儿子而带着侄儿逃难。

[2] 视叔犹父，羡公绰之居官：唐代柳公绰身处富贵，对待叔父如同父亲。受其影响，他的儿子柳仲郢对叔父柳公权也很敬重。

[3] 献泛湖之图：陈世修在他叔父陈执中过生日时献上一幅范蠡泛五湖图，陈执中当天即辞去官职。

[4] 称招隐之寺：唐李约在他叔父李锜面前极力称赞招隐寺的景色，劝他归隐，李锜只是笑笑而已。后因叛乱，李锜被杀。

[5] 谢安石东山之费：东晋谢安（字安石）常带子侄到东山游玩，每顿饭花费八百金，一点也不在乎。

[6] 阮仲容北道之贫：东晋阮咸（字仲容）家贫而居住在道南，叔父们很富有，住在道北。七月七日晾晒衣服时，道北所挂均为锦绣衣物，而道南阮咸只挂一块大的兜裆布。

[7] 愚者宜归葱肆：南朝吕僧珍当了南兖州刺史，有个卖葱的侄子向他求官，他让这个侄子赶快回店铺卖葱。这是对愚蠢子侄的恰当安排。

[8] 贤者得返金刀：十六国时南燕开国皇帝慕容德起兵离家之前，曾将一把金刀留给母亲公孙氏，公孙氏临终前将金刀交给慕容德的侄子慕容超，嘱咐天下太平时，将金刀交给叔父。后来慕容超找到叔父，被立为太子，继承王位。

师 生

马融设绛帐，前授生徒，后列女乐；孔子居杏坛，贤人七十，弟子三千。称教馆曰设帐，又曰振铎；谦教馆曰糊口，又曰舌耕。师曰西宾，师席曰函丈；学曰家塾，学俸曰束脩。桃李在公门，称人弟子之多；苜蓿长阑干,奉师饮食之薄[1]。冰生于水而寒于水,比学生过于先生;青出于蓝而胜于蓝,谓弟子优于师傅。未得及门,曰宫墙外望;称得秘授,曰衣钵真传。人称杨震为关西夫子,世称贺循为当世儒宗。负笈千里,苏章从师之殷;立雪程门,游杨敬师之至。弟子称师之善教,曰如坐春风之中;学业感师之造成,曰仰沾时雨之化。

【增】民生在三[2],师术有四[3]。执经问义,事若严君;鼓箧担囊,不辞曲士。史居左,经居右,士得真修;道已南,易已东,人沾教泽。赐宴月池之上,翼赞堪夸;诵书帐帷之中,烽烟奚避。忠臣录,孝子录,纲常互振;经义斋,治事斋,体用兼全。东家之外更无丘[4],道德由文章炫出;北斗以南应有杰[5],事功从学术做来。边孝先便便大腹,曾见嘲于弟子[6];韩退之表表高标,宜共仰于吾儒。应生独举官衔,岂事先生之礼;李固不矜父爵,乃称弟子之良。

【注释】

[1] 苜蓿长阑干,奉师饮食之薄:唐玄宗时,薛令之教太子读书,曾写诗抱怨生活清苦,中有"盘中无所有,苜蓿长阑干"之诗句,后便以此形容给老师的饭食粗劣。阑干,纵横的样子。

[2] 民生在三:《国语》:"民生于三,事之如一:父生之,师教之,君食之。"

[3] 师术有四:荀子说,具备四个条件方可为人师:一是有尊严令人起敬;二是年长而诚实可信;三是学而能用,言行一致;四是有较深的学问并且能够讲述出来。

[4] 东家之外更无丘:相传孔子的西邻不知道孔子是圣人,称孔子为"东家丘",殊不知除了他的东邻孔丘之外,再无人可称为圣人。

[5] 北斗以南应有杰:唐代狄仁杰精通诗书,品德出众,时人称为"北斗之南,一人而已"。

[6] 边孝先便便大腹,曾见嘲于弟子:东汉边韶字孝先,教授几百名学生,有一次他白天打瞌睡,学生便作歌嘲笑他:"边孝先,腹便便,懒读书,但欲眠。"边孝先也作歌答道,自己肚里装满经书,睡觉时可梦见周公。嘲笑他的学生很惭愧。

朋友宾主

取善辅仁,皆资朋友,往来交际,迭为主宾。尔我同心,曰金兰;朋友相资,曰丽泽。东家曰东主,师傅曰西宾。父所交游,尊为父执;己所共事,谓之同袍。心志相孚为莫逆[1],老幼相交曰忘年。刎颈交,相如与廉颇;总角好,孙策与周瑜。胶漆相投,陈重之与雷义;鸡黍之约,元伯之与巨卿。与善人交,如入芝兰之室,久而不闻其香;与恶人交,如入鲍鱼之肆,久而不闻其臭。肝胆相照,斯为腹心之友;意气不孚,谓之口头之交。彼此不合，谓之参商[2]；尔我相仇，如同冰炭。民之失德，干糇以愆[3]。他山之石，可以攻玉。落月屋梁，相思颜色；暮云春树，想望丰仪。王阳在位，贡禹弹冠以待荐；杜伯非罪，左儒宁死不徇君。分首判袂[4]，叙别之辞；拥篲扫门，迎迓之敬[5]。陆凯折梅逢驿使，聊寄江南一枝春；王维折柳赠行人，遂唱阳关三叠曲。频来无忌，乃云入幕之宾；不请自来，谓之不速之客。醴酒不设，楚王戊待士之意怠；投辖于井，汉陈遵留客之心诚。蔡邕倒屣以迎宾，周公握发而待士。陈蕃器重徐穉，下榻相延；孔子道遇程生，倾盖而语[6]。伯牙绝弦失子期，更无知音之辈；管宁割席拒华歆，谓非同志之人。分金多与，鲍叔独知管仲之贫；绨袍垂爱，须贾深怜范叔之窘。要知主宾联以情，须尽东南之美；朋友合以义，当展切偲之诚[7]。

【增】仲尼老子，可谓通家；管子叔牙，可称知己。伯桃并粮于共事，甘殒流离[8]；子舆裹饭于同侪，不忘贫贱。铃锤道义，向嵇偶锻于柳中[9]；游戏文章，元白衔杯于花下[10]。程普见容于周瑜，若饮醇醪自醉；周举得亲于黄宪，不披绵纩犹温。贵贱相忘，素犬丹鸡定约；死生与共，乌牛白马盟心。面前便失人，刘巴不与张飞语；事后方思友，周颛还虑王导悲[11]。吕安动遐思，千里命寻嵇之驾；子猷怀雅兴，三更泛访戴之舟。尹敏班彪，岂曰面友；山涛阮籍，是谓神交。孔融座中常满，必然有礼招徕；毛仲堂上全无，定是乏才感召。式饮式食，敢曰无鱼[12]；必敬必恭，何尝叱狗[13]。韩魏公堂前有士，风流态度，得赠女奴；李文定门下何人，新巧诗联，乃逢天子。熊非清渭逢何暮，无任凄怆；客有可人期不来，岂胜慨叹。

[1] 心志相孚：心意和志趣相一致。
[2] 参商：参星和商星，此出彼没，互不相见。
[3] 民之失德，干糇 (hóu) 以愆 (qiān)：当道德观念变坏之时，朋友之间会因为干粮之类的小事而产生误会和埋怨。干糇，干粮。愆，过错。
[4] 分首判袂 (mèi)：头分开，衣袖不再相连，表示分离。
[5] 迓 (yà)：迎接。
[6] 倾盖而语：两车的车盖连起来，不再行走，说个不停。
[7] 当展切偲 (sī) 之诚：朋友之间以诚相待，尽心竭力。《论语》："朋友切切偲偲。"
[8] 伯桃并粮于共事，甘殒流离：战国时左伯桃与羊角哀是好朋友，在去楚国的路上遭遇暴风雪，干

粮不够两个人吃，左伯桃便将自己的干粮并给羊角哀，而后跳进空树自尽。

[9] 向嵇偶锻于柳中：晋代嵇康和向秀家贫时曾在柳树下一同打过铁。

[10] 元白衔杯于花下：唐代元稹和白居易为诗友，二人常在花下饮酒赋诗。

[11] 事后方思友，周颛(yǐ)还崖(jǐn)王导悲：东晋王导的弟弟王敦叛乱，周颛在皇帝面前替王导讲情，王导并不知道。后王敦得势而杀周颛，王导未阻止。日后王导查档案才发现周颛曾救过自己，方知误会了朋友，但悔之已晚。

[12] 式饮式食，敢曰无鱼：让客人喝好吃好，谁还抱怨"食无鱼"。

[13] 必敬必恭，何尝叱狗：对客人必敬必恭，哪曾做出在客人面前打鸡骂狗的不礼貌行为。

婚　姻

　　良缘由凤缔，佳偶自天成。蹇修与柯人，皆是媒妁之号；冰人与掌判，悉是传言之人。礼须六礼之周[1]，好合二姓之好。女嫁曰于归，男婚曰完娶。婚姻论财，夷虏之道；同姓不婚，周礼则然。女家受聘礼，谓之许缨；新妇谒祖先，谓之庙见。文定纳采，皆为行聘之名；女嫁男婚，谓了子平之愿[2]。聘仪曰雁币，卜妻曰凤占。成婚之日曰星期，传命之人曰月老。下采即是纳币，合卺系是交杯。执巾栉，奉箕帚，皆女家自谦之词；娴姆训，习内则，皆男家称女之说。绿窗是贫女之室，红楼是富女之居。桃夭谓婚姻之及时，摽梅谓婚期之已过[3]。御沟题叶，于祐始得宫娥；绣幕牵丝，元振幸获美女。汉武对景帝论妇，欲将金屋贮娇；韦固与月老论婚，始知赤绳系足。朱陈一村而结好，秦晋两国以联姻。蓝田种玉，雍伯之缘；宝窗选婿，林甫之女。架鹊桥以渡河，牛女相会；射雀屏而中目，唐高得妻[4]。至若礼重亲迎，所以正人伦之始；诗首好逑[5]，所以崇王化之原。

　　【增】鱼水合欢，情何款密；丝萝有托，意甚绸缪。牵乌羊以为礼，自是古风；选碧鹈以成婚，正为佳匹。因亲作配，温峤曾下镜台[6]；从简去华，仲淹欲焚罗帐[7]。刘景择婚杜广，厥辛何惭；挚恂定配马融，门徒有幸。义重恩深，楚女因婚报德；情孚意契，汉君指腹联姻[8]。贫乏奁仪，吴隐之婢卖犬[9]；婿皆贤士，元叔之女乘龙[10]。俊逸裴航，蓝桥捣残玉杵；风流萧史，秦楼吹彻琼箫。

[1] 六礼：一纳采(备礼求婚)，二问名(问女方名字)，三纳吉(占卜得吉兆之后，备礼通知女方家)，

四纳征（送给女方聘礼），五请期（商定成婚的日期），六亲迎（新郎亲自到娘家接新娘）。

[2] 子平之愿：东汉向子平，儿女婚嫁完毕，他就不再过问家事，去游览名山大川，故称儿女婚嫁完毕为"子平愿了"。

[3] 摽(biào)梅：《诗经》有《摽有梅》一诗，用梅子熟透而坠落喻女子已过结婚之年龄。

[4] 唐高：即唐高祖李渊。隋朝窦毅的女儿人才出众，窦毅在屏风上画了两只孔雀，声明谁射中孔雀眼睛即选谁做女婿。李渊两箭射中两眼，娶窦女为妻。

[5] 诗首好逑：《诗经》的第一篇是《关雎》，中有"窈窕淑女，君子好逑"之诗句，全诗本写一男子爱慕一女子，渴望与之成婚，而汉代以来的解诗者牵强附会，认为是写"后妃之德"。

[6] 因亲作配，温峤曾下镜台：晋代温峤的姑母托他为女儿选婿，第二天温峤即称已选好了一位与自己门第相同的人，并用一个玉镜台作为聘礼。其实选好的人即他自己。

[7] 从简去华，仲淹欲焚罗帐：宋代范仲淹主张简朴，反对奢华，他听说儿子在外地结婚用绫罗作帐子，声称如果儿子将罗帐带回家，一定要烧掉。

[8] 情孚意契，汉君指腹联姻：东汉大将贾复在作战中受伤，光武帝刘秀十分愧疚，知贾妻有身孕，便说，如果生女儿，我儿子娶为妻，如果生儿子，我女儿嫁为婿。

[9] 贫乏奁仪，吴隐之婢卖犬：东晋吴隐之，为官清廉，女儿出嫁而没有陪嫁，便让婢女卖狗换钱置办嫁妆。

[10] 婿皆贤士，元叔之女乘龙：东汉太尉桓焉字元叔，他的两个女婿李膺和黄尚都是名人，人称他得婿如龙，两个女儿都骑上龙了。

妇 女

男子禀乾之刚，女子配坤之顺。贤后称女中尧舜，烈女称女中丈夫。曰闺秀，曰淑媛，皆称贤女；曰闺范，曰懿德，并美佳人。妇主中馈，烹治饮食之名；女子归宁，回家省亲之谓。何谓三从？从父从夫从子；何谓四德？妇德妇言妇工妇容。周家母仪，太王有周姜，王季有太妊，文王有太姒；三代亡国，夏桀以妹喜，商纣以妲己，周幽以褒姒。兰蕙质，柳絮才[1]，皆女人之美誉；冰雪心，柏舟操，悉孀妇之清声。女貌娇娆，谓之尤物；妇容妖媚，实可倾城。潘妃步朵朵莲花，小蛮腰纤纤杨柳。张丽华发光可鉴，吴绛仙秀色可餐。丽娟气馥如兰[2]，呵气结成香雾；太真泪红于血[3]，滴时更结红冰。孟光力大，石臼可擎；飞燕身轻，掌上可舞。至若缇萦上书而救父，卢氏冒刃而卫姑，此女之孝者；侃母截发以延宾，村媪杀鸡而谢客，此女之贤者；韩玖英恐贼秽而自投于秽，陈仲妻恐陨德而宁陨于崖，此女之烈者；王凝妻被牵，断臂投地，曹令女誓志，引刀割鼻，此女之节者；曹大家续完汉帙[4]，徐惠妃援笔成文，此女之才者；戴女之练裳竹笥，孟光之荆钗裙布，此女之贫者；柳氏秃妃之发，郭氏绝夫之嗣，此女之妒者；贾女偷韩寿之香，齐女致祆庙之毁，此女之淫者；东施效颦而可厌，无盐刻画以难堪，此女之丑者。自古贞淫各异，人生妍丑不齐。是故生菩萨、九子母、鸠盘荼[5]，谓妇态之更变可畏；钱树子、一点红、无廉耻，谓青楼之妓女殊名。此固不列于人群，亦可附之以博笑。

【增】蔡女咏吟，曾传笳谱；薛姬裁制，雅号针神。蛾眉队里状元，崇嘏文章洒洒[6]；红粉班中博士，兰英才思翩翩[7]。城号夫人，牢不可破；军称娘子，锐而莫摧。是谁佳冶唾如花，赵家飞燕；孰个娉婷颜似玉，秦氏文鸾。徐贤妃却天子召，露沁新诗；谢道韫解小郎围，风生雄辩。人说骊姬专国色，我云薛女是香珠。慧姬振铎为严傅，颇称巾帼先生；老妇吹篪当健儿，须谓裙钗将士。看舞剑而工书字，必是心灵；听弹琴而辨绝弦，无非性敏。爱欲海，未可沉埋男子躯；温柔乡，岂应老葬君王骨。还讶桃叶女，横波眼最好；更思孙寿娥，坠马髻偏妍。李子豪雄，红拂顿生敲户念；寇公费用，蒨桃应有惜缣心。诗人老去莺莺在，情意绸缪；公子归来燕燕忙，私惊款洽。端端体态果然端，皎皎姿容何等皎。语言偷鹦鹉之舌，声律动人；文章炫凤凰之毛，英华绝俗[8]。可谓笑时花近眼，每看舞罢锦缠头。

[1] 柳絮才：东晋谢奕之女谢道韫，有才辩，有一天与叔父谢安在家中欢宴，不久下起雪，谢安说："大雪纷纷何所似？"道韫之兄谢朗说："撒盐空中差可拟。"道韫说："未若柳絮因风起。"谢安说："柳絮才高不道盐。"赞赏道韫而贬低谢朗。

[2] 丽娟：汉光武帝的宫人，她身上散发出的气味芳香如兰。

[3] 太真：即唐玄宗的宠妃杨玉环，传说她被召入宫离别父母时，滴下的泪结成了红冰。

[4] 曹大家(gū)：汉代班昭，嫁曹世叔而早寡，其兄班固著《汉书》未竟而卒，汉和帝下诏让班昭续成。又召入宫中，让皇后、贵人以为师，号为曹大家。

[5] 生菩萨、九子母、鸠盘荼：这是对女人一生形态变化的形象描绘。少时如生菩萨，光彩照人，中年儿女满前，如九子母，及至老年，脂粉凋谢，或青或黑，又如鸠盘荼。

[6] 蛾眉队里状元，崇嘏(gǔ)文章洒洒：前蜀才女黄崇嘏会写洋洋洒洒的文章，被称为女子中的状元。蛾眉，代指女子。

[7] 红粉班中博士，兰英才思翩翩：南朝人韩兰英才思敏捷，人称红粉中的博士。

[8] "语言"两句：唐代诗人元稹赠给妓女薛涛的诗句有"言语巧偷鹦鹉舌，文章分得凤凰毛"，赞美薛涛多方面的才能。

外　戚

帝女乃公侯主婚，故有公主之称；帝婿非正驾之车，乃是驸马之职。郡主县君，皆宗女之谓；仪宾国宾，皆宗婿之称。旧好曰通家，好亲曰懿戚。冰清玉润，丈人女婿同荣；泰水泰山，岳母岳父两号。新婿曰娇客，贵婿曰乘龙，赘婿曰馆甥，贤婿曰快婿。凡属东床[1]，俱称半子。女子号门楣，杨贵妃有光于父母；外甥称宅相，晋魏舒期报于母家。共叙旧姻，曰原有瓜葛之亲；自谦劣戚，曰忝在葭莩之末。大乔小乔，皆姨夫之号；连襟连袂，亦姨夫之称。蒹葭依玉树，自谦借戚属之光；茑萝施乔松[2]，自幸得依附之所。

【增】卢李之亲[3]，苏程之戚[4]。王茂弘呼何充以麈尾[5]，杨沙哥引崔嫂以油幢[6]。林宗贷钱，宁以贫穷为病；彦达分秩，不将富贵自私。直卿果重亲情，相邀会食；潘岳能敦戚谊，每令弹琴。中子执内弟之丧，行冲称外家之宝。骑驴以追姑婶，仲容不顾居丧；披扇而笑老奴，温峤自为媒妁。介妇冢妇，不敢并行；先生后生，原为同出[7]。智能散宝，为侄弃军[8]；兆卜张弧，因姬遣嫁。聂政非无贤姊，屈平亦有女嬃。莫嫌萧氏之姻[9]，宜学郝家之法[10]。

[1] 东床：即女婿。晋代郗鉴派门生向王导求婿，王导令他到东厢房遍观子弟。使者回来报告说："王家的青年都不错，只是有一位在东床上，袒腹露臂，正吃胡饼，好像没有这么一回事。"郗鉴说："这位就是好女婿。"原来这一位即是王羲之，于是郗鉴将女儿嫁给他。后来东床即指女婿。

[2] 茑萝：茑与女萝，两种寄生草，靠延伸于树干以生存。

[3] 卢李之亲：唐末大历十才子中的李益和卢纶，关系是内兄弟。

[4] 苏程之戚：宋代苏轼和程德孺是表兄弟。

[5] 麈（zhǔ）尾：即拂尘，一种扫掸衣服上灰尘的用具。

[6] 油幢：古时一种车。

[7] 先生后生，原为同出：同出指两个女子嫁给一个丈夫。先出生者叫姒，后出生者叫娣。

[8] 智能散宝，为侄弃军：据《汉书》载，吕禄姑为樊哙之妻，因其侄弃军，大怒，将珠宝玉器散于堂上，说："不要再替他人守这些财宝。"意即侄儿没出息，这些财宝终究为他人所有。

[9] 莫嫌萧氏之姻：据《通鉴》载，唐高宗时，太后以薛颋妻萧氏及颋弟绪妻成氏，非贵族，欲出之，曰："我女岂可与田舍女为妯娌耶？"有人说："萧家是萧瑀的侄孙，属国家旧姻。"才作罢。

[10] 宜学郝家之法：据《世说新语》载，王浑妻钟氏，其弟王湛之妻郝氏，皆有德行。钟氏虽为

高门大族，不以贵凌郝氏，郝氏也不因出身低微而低声下气。时人称钟夫人之礼，郝夫人之法。

老幼寿诞

不凡之子，必异其生；大德之人，必得其寿。称人生日，曰初度之辰；贺人逢旬，曰生申令旦。三朝洗儿，曰汤饼之会；周岁试周，曰晬盘之期[1]。男生辰曰悬弧令旦[2]，女生辰曰设帨佳辰[3]。贺人生子，曰嵩岳降神；自谦生女，曰缓急非益。生子曰弄璋，生女曰弄瓦。梦熊梦罴，男子之兆；梦虺梦蛇[4]，女子之祥。梦兰叶吉，郑文公妾生穆公之奇；英物称奇，温峤闻声知桓温之异。姜嫄生稷，履大人之迹而有娠；简狄生契，吞玄鸟之卵而叶孕[5]。麟吐玉书，天生孔子之瑞；玉燕投怀，梦孕张说之奇。弗陵太子，怀胎十四月而始生；老子道君，在孕八十一年而始诞。晚年得子，谓之老蚌生珠；暮岁登科，正是龙头属老。贺男寿曰南极星辉，贺女寿曰中天婺焕。松柏节操，美其寿元之耐久；桑榆晚景，自嫌老景之无多。矍铄称人康健，聩眊自谦衰颓[6]。黄发儿齿，有寿之征；龙钟潦倒，年高之状。日月逾迈，徒自伤悲；春秋几何，问人寿算。称少年曰春秋鼎盛，美高年曰齿德俱尊。行年五十，当知四十九年之非；在世百年，哪有三万六千日之乐。百岁曰上寿，八十曰中寿，六十曰下寿；八十曰耋，九十曰耄，百岁曰期颐。童子十岁就外傅[7]，十三舞勺[8]，成童舞象[9]；老者六十杖于乡，七十杖于国，八十杖于朝。后生固为可畏，而高年尤是当尊。

【增】漫道豫章之小[10]，已具梁栋之观。项橐童牙作师[11]，却知学富；甘罗扉口为相[12]，勿论年雏。列俎豆而习礼仪，孟氏冲年乃尔；执干戈以卫社稷，汪踦小子能然。寇公七岁咏山，已卜具瞻气象；司马五龄击瓮，即占拯溺才猷。步处敏于诗，我道公权过子建；座间言自别，人称谢尚是颜回。勿谓卢家儿，案上翻残墨汁；尚嘉羊氏子，桑中探出金环。亩丘人，问年不少；绛县老，历甲何多。函谷跨牛，李耳演道德五千之秘；渭川跃鲤，子牙钓乾坤八百之秋。是谁运动老阳，生子却无日影；若个学成玄法，烧丹剩有霞光。荣启期能扩襟怀，行歌乐土；疏太傅乞归骸骨，饮饯都门。狎犹侵周[13]，方叔迈年奏三捷；先零叛汉[14]，充国颓龄请一行。李百药才新而齿则宿[15]，卢蒲嫳发短而心甚长[16]。

[1] 晬(zuì)盘之期：古时小儿周岁时要进行"试周"，即将珍宝、弓箭、文具、针线等放在晬盘之内，让小儿抓取，以便观察他将来的志趣。

[2] 悬弧：古时生儿子则悬弧(弓箭)于门左。

[3] 设帨(shuì)：古时生女儿则将佩巾(帨)挂在门右。

[4] 虺(huǐ)：蛇一类的动物。

[5] 叶孕：怀孕。

[6] 聩眊(kuìmào)：耳聋眼花。

[7] 十岁就外傅：十岁时跟随老师学习。

[8] 十三舞勺：十三岁时舞文弄墨。

[9] 成童舞象：十五岁时学习射御等技术。

[10] 豫章：幼小的樟木。

[11] 项橐：相传为古时神童，七岁时孔子即以为师。

[12] 甘罗：战国时秦国人。十二岁时出使赵国，说服赵王割地给秦国，归国后，秦始皇拜为相。

[13] 猃狁(xiǎnyǔn)：古时北方少数民族。

[14] 先零：古时少数民族，西羌的一支。

[15] 李百药：唐初老臣，一次与唐太宗共赋《帝京赋》，太宗赞他"齿宿而意新"。齿宿，牙齿旧，喻年龄大。

[16] 卢蒲嫳(piè)：春秋时齐国人，曾为庆封反叛出主意。后在齐王面前痛哭，说："我的头发很短了，什么也干不成了。"执政的大夫则说他头发虽短而心很长，意即有野心，并未宽恕他。

身　体

百体皆血肉之躯，五官有贵贱之别。尧眉分八彩，舜目有重瞳。耳有三漏，大禹之奇形；臂有四肘，成汤之异体。文王龙颜而虎眉，汉高斗胸而隆准[1]。孔圣之顶若圩[2]，文王之胸四乳。周公反握，作兴周之相；重耳骈胁，为霸晋之君。此皆古圣之英姿，不凡之贵品。至若发肤不可毁伤，曾子常以守身为大；待人须当量大，师德贵于唾面自干。谗口中伤，金可铄而骨可销；虐政诛求，敲其肤而吸其髓。受人牵制曰掣肘，不知羞愧曰厚颜。好生议论，曰摇唇鼓舌；共话衷肠，曰促膝谈心。怒发冲冠，蔺相如之英气勃勃；炙手可热，唐崔铉之贵势炎炎。貌虽瘦而天下肥，唐玄宗之自谓；口有蜜而腹有剑，李林甫之为人。赵子龙一身都是胆，周灵王初生便有须。来俊臣注醋于囚鼻，法外行凶；严子陵加足于帝腹，忘其尊贵。久不屈兹膝[3]，郭子仪尊居宰相；不为米折腰，陶渊明不拜吏胥。断送老头皮[4], 杨璞得妻送之诗; 新剥鸡头肉[5], 明皇爱贵妃之乳。纤指如春笋, 媚眼若秋波。肩曰玉楼, 眼名银海, 泪曰玉箸, 顶曰珠庭。歇担曰息肩, 不服曰强项。丁谓与人拂须[6], 何其谄也; 彭乐截肠决战[7], 不亦勇乎。剜肉医疮, 权济目前之急; 伤胸扪足, 计安众士之心。汉张良蹑足附耳[8], 东方朔洗髓伐毛[9]。尹继伦, 契丹称为黑面大王; 傅尧俞, 宋后称为金玉君子。土木形骸, 不自妆饰; 铁石心肠, 秉性坚刚。叙会晤曰得挹芝眉, 叙契阔曰久违颜范。请女客曰奉迓金莲, 邀亲友曰敢攀玉趾。侏儒谓人身矮, 魁梧称人貌奇。龙章凤姿, 廊庙之彦; 獐头鼠目, 草野之夫。恐惧过甚, 曰畏首畏尾; 感佩不忘, 曰刻骨铭心。貌丑曰不扬, 貌美曰冠玉。足跛曰蹒跚, 耳聋曰重听。期期艾艾, 口讷之称; 喋喋便便, 言多之状。可嘉者小心翼翼, 可鄙者大言不惭。腰细曰柳腰, 身小曰鸡肋。笑人齿缺, 曰狗窦大开; 讥人不决, 曰鼠首偾事[10]。口中雌黄, 言事而多改移; 皮里春秋, 胸中自有褒贬。唇亡齿寒, 谓彼此之失依; 足上首下, 谓尊卑之颠倒。所为得意, 曰吐气扬眉; 待人诚心, 曰推心置腹。心慌曰灵台乱, 醉倒曰玉山颓。睡曰黑甜, 卧曰偃息。口尚乳臭, 谓世人年少无知; 三折其肱, 谓医士老成谙练。西子捧心, 愈见增妍; 丑妇效颦, 弄巧反拙。慧眼始知道骨, 肉眼不识贤人。婢膝奴颜, 谄容可厌; 胁肩谄笑, 媚态难堪。忠臣披肝, 为君之药; 妇人长舌, 为厉之阶。事遂心曰如愿, 事可愧曰汗颜。人多言曰饶舌, 物堪食曰可口。泽及枯骨, 西伯之深仁; 灼艾分痛, 宋祖之友爱。唐太宗为臣疗病, 亲剪其须; 颜杲卿骂贼不辍, 贼断其舌。不较横逆[11], 曰置之度外; 洞悉房情, 曰已入掌中。马良有白眉, 独出乎众; 阮籍作青眼, 厚待乎人。咬牙封雍齿, 计安众将之心[12]; 含泪斩丁公, 法正叛臣之罪[13]。掷果盈车, 潘安仁美姿可爱; 投石满载, 张孟阳丑态堪憎。事之可怪, 妇人生须; 事所骇闻, 男人诞子。求物济用, 谓燃眉之急; 悔事无成, 曰噬脐何及[14]。情不相关, 如秦越人之视肥瘠; 事当探本, 如善医者只论精神。无功食禄, 谓之尸位素餐; 谫劣无能, 谓之行尸走肉。老当益壮, 宁知白首之心; 穷且益坚, 不坠青云之志。一息尚存, 此志不容少懈; 十手所指, 此心安可自欺。

【增】高台曰头, 广宅云面。顿殊于众, 须号于思[15]; 迥异乎人, 指生骈拇。何平叔面犹傅粉, 秦襄公颜若渥丹。古尚书头尖如笔, 便擅英称; 张太仆腹大如瓠, 更垂好誉。可作生民主, 刘曜垂五尺之髯; 能为帝者师,张良掉三寸之舌。维翰一尺面[16]，宰相奇形；比干七窍心[17]，忠臣异蕴。英雄当自别，金日寇莱公鼻息如雷；俊杰却非凡，始信王濬仲目光若电。垂肩耳大，刘先主毕竟兴王；盖胆毛深，德谦师自当成佛。岳公刺背间之字，愈见心忠；英布黥面上之痕，何嫌貌丑。苏生正直，膝岂容佞士作枕头；林蕴精忠，项不使顽奴为砥石。彦回之髯似戟，岂为乱阶[18]；李瞻之胆如升，不亏大节[19]。张睢阳鼓烈气，握拳透爪；鲁仲连喷义声，嚼齿穿龈。党进虽然大腹，非多算之人也；李纬徒有好须，不足齿之伧欤。

注释

[1] 斗胸而隆准：胸膛宽阔而鼻梁骨高耸。

[2] 孔圣之顶若圩：孔子的头顶呈现"凹"形。

[3] 久不屈兹膝：唐代田承嗣据有魏地，郭子仪派使臣到魏，田承嗣西望而拜曰："兹膝不屈于人十年矣，今乃为郭公拜。"

[4] 断送老头皮：宋真宗得隐者杨璞，问道："临行前有人作诗相送吗？"回答道："我妻子作了一首诗道：更无落魄贪杯酒，切莫猖狂爱作诗。今日捉将宫里去，这回断送老头皮。"真宗大笑，放他回归。

[5] 新剥鸡头肉：据《杨妃外传》载，杨贵妃出浴，对镜匀粉，腰裙露一乳。唐明皇扪弄曰："软温新剥鸡头肉。"按，水中有一种鸡头莲，其肉如乳。

[6] 丁谓与人拂须：宋人丁谓为宰相寇准擦拭被弄脏的胡须。

[7] 彭乐截肠决战：北齐将军彭乐作战时肠子流出肚外，他干脆截去肠子，与敌人死战。

[8] 汉张良蹑足附耳：汉高祖刘邦听说韩信请立为王，当着使者的面大怒，张良踩住他的脚，附耳言道："如今形势对汉不利，不如因而立之，使自为守。"蹑，踩。

[9] 东方朔洗髓伐毛：西汉东方朔称他认识一个叫黄眉翁的仙人，三千年洗一次骨髓，两千年剥一次皮换一次毛，已经洗过三次髓，换过五次毛。

[10] 鼠首偾(fèn)事：老鼠生性多疑，出穴后一进一退，不能自决。偾事，败事。

[11] 横逆：指强暴之徒。

[12] 咬牙封雍齿，计安将之心：汉高祖刘邦得天下后，先分封了大功臣十几人，其他众将议论纷纷。刘邦向张良求计，张良让他先封最不喜欢之人，于是刘邦咬牙将他最不得意的雍齿封为什邡侯，众将心安。

[13] 含泪斩丁公，法正叛臣之罪：丁公原为项羽部将，一次率兵追杀刘邦，刘邦求情，丁公便放走了刘邦。刘邦得天下后，丁公前来求见，刘邦因丁公做项羽之臣时不尽忠心，含泪将丁公杀掉。

[14] 噬(shì)脐：自己咬肚脐，比喻后悔而来不及。

[15] 于思(sāi)：多须的样子。《左传》载华元多须，伐郑败，宋人歌曰："于思于思，弃甲复来。"

[16] 维翰一尺面：五代后晋大臣桑维翰，身材短小而面长一尺。

[17] 比干七窍心：传说商纣王的大臣比干心有七窍。

[18] 彦回之髯似戟，岂为乱阶：南朝宋褚渊，字彦回，山阴公主要与他私通，他不动心。公主说你须髯如戟，却为何没有大丈夫敢作敢当的气概？褚渊说："何敢首为乱阶。"意为决不能踏上导致败乱的阶梯。

[19]李瞻之胆如升,不亏大节:南朝梁李瞻,起兵反抗侯景之乱时,被敌人俘获,砍断手足剖开胸,仍谈笑自若。有人曾见他的胆囊大如升,所以能做到临大节而不亏。

衣 服

冠称元服,衣曰身章。曰弁曰冔曰冕[1],皆冠之号;曰履曰舄曰屣[2],悉鞋之名。上公命服有九锡,士人初冠有三加。簪缨缙绅,仕宦之称;章甫缝掖,儒者之服。布衣即白丁之谓,青衿乃生员之称。葛屦履霜,诮俭啬之过甚;绿衣黄里,讥贵贱之失伦。上服曰衣,下服曰裳;衣前曰襟,衣后曰裾。敝衣曰褴褛,美服曰华裾。襁褓乃小儿之衣,弁髦亦小儿之饰。左衽是夷狄之服,短后是武夫之衣。尊卑失序,如冠履倒置;富贵不归,如锦衣夜行。狐裘三十年,俭称晏子;锦幛四十里,富羡石崇。孟尝君珠履三千客,牛僧孺金钗十二行。千金之裘,非一狐之腋;绮罗之辈,非养蚕之人。贵者重裀叠褥,贫者裋褐不完[3]。卜子夏甚贫,鹑衣百结;公孙弘甚俭,布被十年。南州冠冕,德操称庞统之迈众;三河领袖,崔浩羡裴骏之超群。虞舜制衣裳,所以命有德;昭侯藏敝袴[4],所以待有功。唐文宗袖经三浣,晋文公衣不重裘。衣履不敝,不肯更为,世称尧帝;衣不经新,何由得故,妇劝桓冲。王氏之眉贴花钿,被韦固之剑所刺[5];贵妃之乳服诃子[6],为禄山之爪所伤。姜氏翕和,兄弟每宵同大被;王章未遇,夫妻寒夜卧牛衣。缓带轻裘,羊叔子乃斯文主将;葛巾野服,陶渊明真陆地神仙。服之不衷,身之灾也;缊袍不耻[7],志独超欤。

【增】制豸作法冠[8],裁荷为隐服。王乔属仙令,舄飞天外之凫;李后是娇姝,钗化宫中之燕。肌生银粟,是谁寒赠紫驼尼;肩耸玉楼,有客暖捐红衲袄。精忠膺主眷,狄仁杰披金字之袍;阴德有天知,裴晋公还纹犀之带。军中狐帽,沈庆之镇压貔貅;滩上羊裘,严子陵傲睨轩冕[9]。通天带,顿输严续之姬;鹔鹴裘,为赁相如之酒[10]。高人能洁己,飘飘挂神武之冠;乐士共摩肩,济济看马鬼之袜。晋怀以青衣行酒,事丑万年;光武以赤帻起兵,名芳千古。有女遗王濛之新帽,谁人换季子之敝裘。韦绶寝覆缬袍,荣施若此;蔡遵贫衣布袴,廉洁何如。晋君不忍浣征袍,留彼嵇侍中之血[11];唐士未须裁道服,重他张孝子之缣。汉王制竹箨之冠,威仪自别;闵子衣芦花之絮,孝行纯全。

[1] 冔(xǔ)：帽子。

[2] 舄(xì)、屣(xǐ)：均为鞋子。

[3] 裋(shù)褐：粗布短衣。

[4] 敝袴(kù)：破裤子。袴，同"裤"。

[5] "王氏"二句：相传唐代韦固曾遇月老，问自己的妻子在哪里。月老说，现在才三岁，住在北边卖菜的人家。韦固到那家一看，小女孩长得十分丑陋，便用剑在小女孩眉间刺了一下。十四年之后，韦固娶相州刺史王泰之女为妻，王氏的眉间贴着花钿。王氏说，小时候她寄养在乳母家，乳母以卖菜为生，一天被贼人用剑刺伤眉头，为遮疤痕，只好用花钿盖上。

[6] 诃子：类似今天女子所用的胸衣。

[7] 缊(yùn)袍：用旧棉花絮成的袍子。

[8] 制豸(zhì)作法冠：依照獬豸（一种猛兽，据说能区别曲直是非）的形状制成执法者的帽子，象征严明。

[9] 轩冕：皇帝戴的帽子，指皇帝。

[10] 赀：赊。

[11] "晋君"二句：晋惠帝与侍中嵇绍同陷于敌军，嵇绍中箭身亡，血溅惠帝战袍。事后手下要替惠帝清洗战袍，惠帝不让，因为袍子上留有嵇侍中的鲜血。

卷 三

人 事

《大学》首重夫明新[1]，小子莫先于应对。其容固宜有度，出言尤贵有章。智欲圆而行欲方，胆欲大而心欲小。阁下、足下，并称人之辞；不佞、鲰生，皆自谦之语。恕罪曰原宥，惶恐曰主臣。大春元、大殿选、大会状，举人之称不一；大秋元、大经元、大三元，士人之誉多殊。大掾史，推美吏员；大柱石，尊称乡官。贺入学曰云程发轫[2]，贺新冠曰元服加荣。贺人荣归，谓之锦旋；作商得财，谓之稇载[3]。谦送礼曰献芹，不受馈曰反璧。谢人厚礼曰厚贶，自谦礼薄曰菲仪。送行之礼，谓之赆仪；拜见之贽，名曰贽敬。贺寿仪曰祝敬，吊死礼曰奠仪。请人远归曰洗尘，携酒送行曰祖饯。犒仆夫，谓之旌使；演戏文，谓之俳优。谢人寄书，曰辱承华翰；谢人致问，曰多蒙寄声。望人寄信，曰早赐玉音；谢人许物，曰已蒙金诺。具名帖，曰投刺；发书函，曰开缄。思慕久曰极切瞻韩[4]，想望殷曰久怀慕蔺[5]。相识未真，曰半面之识；不期而会，曰邂逅之缘。

登龙门，得参名士；瞻山斗，仰望高贤。一日三秋，言思慕之甚切；渴尘万斛，言想望之久殷。睽违教命，乃云鄙吝复萌；来往无凭，则曰萍踪靡定。虞舜慕唐尧，见尧于羹，见尧于墙；门人学孔圣，孔步亦步，孔趋亦趋。曾经会晤，曰向获承颜接辞；谢人指教，曰深蒙耳提面命。求人涵容，曰望包荒；求人吹嘘，曰望汲引。求人荐引，曰幸为先容；求人改文，曰望赐郢斫。借重鼎言，是托人言事；望移玉趾，是浼人亲行[6]。多蒙推毂，谢人引荐之辞；望作领袖，托人倡首之说。言辞不爽，谓之金石语；乡党公论，谓之月旦评。逢人说项斯，表扬善行；名下无虚士，果是贤人。党恶为非，曰朋奸；尽财赌博，曰孤注。徒了事，曰但求塞责；戒明察，曰不可苛求。方命是逆人之言，执拗是执己之性。曰觊觎，曰睥睨，总是私心之窥望；曰侄偬，曰旁午，皆言人事之纷纭。小过必察，谓之吹毛求疵；乘患相攻，谓之落井下石。欲心难厌如溪壑，财物易尽若漏卮[7]。望开茅塞，是求人之教导；多蒙药石，是谢人之箴规。芳规芳躅，皆善行之可慕；格言至言，悉嘉言之可听。无言曰缄默，息怒曰霁威。包拯寡色笑，人比其笑为黄河清；商鞅最凶残，常见论囚而渭水赤。仇深曰切齿，人笑曰解颐。人微笑曰莞尔，掩口笑曰胡卢。大笑曰绝倒，众笑曰哄堂。留位待贤，谓之虚左；官僚共署，谓之同寅。人失信曰爽约，又曰食言；人忘誓曰寒盟，又曰反汗。铭心镂骨，感德难忘；结草衔环，知恩必报。自惹其灾，谓之解衣抱火；幸离其害[8]，真如脱网就渊。两不相入，谓之枘凿；两不相投，谓之冰炭。彼此不合曰龃龉，欲进不前曰趑趄。落落不合之词，区区自谦之语。竣者作事已毕之谓，酿者敛财饮食之名[9]。赞襄其事，谓之玉成；分裂难完，谓之瓦解。事有低昂曰轩轾，力相上下曰颉颃。凭空起事曰作俑，仍踵前弊曰效尤。手口共作曰拮据，不暇修容曰鞅掌。手足并行曰匍匐，俯首而思曰低徊。明珠投暗，大屈才能；入室操戈，自相鱼肉。求教于愚人，是问道于盲；枉道以干主[10]，是衒玉求售。智谋之士，所见略同；仁人之言，其利甚溥[11]。班门弄斧，不知分量；岑楼齐末，不识高卑。势延莫遏，谓之滋蔓难图；包藏祸心，谓之人心叵测。作舍道旁，议论多而难成；一国三公，权柄分而不一。事有奇缘，曰三生有幸；事皆拂意，曰一事无成。酒色是耽，如以双斧伐孤树；力量不胜，如以寸胶澄黄河。兼听则明，偏听则暗，此魏徵之对太宗；众怒难犯，专欲难成，此子产之讽子孔。欲逞所长，谓之心烦技痒；绝无情欲，谓之槁木死灰。座上有江南,语言须谨;往来无白丁,交接皆贤。将近好处,曰渐入佳境;无端倨傲,曰旁若无人。借事宽役曰告假,将钱嘱托曰夤缘。事有大利,曰奇货可居;事宜鉴前,曰覆车当戒。外彼为此,曰左袒[12];处事两可,曰摸棱。敌甚易摧,曰发蒙振落;志在必胜,曰破釜沉舟。曲突徙薪无恩泽,不念预防之力大;焦头烂额为上客,徒知救急之功宏。贼人曰梁上君子,强梗曰化外顽民。木屑竹头,皆为有用之物;牛溲马渤,可备药石之资。五经扫地,祝钦明自亵斯文;一木撑天,晋王敦未可擅动。题凤题午[13],讥友讥亲之隐词;破麦破梨,见夫见子之奇梦。毛遂片言九鼎,人重其言;季布一诺千金,人服其信。岳飞背涅精忠报国,杨震惟以清白传家。下强上弱,曰尾大不掉;上权下夺,曰太阿倒持[14]。当今之世,不但君择臣,臣亦择君;受命之主,不独创业难,守成亦不易。生平所为皆可对人言,司马光之自信;运用之妙惟存乎一心,岳武穆之论兵。不修边幅,谓人不饰仪容;不立崖岸,谓人天性和乐。蕞尔、幺么,言其甚小;卤莽、灭裂,言其不精。误处皆缘不学,强作乃成自然。求事速成曰躐等,过于礼貌曰足恭。假忠厚者谓之乡愿,出人群者谓之巨擘。孟浪由于轻浮,精详出于暇豫[15]。为善则流芳百世,为恶则遗臭万年。过多曰稔恶[16],罪满曰贯盈。尝见冶容诲淫,须知慢藏诲盗。管中窥豹,所见不多;坐井观天,知识不广。无势可乘,英雄无用武之地;有道则见,君子有展采之思。求名利达,曰捷足先得;慰士迟滞,曰大器晚成。不知通变,曰徒读父书;自作聪明,曰徒执己见。浅见曰肤见,俗言曰俚言。识时务者为俊杰,昧先几者非明哲[17]。村夫不识一丁,愚者岂无一得。拔去一丁,谓除一害;又生一秦,是增一仇。戒轻言,曰恐属垣有耳;戒轻敌,曰无谓秦无人。同恶相帮,谓之助桀为虐;贪心无厌,谓之得陇望蜀。当知器满则倾,须知物极必反。喜嬉戏名为好弄,好笑谑谓之诙谐。谗口交加,市中可信有虎;众奸鼓衅,聚蚊可以成雷。萋菲成锦,谓谮人之酿祸;含沙射影,言鬼蜮之害人。针砭所以治病,鸩毒必至杀人。李义府阴柔害物,人谓之笑里藏刀;李林甫奸诡诳人,世谓之口蜜腹剑。代人作事,曰代庖;与人设谋,曰借箸。见事极真,曰明若观火;对敌易胜,曰势若摧枯。汉武内多欲而外施仁义,廉颇先国难而后私仇。卧榻之侧,岂容他人鼾睡,宋太祖之语;一统之世,真是胡越一家,唐太宗之时。至若暴秦以吕易嬴,是嬴亡于庄襄之手;弱晋以牛易马,是马灭于怀愍之时。中宗亲为点筹于韦后,秽播千秋;明皇赐洗儿钱于贵妃,丑遗万代。非类相从,不如鹁鸠;父子同牝,谓之聚麀[18]。以下淫上谓之烝,野合奸伦谓之乱。从来淑慝殊途,惟在后人法戒;斯世清浊异品,全赖吾辈激扬。

【增】休休莫莫,禁止之词;衮衮匆匆,仓皇之义。暂为寄足,有似鹪鹩一枝;巧于营身,还如狡兔三窟。放枭囚凤,虐仁纵暴奚为;用蚓投鱼,得重弃轻应尔。爝火虽无大明之耀[19],铅刀竟有一割之能[20]。淮南一老不就聘,高尚可钦;鲁国两生不肯行,清操足式。一株竹,先兆应举皆荣;两尾牛,预料行兵有失。乐羊子功绩未成,谤书满箧;郭林宗声名最重,谒刺盈车。黠狗行凶,难免呆卿之骂;鸩媒肆毒,已生屈子之悲。人有一天,我有二天,便见大恩之爱戴;河润百里,海润千里,乃为渥泽之沾濡。退我一步行,固云安乐法;道人三个好,尤见喜欢缘。借一叶之浓阴,可资覆荫;扩万间之巨庇,尽属怦懞[21]。挝三折,编三绝,书三灭,好学十分[22];眼中泪,心中事,意中人,相思一样[23]。

[1]《大学》首重夫明新:《大学》开宗明义地指出:"大学之道,在明明德,在新民,在止于至善。"即要想让道德不断提高,就要不断更新自我,以达到最善。

[2] 发轫(rèn):开始。

[3] 稇(kǔn)载:满载财物而归。稇,捆束。

[4] 极切瞻韩:唐朝韩朝宗为荆州刺史,好举荐贤士。李白写有《上韩荆州书》,中有"生不用封万户侯,但愿一识韩荆州"之语。

[5] 久怀慕蔺:司马相如小时不爱读书,学击剑,后慕蔺相如之为人,故改名为相如。

[6] 浼(měi):请求。

[7] 漏卮(zhī):漏的酒杯。卮,酒杯。

[8] 幸离其害:侥幸脱离灾害。

[9] 醵(jù):收取费用吃喝。

[10] 枉道以干主:不用正道而求得君主之任用。

[11] 溥(pǔ):广大。

[12] 外彼为此,曰左袒:在彼此二者之间,偏向于此叫左袒。

[13] 题凤题午:晋代吕安与嵇康是好友,一次吕安访嵇康而不遇,其兄嵇喜请吕安进屋,吕安只在门上写了个"凤"字就走了。按"凤"之繁体为"鳳",意思是"凡鸟",以此讥讽嵇喜。李义安访问富人郑生,郑外出,李便在门上题一"午"字而去。"午"即"牛字不出头",以此讥讽郑生。

[14] 太阿倒持:太阿是楚国之良剑,太阿倒持即以权柄授人。

[15] 暇豫:时间充裕,悠闲自在。

[16] 过多：过失和错误多。

[17] 昧先几者非明哲：看不出事物变化的苗头不是明哲之人。

[18] 聚麀(yōu)：指父子共同姘居一个女人。麀，母鹿，鹿性淫，一个母鹿常与几个雄鹿性交。

[19] 爝(jiào)火：微弱的火苗。

[20] 铅刀：钝刀，不锋利。

[21] 帡幪(píngméng)：帐幕。旁边的称"帡"，上面的称"幪"，引申为覆盖。

[22] 挝三折，编三绝，书三灭，好学十分：孔夫子读《易》，铁如意敲折了多次，连接书简的韦编断了多次，写在竹简上的漆书字迹磨灭了多次，可见其好学的程度。

[23] 眼中泪，心中事，意中人，相思一样：宋代词人张先善于描写眼中泪，心中事，意中人，均能表达相思的心情。

饮 食

甘脆肥脓，命曰腐肠之药；羹藜含糗[1]，难语太牢之滋[2]。御食曰珍馐，白米曰玉粒。好酒曰青州从事，次酒曰平原督邮[3]。鲁酒、茅柴，皆为薄酒；龙团、雀舌，尽是香茗。待人礼衰，曰醴酒不设；款客甚薄，曰脱粟相留[4]。竹叶青、状元红，俱为美酒；葡萄绿、珍珠红，悉是香醪[5]。五斗解酲[6]，刘伶独溺于酒；两腋生风，卢仝偏嗜乎茶。茶曰酪奴，又曰瑞草；米曰白粲，又曰长腰。太羹玄酒[7]，亦可荐馨[8]；尘饭涂羹[9]，焉能充饿。酒系杜康所造，腐乃淮南所为。僧谓鱼曰水梭花，僧谓鸡曰穿篱菜。临渊羡鱼，不如退而结网；扬汤止沸，不如去火抽薪。羔酒自劳，田家之乐；含哺鼓腹[10]，盛世之风。人贪食曰徒餔啜，食不敬曰嗟来食。多食不厌，谓之饕餮之徒；见食垂涎，谓有欲炙之色。未获同食，曰向隅；谢人赐食，曰饱德。安步可以当车，晚食可以当肉[11]。饮食贫难，曰半菽不饱[12]；厚恩图报，曰每饭不忘。谢扰人曰兵厨之扰，谦待薄曰草具之陈[13]。白饭青刍，待仆马之厚；炊金馔玉，谢款客之隆。家贫待客，但知抹月披风；冬月邀宾，乃曰敲冰煮茗。君侧元臣，若作酒醴之曲蘖[14]；朝中冢宰，若作和羹之盐梅[15]。宰肉甚均，陈平见重于父老；戛羹示尽，邱嫂心厌乎汉高[16]。毕卓为吏部而盗酒，逸兴太豪；越王爱士卒而投醪，战气百倍。惩羹吹齑[17]，谓人惩前警后；酒囊饭袋，谓人少学多餐。隐逸之士，漱石枕流；沉湎之夫，藉糟枕曲。昏庸桀纣，胡为酒池肉林；苦学仲淹，惟有断齑画粥[18]。

【增】钟阜山庄赤米，隐士加餐；邯郸旅邸黄粱，仙人入梦。小儿盗禾亩，孔琇之按罪何妨[19]；逸马犯麦田，曹孟德自刑犹尔。易秔以粟，邹侯为民庶之意拳拳；煮豆燃萁，子建悟兄弟之情切切。狄山之肉，旋割旋生；青田之壶，愈倾愈溢[20]。我爱鹅儿黄似酒，雅可怡情；人言雀子软于绵，最堪适口。多才之士，谢茶而赠我好歌；好事之徒，载酒而问人奇字[21]。挹东海以为醴，庶畅高怀；折琼枝以为馐，可舒雅志。云子饭可入杜句，月儿羹见重柳文。烧鹅而恣朵颐，且愿鹅生四掌；炮鳖而充嗜欲，还思鳖著两裙。种秫不种粳[22]，陶公若以酒为命；窖粟不窖宝，任氏则以食为天[23]。红苋紫茄，种满吴兴之圃；绿葵翠薤，殖盈钟阜之区。

注释

[1] 羹藜：野菜汤。 含糗(qiǔ)：含着干粮。糗，炒熟的米麦等谷物。

[2] 太牢：牛，引申为美味佳肴。

[3] 青州从事、平原督邮：据《世说新语》载，晋桓温有主簿，善于品尝酒，好酒叫青州从事（青州有齐郡，齐与脐同音，意思是好酒直至脐下），不好的酒叫平原督邮（平原有鬲县，鬲与膈同音，意思是不好的酒只能到膈下）。

[4] 脱粟：未舂的米。

[5] 香醪(láo)：汁滓混合之酒。

[6] 解酲(chéng)：去掉酒病。酲，指发酒瘾时难受的情形。

[7] 太羹：未经调制的肉汤。 玄酒：即水。

[8] 荐馨：祭祀神灵、祖先。

[9] 尘饭涂羹：尘土为饭，泥水为汤。

[10] 含哺鼓腹：嘴里含着食物，鼓起肚子。

[11] 晚食可以当肉：推迟吃饭的时间，由于饥饿觉得饭菜香，可以当作吃肉。

[12] 半菽(shū)：豆子和米相伴而做成的食物。菽，豆类的总称。

[13] 草具：盛放蔬菜的器具、器皿。草，指蔬菜之类。

[14] 曲糵(niè)：酒母。

[15] 盐梅：咸的和酸的，代指调味品。

[16] "戛羹"二句：汉高祖刘邦年轻时带朋友回家，邱嫂因讨厌他，故意敲击汤锅，表示汤已喝完。戛(jiá)，敲。

[17] 惩羹吹齑(jī)：因为被热汤烫过，所以引以为戒，吃咸菜时也习惯性地吹一吹。齑，切碎的咸菜或酱菜。

[18] "苦学"二句：范仲淹年轻时幼孤，在僧舍读书。每天煮一锅粥，放在容器中，待冷却后，用刀画成四块，早晚各取两块。将咸菜割成一小截一小截的，分开来吃。

[19] 孔琇之按罪何妨：南朝齐吴县县令孔琇之审判十岁小儿偷盗稻谷一案，有人建议轻判，孔琇之却说，十岁的孩子就已做贼，长大后什么坏事干不出来？

[20] "狄山"四句：神话传说中狄山有"视肉"，割一块，又会长出一块；青田壶里的酒，愈倒愈多。

[21] 载酒而问人奇字：汉代曾有人带着酒菜向大文学家扬雄请教奇异的字。

[22] 种秫(shú)不种粳(jīng)：陶渊明为彭泽令，有公田三百亩，令家人都种秫，为的是用秫酿造酒。秫，黏米。粳，粳稻。

[23] "窖粟"二句：据《史记》载，秦二世败后，富豪之家争相将金银财宝藏在地窖中，只有任氏一个人将粮食藏在地窖中。结果楚汉相争中，人民不能耕种，米价昂贵，那些富家所收藏的金玉，都送给任氏用以换取粮食。

宫 室

洪荒之世[1]，野处穴居；有巢以后[2]，上栋下宇。竹苞松茂，谓制度之得宜；鸟革翚飞[3]，谓创造之尽善。朝廷曰紫宸，禁门曰青琐。宰相职掌丝纶，内居黄阁；百官具陈章疏，敷奏丹墀。木天署，学士所居；紫薇省，中书所莅。金马、玉堂，翰林院宇；柏台、乌府，御史衙门。布政司称为藩府，按察司系是臬司。潘岳种桃于满县，人称花县；子贱鸣琴以治邑，故曰琴堂。潭府是仕宦之家，衡门乃隐逸之宅。贺人有喜，曰门阑蔼瑞；谢人过访，曰蓬荜生辉。美奂美轮，《礼》称屋宇之高华；肯构肯堂，《书》言父子之同志。土木方兴，曰经始；创造已毕，曰落成。楼高可以摘星，屋小仅堪容膝。寇莱公庭除之外，只可栽花；李文靖厅事之前，仅容旋马[4]。恭贺屋成，曰燕贺；自谦屋小，曰蜗庐。民家名曰间阎，贵族称为阀阅。朱门乃富豪之第，白屋是布衣之家。客舍曰逆旅，馆驿曰邮亭，书室曰芸窗，朝廷曰魏阙。成均、辟雍，皆国学之号；黉宫[5]、胶序，乃乡学之称。笑人善忘，曰徙宅忘妻；讥人不谨，曰开门揖盗。何楼所市[6]，皆滥恶之物；垄断独登，讥专利之人。荜门、圭窦，系贫士之居；瓮牖、绳枢，皆窭人之室[7]。宋寇准真是北门锁钥，檀道济不愧万里长城。

【增】榱题一建，风雨攸除。百堵皆兴，周邦巩固；重门洞辟，宋殿玲珑。晋公堂下植三槐，相臣地位；靖节门前栽五柳[8]，隐士家风。退思岩，是鱼头参政退思室[9]；知妄室，乃半山居士知妄处[10]。蓂生神尧阶下[11]，竹秀唐帝宫前。夹马营中，异香遍达[12]；盘龙斋内[13]，瑞气常臻。月榭已成，剩有十分佳景；雪巢既构，应无半点尘埃。避风台[14]，妃子扬歌；凌烟阁[15]，功臣列像。碧鸡坊里神仙至，朱雀桥边士子游。浣花溪上草堂，最是杜公乐地；至道坊间土窟，更为司马胜居。

[1] 洪荒之世：即上古时代。

［2］有巢：有巢氏，上古氏族首领，他架木为巢，人类告别穴居。

［3］鸟革翚(huī)飞：形容宫室华丽。《诗经·小雅·斯干》："如鸟斯革，如翚斯飞。"革，鸟张翼；翚，野鸡，羽毛很美。

［4］旋马：旋转一匹马，形容地方狭小。

［5］黉(hóng)宫：古时乡间学校。

［6］何楼所市：宋代京师有何氏，其楼下所卖之物，多为伪劣产品，因此"何楼所市"即假货的代名词。

［7］窭(jù)人：贫寒之人。

［8］靖节门前栽五柳：靖节即陶渊明，他辞官之后，于门前栽柳五株，自号"五柳先生"。

［9］鱼头参政：指宋代鲁宗道。因他姓鲁，又耿直不阿，故号"鱼头(多刺)参政"。

［10］半山居士：宋代王安石自号"半山居士"。

［11］蓂(míng)：一种祥瑞之草。

［12］夹马营中，异香遍达：宋太祖赵匡胤生于夹马营中，传说出生时赤光满室，异香持续一月，号曰"香孩儿"。

［13］盘龙斋：南宋刘裕幼有大志，尝筑一小斋，匾曰盘龙，取意变化多端。

［14］避风台：汉成帝皇后赵飞燕，体轻不胜风，成帝特意为制七宝避风台。

［15］凌烟阁：唐太宗曾将二十四位功臣的画像挂在凌烟阁上。

器　用

　　一人之所需，百工斯为备。但用则各适其用，而名则每异其名。管城子、中书君，悉为笔号；石虚中、即墨侯，皆为砚称。墨为松使者，纸号楮先生。纸曰剡藤，又曰玉版；墨曰陈玄，又曰龙剂。共笔砚，同窗之谓；付衣钵，传道之称。笃志业儒，曰磨穿铁砚；弃文就武，曰安用毛锥。剑有干将镆铘之名，扇有仁风便面之号。何谓箑[1]，亦扇之名；何谓籁，有声之谓。小舟名舴艋，巨舰曰艨艟。金根是皇后之车，菱花乃妇人之镜。银凿落原是酒器，玉参差乃是箫名。刻舟求剑，固而不通；胶柱鼓瑟，拘而不化。斗筲言其器小，梁栋谓是大材。铅刀无一割之利，强弓有六石之名。杖以鸠名，因鸠喉之不噎；钥同鱼样，取鱼目之常醒。兜鍪系是头盔，叵罗乃为酒器。短剑名匕首，毡毯曰氍毹[2]。琴名绿绮、焦桐，弓号乌号、繁弱。香炉曰宝鸭，烛台曰烛奴。龙涎、鸡舌，悉是香茗；鹢首、鸭头，别为船号。寿光客，是妆台无尘之镜；长明公，是梵堂不灭之灯。桔槔是田家之水车[3]，襏襫是农夫之雨具[4]。乌金，炭之美誉；忘归，矢之别名。夜可击，朝可炊，军中刁斗；云汉热，北风寒[5]，刘褒画图。勉人发愤,曰猛著祖鞭;求人宥罪,曰幸开汤网。拔帜立帜,韩信之计甚奇;楚弓楚得,楚王所见未大。董安于性缓,常佩弦以自急;西门豹性急,常佩韦以自宽。汉孟敏尝堕甑不顾,知其无益;宋太祖谓犯法有剑,正欲立威。王衍清谈,常持麈尾;横渠讲《易》[6],每拥皋比[7]。尾生抱桥而死[8],固执不通;楚妃守符而亡[9],贞信可录。温峤昔燃犀,照见水族之鬼怪;秦政有方镜,照见世人之邪心。车载斗量之人,不可胜数;南金东箭之品,实是堪奇。传檄可定,极言敌之易破;迎刃而解,甚言事之易为。以铜为鉴,可整衣冠;以古为鉴,可知兴替。

【增】侧理为纸别号,玄香乃墨佳名。砚彩鲜明,公权曾评鸲眼;笔锋劲健,钟繇惯用鼠须。匕首一见惊秦王,蝥弧先登降敌国[10]。蛇矛龙盾,声雄太乙之坛;紫电青霜,质炼昆吾之剑。为炊必用土锉,汲井应藉辘轳。睡爱珊瑚枕上凹,人情乃尔;饮怜琥珀杯中滑,我意犹然。石季龙坐五香席上,李太白卧七宝床中。云绕匡庐,案化葛仙之麂[11];浪翻雷泽,梭飞陶母之龙[12]。庾老据胡床谈咏,诸佐皆欢;孔明执羽扇指挥,三军用命。以圣贤为挂杖,却优于九节苍藤;用仁义作剑锋,绝胜于七星白刃。上公膺宠命,已知高坐肩舆[13];末士少豪雄,可惜倒持手版。

[1] 箑(shà):扇子。
[2] 氍毹(qúshū):毯子。
[3] 桔槔(jiégāo):水车。
[4] 袯襫(bóshì):一种雨具。
[5] 云汉热,北风寒:后汉刘褒画有《云汉图》,观者皆热;画有《北风图》,观者皆凉。
[6] 横渠:宋代张载号横渠。
[7] 皋比(pí):虎皮坐褥。
[8] 尾生抱桥而死:尾生即微生高,曾与一女子约定于蓝桥之下相见,女子不来,忽然水涨,尾生为守信用,遂抱柱而被水淹死。
[9] 楚妃守符而亡:楚昭王出游,留夫人贞姜于渐台,相约,一定让人凭符信来叫她。楚王派使者去迎接夫人,可使者忘记带符信,夫人不肯走。待使者拿上符信返回,水涌台崩,夫人被淹死。
[10] 蝥(máo)弧先登降敌国:春秋时郑国征伐许国,郑国大夫颍考叔拿起郑伯的蝥弧旗率先登上许国城楼,大胜敌国。
[11] 案化葛仙之麂:晋代葛仙翁隐居庐山,刻桐木几案,三条腿,忽然化为麂,白日登仙。
[12] 梭飞陶母之龙:相传陶侃之母弃梭于雷泽,梭忽化为龙而去。
[13] 肩舆:一种竹轿。

珍 宝

　　山川之精英，每泄为至宝；乾坤之瑞气，恒结为奇珍；故玉足以庇嘉谷，珠可以御火灾。鱼目岂可混珠，碱砆焉能乱玉[1]。黄金生于丽水，白银出自朱提。曰孔方、曰家兄，俱为钱号，曰青蚨、曰鹅眼，亦是钱名。可贵者明月夜光之珠，可珍者璠玙琬琰之玉[2]。宋人以燕石为玉，什袭缇巾之中[3]；楚王以璞玉为石，两刖下和之足。惠王之珠，光能照乘；和氏之璧，价重连城。鲛人泣泪成珠，宋人削玉为楮。贤乃国家之宝，儒为席上之珍。王者聘贤，束帛加璧；真儒抱道，怀瑾握瑜。雍伯多缘，种玉于蓝田而得美妇；太公奇遇，钓璜于渭水而遇文王。剖腹藏珠，爱财而不爱命；缠头作锦，助舞而更助娇。孟尝廉洁，克俾合浦还珠；相如忠勇，能使秦廷归璧。玉钗作燕飞，汉宫之异事；金钱成蝶舞，唐库之奇传。广钱固可以通神，营利乃为鬼所笑[4]。以小致大，谓之抛砖引玉；不知所贵，谓之买椟还珠。贤否雁害[5]，如玉石俱焚；贪婪无厌，虽锱铢必算[6]。崔烈以钱买官，人皆恶其铜臭；秦嫂不敢视叔，自言畏其多金。熊衮父亡，天乃雨钱助葬[7]；仲儒家窘，天乃雨金济贫。汉杨震畏四知而辞金[8]，唐太宗因惩贪而赐绢。晋鲁褒作《钱神论》，尝以钱为孔方兄；王夷甫口不言钱，乃谓钱为阿堵物。然而床头金尽，壮士无颜；囊内钱空，阮郎羞涩。但匹夫不可怀璧，人生孰不爱财。

　　【增】斑斑美玉，瑟瑟灵珠。琉璃瓶最宜卜相，琥珀盏尤可酌宾。嗣续将盛，鸣鸠化金带之钩；爵禄弥高，飞鹊幻玉纹之印。魏博铁铸错，犹惜不成；张说记事珠，忽然顿悟。夏桀乃昏庸主，国有瑶台；郭况是贵戚卿，家多金穴。韩嫣一出，儿童觅绿野之金丸[9]；汉祖既还，亚父撞鸿门之玉斗。刻岷姬之形以玉，好色惟然；铸范蠡之像以金，尊贤乃尔。珊瑚树，塞满齐奴之室；玛瑙盘，捧来行俭之家。燕昭王之凉珠，炎蒸无暑；扶馀国之火玉，冽冱无寒。锦帆锦帐，炫人耳目；金埒金坞，骇我见闻。从吾所好，岂曰富而可求；有命存焉，当以不贪为宝。

[1] 砥砆 (wǔfū)：一种类似玉的石头。
[2] 璠玙 (fányú)、琬琰 (wǎnyǎn)：两种珍贵的玉。

［3］"宋人"二句：宋国有一个人得到一块燕石，以为是贵重的宝贝，用红色的巾包了十层。有人想看一看，这个人斋戒七日，沐浴之后才打开让看，客人笑着说："不过是一块石头。"宋人大怒，藏得更牢固了。什袭，十层包装。缇(tí)巾，红色纱巾。

［4］营利乃为鬼所笑：宋代刘伯龙历官中外，贫穷尤甚，在家时，营十分之一的利，一鬼在旁边拍掌大笑，伯龙叹道："贫穷固有命，今日乃为鬼所笑。"

［5］贤否(pǐ)罹(lí)害：好的与不好的同时遇害。

［6］锱铢(zīzhū)：古时极小的计量单位，一锱为六铢，二十四铢为一两。

［7］"熊衮"二句：唐代熊衮为御史大夫，奉公守法，家无私财，父死后无钱可葬，日夜号哭。一天，天上掉下钱十万，熊衮用此钱办丧事。

［8］汉杨震畏四知而辞金：汉代杨震推荐王密为邑令，王密送给杨金子，并说："天晚了，没人知道。"杨震说："天知地知，你知我知，怎么能说没有人知道？"王密惭愧地退回去。

［9］"韩嫣"二句：西汉韩嫣为大富豪，常用金丸(金弹子)打鸟，所以他所经之处，常有儿童找寻金丸。

贫　富

命之修短有数，人之富贵在天。惟君子安贫，达人知命。贯朽粟陈[1]，称美财多之谓；紫标黄榜，封记钱库之名。贪爱钱物，谓之钱愚；好置田宅，谓之地癖。守钱虏，讥蓄财而不散；落魄夫，谓失业之无依。贫者地无立锥，富者田连阡陌。室如悬磬，言其甚窘；家无儋石[2]，谓其极贫。无米曰在陈[3]，守死曰待毙。富足曰殷实，命蹇曰数奇。甑涸鲋[4]，乃济人之急；呼庚癸，是乞人之粮。家徒壁立，司马相如之贫；爨廖为炊[5]，秦百里奚之苦。鹄形菜色，皆穷民饥饿之形；炊骨爨骸，谓军中乏粮之惨。饿死留君臣之义，伯夷叔齐；资财敌王公之富，陶朱猗顿。石崇杀妓以侑酒，恃富行凶；何曾一食费万钱，奢侈过甚。二月卖新丝，五月粜新谷，真是剜肉医疮；三年耕而有一年之食，九年耕而有三年之食，庶几遇荒有备。贫士之肠习藜苋[6]，富人之口厌膏粱。石崇以蜡代薪，王恺以饴沃釜。范丹土灶生蛙，破甑生尘，曾子捉襟见肘，纳履决踵[7]。子路衣敝袍袍，与轻裘立，贫不胜言；韦庄数米而炊，称薪而爨，俭有可鄙。总之饱德之士，不愿膏粱；闻誉之施，奚图文绣？

【增】公孙牧豕营身，宁思相位；灌婴贩缯为业，岂意封侯。郭泰欲为斗筲役，无可奈何；班超更作书写佣，不得已尔。朱桃椎掷还鹿帻，自知本命合穷；苏季子破损貂裘，谁意运之难泰。苦矣卫青作牧，牛背后受主鞭笞；惜哉栾布为奴，马头前代人奔走。扬雄《逐贫赋》，人谓其逐之何迟;韩愈《送穷文》,我怪其送之不早。异宝充盈,王氏都云富窟;佳肴错杂,郇公常列珍厨。董卓积宝郿中,压残金坞[8];邓通布钱天下,铸尽铜山[9]。象牙床,鱼生太侈;火浣衣,石氏何多。妇乳饮豚,畜类翻成人类;儿口承唾,家僮充作用壶。牙樯锦缆,隋炀增远渚之奇;玉凤金龙,元宝侈华堂之胜。

[1] 贯朽粟陈:穿铜钱的线变朽,谷米变得陈旧。
[2] 儋石:二斗。
[3] 在陈:鲁哀公四年(前491),楚王使人聘孔子,孔子往拜,路过陈国、蔡国,被当他人阻挡,孔子不得行,绝粮七日。
[4] 甦(sū)涸鲋:救活在干涸水泽中的鲋鱼。典出《庄子》。
[5] 庡廙(yǎnyí):门闩。
[6] 藜苋(xiàn):野菜。
[7] 纳履决踵:穿鞋子露出脚后跟。
[8] "董卓"二句:董卓曾筑郿坞,与长安一样高,积黄金数十万于其中,人谓之金坞。
[9] "邓通"二句:汉文帝宠爱邓通,赐给他蜀地的铜山,让邓通自己铸钱,邓氏钱遍布天下。

疾病死丧

福寿康宁,固人之所同欲;死亡疾病,亦人所不能无。惟智者能调,达人自玉[1]。问人病曰贵体违和,自谓疾曰偶沾微恙。罹病者,甚为造化小儿所苦;患疾者,岂是实沈台骀为灾。病不可为,曰膏肓[2];平安无事,曰无恙。采薪之忧,谦言抱病;河鱼之患,系是腹疾。可以勿药,喜其病安;厥疾勿瘳[3],言其病笃。疟不病君子,病君子正为疟耳;卜所以决疑,既不疑复何卜哉。谢安梦鸡而疾不起,因太岁之在酉;楚王吞蛭而疾乃瘳,因厚德之及人。将属纩、将易箦,皆言人之将死;作古人、登鬼箓,皆言人之已亡。亲死则丁忧,居丧则读礼。在床谓之尸,在棺谓之柩。报丧书曰讣,慰孝子曰唁。往吊曰匍匐,庐墓曰倚庐。寝苫枕块[4],哀父母之在土;节哀顺变,劝孝子之惜身。男子死曰寿终正寝,女人死曰寿终内寝。天子死曰崩,诸侯死曰薨,大夫死曰卒,士人死曰不禄,庶人死曰死,童子死曰殇。自谦父死曰孤子,母死曰哀子,父母俱死曰孤哀子。自言父死曰失怙,母死曰失恃,父母俱死曰失怙恃。父死何谓考,考者成也，已成事业也；母死何谓妣，妣者媲也，克媲父美也。百日内曰泣血，百日外曰稽颡。期年曰小祥，两期曰大祥。不缉曰斩衰[5]，缉之曰齐衰，论丧之有轻重；九月为大功，五月为小功[6]，言服之有等伦。三月之服曰缌麻[7]，三年将满曰禫礼[8]。孙承祖服，嫡孙杖期；长子已死，嫡孙承重。死者之器曰明器，待以神明之道；孝子之杖曰哀杖，为扶哀痛之躯。父之节在外，故杖取乎竹；母之节在内，故杖取乎桐。以财物助丧家，谓之赙[9]；以车马助丧家，谓之赗[10]；以衣殓死者之身，谓之襚；以玉实死者之口，谓之琀。送丧曰执绋，出柩曰驾輀[11]。吉地曰牛眠地，筑坟曰马鬣封。墓前石人，原名翁仲；柩前功布，今曰铭旌。挽歌始于田横，墓志创于傅奕。生坟曰寿藏，死墓曰佳城。坟曰夜台，圹曰窀穸[12]。已葬曰瘗玉[13]，致祭曰束刍。春祭曰礿[14]，夏祭曰禘[15]，秋祭曰尝，冬祭曰烝。饮杯棬而抱痛，母之口泽如存；读父书以增伤，父之手泽未泯。子羔悲亲而泣血，子夏哭子而丧明。王裒哀父之死，门人因废《蓼莪》诗；王修哭母之亡，邻里遂停桑柘社。树欲静而风不息，子欲养而亲不在，皋鱼增感；与其椎牛而祭墓，不如鸡豚之逮存，曾子兴思。故为人子者，当思木本水源，须重慎终追远。

【增】岁在龙蛇，郑玄算促；舍来鹏鸟[16]，贾谊命倾。王令出尘寰，天上俄垂玉楼；沈君开窀穸，地中曾现漆灯。箧中存稿，相如上封禅之书；牖下停棺，史鱼表陈尸之谏。梁鸿葬要离冢侧，死后芳邻；郑泉殡陶宅舍傍，生前宿愿。数皆前定，少游之诗谶何灵[17]；事可先知，袁淑之卦占偏验。顾雍失爱子，掐掌而流血堪矜；奉倩殒佳人，搁泪而伤神可惜。仲尼殒而泰山颓，韩相亡而树木槁。酹之絮酒，实为佳士高风；殉以刍灵，乃是先人朴典。陈实之徽猷足录，行吊礼者三万人；郗超之素行可嘉，作诔文者四十辈。牲牢酒醴，用昭报本之虔；稿鞂鸾刀[18]，还备宁亲之具。值既降既濡之候，礼毋缺于春秋；呈则存则著之形，情必由于爱憎。室事交乎堂事，致斋继以散斋。

[1] 自玉：自我珍重。
[2] 膏肓：心下为膏，肓即膈。中医认为这两个地方的病难以医治。
[3] 瘳（chōu）：病愈。
[4] 寝苫枕块：睡在草垫上，以土块为枕头。

[5] 不缉：不缝边。 斩衰(cuī)：用粗麻布制成的孝服。
[6] 大功、小功：两种孝服，因布之用功大小而有所区别，也可借此区分持孝者与死者的亲疏关系。
[7] 缌(sī)麻：古时最轻的一种孝服，只穿三个月。
[8] 禫(dàn)礼：除去孝服的一种祭名。
[9] 赙(fù)：以财物帮助人办丧事。
[10] 赗(fèng)：送给丧家送葬之财物。
[11] 輀(ér)：丧车。
[12] 窀穸(zhūnxī)：墓穴。
[13] 瘗(yì)：埋葬。
[14] 禴(yuè)：春天的祭祀。
[15] 禘(dì)：夏天的祭祀。
[16] 鵩(fú)鸟：一种不祥之鸟。
[17] "数皆"二句：秦少游曾作词，中有"醉卧古藤树下，杳不知南北"之句，后左迁滕州而卒，印证了词中之语。
[18] 稿鞂(jiē)：一种粗席子。

卷 四

文 事

多才之士，才储八斗；博学之儒，学富五车。三坟五典，乃三皇五帝之书；八索九丘，是八泽九州之志。《书经》载上古唐虞三代之事，故曰《尚书》；《易经》乃姬周文王周公所系，故曰《周易》。二戴曾删《礼记》，故曰《戴礼》；二毛曾注《诗经》，故曰《毛诗》。孔子作《春秋》，因获麟而绝笔，故曰《麟经》。荣于华衮[1]，乃《春秋》一字之褒；严于斧钺，乃《春秋》一字之贬。缣缃黄卷，总谓经书；雁帛鸾笺，通称简札。锦心绣口，李太白之文章；铁画银钩，王羲之之字法。雕虫小技，自谦文学之卑；倚马可待，美人作文之速。称人近来进德，曰士别三日，当刮目相看；美人学业精通，曰面壁九年，始有此神悟。五凤楼手，称文字之精奇；七步奇才，美天才之敏捷。誉才高，曰今之班马[2]；美诗工，曰压倒元白[3]。汉晁错多智，景帝号为智囊；王仁裕多诗，时人谓之诗窖。骚客即是诗人，誉髦乃称美士。自古诗称李杜，至今字仰钟王。白雪阳春，是难和难赓之韵；青钱万选，乃屡试屡中之文。惊神泣鬼，皆言词赋之雄豪；遏云绕梁，原是歌音之嘹亮。涉猎不精，是多学之弊，咿唔咕毕，皆读书之声。连篇累牍，总说多文；寸楮尺素，通称简札。以物求文，谓之润笔之资；因文得钱，乃曰稽古之力。文章全美，曰文不加点；文章奇异，曰机杼一家。应试无文，谓之曳白；书成绣梓，谓之杀青。袜线之才，自谦才短；记问之学，自愧学肤。裁诗曰推敲，旷学曰作辍。文章浮薄，何殊月露风云；典籍储藏，皆在兰台石室。秦始皇无道，焚书坑儒；唐太宗好文，开科取士。花样不同，乃谓文章之异；潦草塞责，不求辞语之精。邪说曰异端，又曰左道；读书曰肄业，又曰藏修。作文曰染翰操觚，从师曰执经问难。求作文，曰乞挥如椽笔；美高文，曰才是大方家。竞尚佳章，曰洛阳纸贵；不嫌问难，曰明镜不疲。称人书架曰邺架，称人嗜学曰书淫。白居易生七月，便识"之无"二字；唐李贺才七岁，作《高轩过》一篇。开卷有益，宋太宗之要语；不学无术，汉霍光之为人。汉刘向校书于天禄，太乙燃藜[4]；赵匡胤代位于后周，陶谷出诏。江淹梦笔生花，文思大进；扬雄梦吐白凤，词赋愈奇。李守素通姓氏之学，敬宗名为人物志；虞世南晰古今之理，太宗号为行秘书。茹古含今，皆言学博；咀英嚼华，总曰文新。文望尊隆，韩退之若泰山北斗；涵养纯粹，程明道如良玉精金。李白才高，咳唾随风生珠玉；孙绰词丽，诗赋掷地作金声。

【增】萤辉竹素，蠹走芸编[5]。东观蓬莱，尽藏简编之所；石渠天禄，悉贮史籍之场。鲁为鱼，参明不谬；帝作虎，考证无讹。长蛇生马之文，最难措手；硬弩枯藤之字，未易挥毫。借还书籍用双瓶[6]，收贮文章分四库[7]。豪吟如郑綮，还从驴背成诗；富学如薛收，偏向马头草檄。八行书，言言委曲，三尺法，字字森严。咳唾成篇，阵马风樯敏捷；精神满腹，雪车冰柱清高。擅美誉于词场，禹锡诗豪，山谷诗伯；称耆英于艺圃，伯英草圣，子玉草贤。谢安石之碎金，悉为异物；陆士衡之积玉，总属奇珍。少室山集句最佳，片笺片玉；福先寺碑文可诵，一字一缣。陈琳作檄愈头风，定当神针法灸[8]；子美吟诗除疟鬼，何须妙剂金丹[9]。真老艺林英，朱夫子且退避三舍；苏仙文苑隽，欧阳公尚放出一头。

[1] 华衮(gǔn)：华丽的衣服。
[2] 班马：班固和马融。
[3] 元白：元稹和白居易。
[4] 汉刘向校书于天禄，太乙燃藜：汉成帝命刘向校书于天禄阁，元宵佳节，人们都出游，只有刘向

不出去，有一位黄衣老人，执着藜杖，走进阁中，见刘向独坐诵经，于是吹杖端火焰照之。问其姓名，答曰："我乃太乙之精也。"

[5] 蠹(dù)：咬器物的虫子。　芸编：带有芸香的书籍。芸是一种香草，可驱书虫。

[6] 双鸱(chī)：鸱是一种酒器。古人借书，送酒一鸱，还书时也送酒一鸱。

[7] 四库：即经、史、子、集四大类，我国传统的图书分类法。

[8] "陈琳"二句：曹操命陈琳起草檄文，陈琳写好后请曹操过目。曹操正患头痛，躺在那儿读陈琳所写檄文，读毕起床，说："琳之檄愈我病也。"

[9] "子美"二句：从前有人患疟疾，杜甫说："我的诗可以治此病。"生病者问是什么诗，杜甫说："子璋髑髅血模糊，手提掷还崔大夫。"病人吟诵，果然病愈。

科　第

士人入学曰游泮，又曰采芹；士人登科曰释褐，又曰得隽。宾兴即大比之年，贤书乃试录之号。鹿鸣宴，款文榜之贤；鹰扬宴，待武科之士。文章入式，有朱衣以点头；经术既明，取青紫如拾芥。其家初中[1]，谓之破天荒；士人超拔，谓之出头地。中状元，曰独占鳌头；中解元，曰名魁虎榜。琼林赐宴，宋太宗之伊始；临轩问策，宋神宗之开端。同榜之人，皆是同年；取中之官，谓之座主。应试见遗，谓之龙门点额；进士及第，谓之雁塔题名。贺登科，曰荣膺鹗荐；入贡院，曰鏖战棘闱。金殿唱名曰传胪，乡会放榜曰撤棘。攀仙桂、步青云，皆言荣发；孙山外、红勒帛，总是无名。英雄入吾彀，唐太宗喜得佳士；桃李属春官，刘禹锡贺得门生。薪，采也，槱[2]，积也，美文王作人之诗，故考士谓之薪槱之典；汇，类也，征，进也，是连类同进之象，故进贤谓之汇征之途。赚了英雄，慰人下第；傍人门户，怜士无依。虽然有志者事竟成，伫看荣华之日；成丹者火候到，何惜烹炼之功。

【增】班名玉笋[3]；饼是红绫[4]。贡树分香，预卜他年卿相；天街软绣，争看此日郎君。江东之罗隐何多，淮右之温岐不少。狗从窦出，莫非登第休征；鼠以经衔，却是命题吉兆。不欺之语，有可书绅[5]；忠孝之求，真难副上[6]。孙宋则弟兄俱贵，梁张则乔梓皆荣。得云雨而扬鬐，岂是池中之物[7]；挟风雷而烧尾，终非海底之鱼[8]。遍历名园，孰作探花之使；同观竞渡，谁为夺锦之人。此日羽毛，伫看振翮[9]；昔年辛苦，莫负初心。莫存温饱之志，还辞贵戚之婚。邹子为书，明月空遭按剑；高公未第，秋江自怨芙蓉。青衫则岁岁堪怜，金线则年年自笑。

[1] 初中(zhòng)：初次中举。
[2] 槱(yǒu)：积木柴以备燃烧。
[3] 班名玉笋：唐代李宗闵知贡举，门生多为清秀俊茂者，当时号为"玉笋班"。
[4] 饼是红绫：用红绫包裹的饼。唐僖宗时曾以此赏赐进士。
[5] 不欺之语，有可书绅：只有"不欺"二字，可以书写在束腰之衣带上，以示不忘。
[6] 忠孝之求，真难副上：力求尽忠尽孝，方能符合皇上的心愿。
[7] "得云雨"二句：蛟龙遇到云雨就会飞腾，怎会甘心作池中之物。
[8] "挟风雷"二句：鲤鱼得雷火烧尾就会跳过龙门，岂能终生沉于海底。
[9] 振翮(hé)：振翅高飞。

制　作

　　上古结绳记事，仓颉制字代绳。龙马负图[1]，伏羲因画八卦；洛龟呈瑞[2]，大禹因列九畴。历日是神农所为，甲子乃大挠所作。算术作于隶首，律吕造自伶伦。甲胄舟车，系轩辕之创始；权量衡度，亦轩辕之立规。伏羲氏造网罟，教佃渔以赡民用；唐太宗造册籍，编里甲以税田粮。兴贸易，制耒耜，皆由炎帝；造琴瑟，教嫁娶，乃是伏羲。冠冕衣裳，至黄帝而始备；桑麻蚕绩，自元妃而始兴。神农尝百草，医药有方；后稷播百谷，粒食攸赖。燧人氏钻木取火，烹饪初兴；有巢氏构木为巢，宫室始创。夏禹欲通神祇，因铸镛钟于郊庙；汉明尊崇佛教，始立寺观于中朝。周公作指南车，罗盘是其遗制；钱乐作浑天仪，历家始有所宗。育王得疾，因造无量宝塔[3]；秦政防胡，特筑万里长城[4]。叔孙通制立朝仪，魏曹丕秩序官品。周公独制礼乐，萧何造立律条。尧帝作围棋，以教丹朱；武王作象棋，以象战斗。文章取士，兴于赵宋；应制以诗，起于李唐。梨园子弟，乃唐明皇作始；《资治通鉴》，乃司马光所编。笔乃蒙恬所造，纸乃蔡伦所为。凡今人之利用，皆古圣之前民。

　　【增】钥因鱼样，取鱼目常醒；杖以鸠成，重鸠喉不噎。飞舻是轻车别号，纨箑乃素扇佳名。翠华旗光摇汉苑，白玉管响彻唐宫。米家书画船，足怡素志[5]；齐子斑兰物，可壮生平[6]。毡罽氍，美人旧赠；金屈戍，良匠新成[7]。乌金熟炭厚贻，翠羽编帘异制。笭箵收于渔父[8]，卷去夕阳；被襏荷于农人[9]，披来朝雨。

121

[1]龙马：相传为马身而龙鳞，高八尺五寸，伏羲时负图出于孟河之中。

[2]洛龟：相传大禹治水成功后，神龟负文出于洛水，大禹依据龟纹而列洪范九畴。

[3]"育王"二句：相传阿育王尽收西域诸塔及龙宫舍利，一日一夜，役诸鬼神碎七宝末造宝塔八万四千。

[4]"秦政"二句：相传秦始皇问方士卢生："秦后世兴废如何？"卢生答曰："亡秦者胡也。"秦始皇不明白胡是指自己的儿子胡亥，以为是胡地之人，于是派蒙恬北伐匈奴，筑万里长城以防之。

[5]"米家"二句：宋代书画家米芾在船上竖起一块"米家书画之船"的牌子，表达了志得意满的快乐。

[6]"齐子"二句：南朝齐张敬儿当将军后统兵在外，但遗憾的是缺少剑来壮声威。斑兰物，剑。

[7]屈戌：古时窗户间的铰钉环钮。

[8]答筭(língxǐng)：一种捕鱼的器具。

[9]袯襫(bóshì)：一种雨具，犹今之蓑衣。

技 艺

医士业岐轩之术[1]，称曰国手；地师习青乌之书，号曰堪舆[2]。卢医扁鹊，古之名医；郑虔崔白，古之名画。晋郭璞得《青囊经》，故善卜筮地理；孙思邈得龙宫方，能医虎口龙鳞。善卜者，是君平詹尹之流；善相者，即唐举子卿之亚。推命之人即星士[3]，绘图之士曰丹青。大风鉴，相士之称；大工师，木匠之誉。若王良、若造父，皆善御之人；东方朔、淳于髡，系滑稽之辈。称善卜卦者，曰今之鬼谷；称善记怪者，曰古之董狐。称谀日之人曰太史[4]，称书算之人曰掌文。掷骰者，喝雉呼卢[5]；善射者，穿杨贯虱。樗蒲之戏，乃云双陆；橘中之乐，是说围棋。陈平作傀儡[6]，解汉高白登之围；孔明造木牛，辅刘备运粮之计。公输子削木鸢[7]，飞天至三日而不下；张僧繇画壁龙，点睛则雷电而飞腾[8]。然奇技似无益于人，而百艺则有济于用。

【增】青囊春暖，丹灶烟浮。膝里痒生，华佗有出蛇之妙术；背间痈溃，伯宗具徙柳之神功。陆宣公既活国又活人，范文正等为医于为相。一枝铁笔分休咎，三个金钱定吉凶。折棕获奴，应让杜生术善[9]；破墙得妇，当推管辂神通。新雨行来，言从季主；蘐茅索得[10]，且问灵氛。燕颔虎头，识是封侯之相；龙行凤颈，知为王者之征。识英布之封侯，果然不谬；知亚夫之当饿，真个无讹。道士能知吉壤，竹策丛生；闽僧善觅佳城，湖灯呵护。孙钟孝而致三仙，龙图酷而梦二使。动静方圆，还符四象；纵横阖辟,止争一先。飞两奁之黑白,争一纸之雌雄。

[1]岐轩之术:传说轩辕曾与岐伯切磋医术,更相问难,作《内经》,故名。
[2]堪舆:堪为天道,舆为地道,故称相地者为堪舆(习天地之道)。
[3]推命之人:推论五星生克制化的人。
[4]诹(zōu)日:选择吉日。
[5]喝雉呼卢:掷骰(古时一种游戏)时有五个子,上涂不同颜色,其中雉为红点,卢为黑点。
[6]傀儡:木偶。
[7]木鸢(yuān):木制的鸟。
[8]"张僧繇"二句:传说张僧繇曾于金陵安乐寺壁画二龙而不点睛,常说:"点之则飞去。"人们以为他是说大话,张于是给一条龙点上眼睛,忽然雷电破壁,那条龙乘云而上升,而未点睛的那条还在。
[9]"折棕"二句:传说有个叫杜生的,善于算卦,有个人的奴仆逃走了,问杜生在哪里,杜生说:"从此向北行能碰到一位使者,向他索要马鞭。若不给,再以实情相告。"这个人向北行,果然碰到一位使者,于是向他要马鞭。使者说:"没有鞭子我无法策马,你给我从路旁折一棕条代替吧。"这个人去折棕条,逃亡的奴仆正好伏在树下,于是被拿获。
[10]蔒(qióng)茅:一种灵草。

讼　狱

世人惟不平则鸣,圣人以无讼为贵。上有恤刑之主,桁杨雨润[1];下无冤枉之民,肺石风清[2]。虽囹圄便是福堂,而画地亦可为狱。与人构讼,曰鼠牙雀角之争;罪人诉冤,有抢地吁天之惨。狴犴猛犬而能守[3],故狱门画狴犴之形;棘木外刺而里直,故听讼在棘木之下。乡亭之系有岸,朝廷之系有狱,谁敢作奸犯科;死者不可复生,刑者不可复赎,上当原情定罪。囹圄是周狱,羑里是商牢。桎梏之设,乃拘罪人之具;缧绁之中,岂无贤者之冤。两争不放,谓之鹬蚌相持;无辜牵连,谓之池鱼受害。请公入瓮,周兴自作其孽;下车泣罪,夏禹深痛其民。好讼曰健讼,挂告曰株连。为人息讼,谓之释纷;被人栽冤,谓之嫁祸。徒配曰城旦,遣戍是问军。三尺乃朝廷之法[4],三木是罪人之刑[5]。古之五刑,墨、劓、剕、宫、大辟;今之律例,笞、杖、死罪、徒、流。上古时削木为吏,今日之淳风安在;唐太宗纵囚归狱,古人之诚信可嘉。花落讼庭闲,草生囹圄静,歌何易治民之简;吏从冰上立,人在镜中行,颂卢奂折狱之清。可见治乱之药石,刑罚为重;兴平之粱肉,德教为先。

123

【增】乌台定律，象魏悬书。惟忠信慈惠之师，有折狱致刑之实。失入宁失出[6]，须当念切于无辜；过义宁过仁[7]，务必心存其不忍。察五声而审克，应尔精详；讯三刺以简孚，宜乎谨慎。蒿满圆扉之宅，人怀天保初年；鹊巢大理之庭，世誉玄宗即位。赭衣满道[8]，何其酷烈难堪；玄钺罗门[9]，未免摧戕太甚。门有沸汤之势，抚念不安；巢无完卵之存，扪心何忍。虽辟以止辟，还刑期无刑。周礼有三宥之词，千秋可法；虞廷有肆赦之典，万古常称。蝇集笔端，识赦书之已就；乌啼宵夜，知恩诏之将颁。无赦而刑必平，文中之论，夫岂全诬；多赦则民不敬，管子之言，亦非尽谬。孔明治蜀，所以不行；吴汉临终，于焉致嘱[10]。

[1] 桁（háng）杨：古时断狱的一种刑具。
[2] 肺石：红色的石头。古时有申冤者，立于赤石三日，士听其诉讼。
[3] 狴犴（bì' àn）：古时胡地的一种野兽，善于把守，所以在监狱的门上画其形状。
[4] 三尺：指用三尺长的竹简书写法律条文。
[5] 三木：三种刑具：枷、钮、镣。
[6] 失入宁失出：与其因判案失误而轻罪重罚，宁可因判案失误而重罪轻罚。
[7] 过义宁过仁：与其过于照章办事，宁可宽恕办事。
[8] 赭（zhě）衣：罪犯所穿的衣服。
[9] 玄钺：刑具。
[10] 吴汉临终，于焉致嘱：据《后汉书》载，吴汉病重，皇帝亲自去问候。吴汉说："为臣我愚陋，没什么知识，陛下只要不轻易地赦免，就可以天下太平了。"

释道鬼神

如来释迦，即是牟尼，原系成佛之祖；老聃李耳，即是道君，乃为道教之宗。鹫岭、祇园，皆属佛国；交梨、火枣，尽是仙丹。沙门称释，始于晋道安；中国有佛，始于汉明帝。篯铿即是彭祖，八百高年；许逊原宰旌阳，一家超举。波罗犹云彼岸，紫府即是仙宫。曰上方、曰梵刹，总是佛场；曰真宇、曰蕊珠，皆称仙境。伊蒲馔可以斋僧，青精饭亦堪供佛。香积厨僧家所备，仙麟脯仙子所餐。佛图澄显神通，咒莲生钵；葛仙翁作戏术，吐饭成蜂。达摩一苇渡江，栾巴噀酒灭火。吴猛画江成路，麻姑掷米成珠。飞锡挂锡，谓僧人之行止；导引胎息，谓道士之修持。和尚拜礼曰和南，道士拜礼曰稽首。曰圆寂、曰荼毗，皆言和尚之死；曰羽化、曰尸解，悉言道士之亡。女道曰巫，男道曰觋，自古攸分；男僧曰僧，女僧曰尼，从来有别。羽客黄冠，皆称道士；上人比丘，并美僧人。檀越檀那，僧家称施主；烧丹炼汞，道士学神仙。和尚自谦，谓之空桑子；道士诵经，谓之步虚声。菩者普也，萨者济也，尊称神祇，故有菩萨之誉；水行龙力大，陆行象力大，负荷佛法，故有龙象之称。儒家谓之世，释家谓之劫，道家谓之尘，俱谓俗缘之未脱；儒家曰精一，释家曰三昧，道家曰贞一，总言奥义之无穷。达摩死后，手携只履西归；王乔朝君，舄化双凫下降。辟谷绝粒，神仙能服气炼形；不灭不生，释氏惟明心见性。梁高僧谈经入妙，可使岩石点头[2]，天花坠地；张虚靖炼丹既成，能令龙虎并伏，鸡犬俱升[3]。藏世界于一粟，佛法何其大；贮乾坤于一壶，道法何其玄。妄诞之言，载鬼一车[4]；高明之家，鬼瞰其室[5]。《无鬼论》，作于晋之阮瞻；《搜神记》，撰于晋之干宝。颜子渊、卜子商，死为地下修文郎；韩擒虎、寇莱公，死作阴司阎罗王。至若土谷之神曰社稷，干旱之鬼曰旱魃。魑魅魍魉，山川之祟；神荼郁垒，啖鬼之神。仕途偃蹇，鬼神亦为之揶揄；心地光明，吉神自为之呵护。

【增】菩提无树，明镜非台。光明拳，打破痴迷膜；爱欲海，济渡大愿船。白足清癯，谁个未知禅味；赤髭碧眼，何人不是梵宗。法善为妻，智度为母，无烦询骨肉是谁；慈悲作室，通慧作门，不须问宅居何在。孙居士大啸一声，山鸣谷应；陈先生长眠数觉，物换星移[6]。岩下清风，黑虎卖董仙丹杏[7]；山间明月，彩鸾栖张叟绿筠。赵惠宗火中化鹤，岂避烽烟；左真人盘里引鲈，不须烟浪。萧子曾餐芝似肉，安期更食枣如瓜。夏郊有异神，祀处却转凶为吉；黎丘多奇鬼，惑时必以伪害真。唐时花月妖，畏见狄梁公之面；晋代枌榆社，愁逢阮宣子之柯[8]。仍思手大入窗，贞夫举笔[9]；翻忆舌长吐地，叔夜吹灯[10]。邹德润迁项王祠，莫须有也；牛僧孺宿薄后庙，岂其然乎？

[1] 噀(xùn)酒：用嘴喷酒。

[2] "梁高僧"二句：相传梁代高僧道生，讲经于虎丘寺，没有人相信。于是聚积石头当作徒弟，与他们讲谈至理，石头都点头称是。又梁代异僧云光法师，于天龙寺讲经，天雨宝花，缤纷而下。

[3] "张虚靖"二句：据《列仙传》载，张道陵七世孙张虚靖，学长生之术，遍游名山大川，炼成仙丹后，

龙降虎伏，白日升天。临走时放丹药的器皿在庭院之中，鸡犬舐之，也都升天。

[4] 载鬼一车：喻指以无为有。

[5] 瞰(kàn)：窥视。

[6] "陈先生"二句：陈先生即陈抟，相传他隐于睡，每睡必数月而醒。

[7] "岩下"二句：据《列仙传》载，吴董奉居庐山，为人治病，不取报酬，只是让病重者病愈后种杏树五株，病轻者种杏一株。杏树成林，果实成熟时，买杏的人用谷米一石换取杏一石，如果多拿，就有黑虎追逐，故曰黑虎卖杏。

[8] 枌(fén)榆：汉高祖的故乡，后因称故乡为枌榆。枌榆社指社树，祭祀土神的地方。　柯：斧子。这二句的意思是：晋代阮宣要砍祭祀土神的社树，别人劝止，他说，树即是社，砍树不过是为社搬家。土神终究没有敌过阮宣的斧头。

[9] "仍思"二句：传说晋代马贞夫(字公亮)夜间读书，忽有一只鬼的大手伸进窗户，马贞夫用红笔在鬼手上写了几个字，鬼便拿不回手了。鬼不断哀求，到快天明时，马贞夫将字洗掉，鬼才逃走。

[10] "翻忆"二句：传说晋代嵇康(字叔夜)在灯下弹琴，忽有一个一丈馀的鬼进来，吐出七八尺长的舌头，嵇康吹灭灯烛，说："耻与魑魅争光也。"

鸟　兽

麟为毛虫之长，虎乃兽中之王。麟凤龟龙，谓之四灵；犬豕与鸡，谓之三物。骒骃[1]、骅骝，良马之号；太牢、大武，乃牛之称。羊曰柔毛，又曰长髯主簿；豕名刚鬣，又曰乌喙将军[2]。鹅名舒雁，鸭号家凫。鸡有五德[3]，故称之曰德禽；雁性随阳，因名之曰阳鸟。家狸、乌圆，乃猫之誉；韩卢、楚犴，皆犬之名。麒麟驺虞，皆好仁之兽；螟螣蟊贼，皆害苗之虫。无肠公子，螃蟹之名；绿衣使者，鹦鹉之号。狐假虎威，谓借势而为恶；养虎贻患，谓留祸之在身。犹豫多疑，喻人之不决；狼狈相倚，比人之颠连。胜负未分，不知鹿死谁手；基业易主，正如燕入他家。雁到南方，先至为主，后至为宾；雉名陈宝，得雄则王，得雌则霸。刻鹄类鹜，为学初成；画虎类犬，弄巧反拙。美恶不称，谓之狗尾续貂；贪图不足，谓之蛇欲吞象。祸去祸又至，曰前门拒虎，后门进狼；除凶不畏凶，曰不入虎穴，焉得虎子。鄙众趋利，曰群蚁附膻；谦己爱儿，曰老牛舐犊。无中生有，曰画蛇添足；进退两难，曰羝羊触藩。杯中蛇影，自起猜疑；塞翁失马，难分祸福。龙驹凤雏，晋闵鸿夸吴中陆士龙之异；伏龙凤雏，司马徽称孔明庞士元之奇。吕后断戚夫人手足，号曰人彘；胡人腌契丹王尸骸，谓之帝羓。人之狠恶，同于梼杌[4]；人之凶暴，类于穷奇[5]。王猛见桓温，扪虱而谈当世之务；宁戚遇齐桓，扣角而取卿相之荣。楚王轼怒蛙[6]，以昆虫之敢死；丙吉问牛喘，恐阴阳之失时。以十人而制千虎，比言事之难胜；走韩卢而搏蹇兔[7]，喻言敌之易摧。兄弟如鹡鸰之相亲，夫妇如鸾凤之配偶。有势莫能为，曰虽鞭之长，不及马腹；制小不用大，曰割鸡之小，焉用牛刀。鸟食母者曰枭，兽食父者曰獍。苛政猛于虎，壮士气如虹。腰缠十万贯，骑鹤上扬州，谓仙人而兼富贵；盲人骑瞎马，夜半临深池，是险语之逼人闻。黔驴之技，技止此耳；鼯鼠之技，技亦穷乎。强兼并者曰鲸吞，为小贼者曰狗盗。养恶人如养虎，当饱其肉，不饱则噬；养恶人如养鹰，饥之则附，饱之则飏[8]。随珠弹雀，谓得少而失多；投鼠忌器，恐因甲而害乙。事多曰猬集[9]，利小曰蝇头。心惑似狐疑，人喜如雀跃。爱屋及乌，谓因此而惜彼；轻鸡爱鹜，谓舍此而图他。唆恶为非，曰教猱升木；受恩不报，曰得鱼忘筌[10]。倚势害人，真是城狐社鼠；空存无用，何殊陶犬瓦鸡。势弱难敌，谓之螳臂当辙；人生易死，乃曰蜉蝣在世。小难制大，如越鸡难伏鹄卵；贱反轻贵，似鸴鸠反笑大鹏[11]。小人不知君子之心，曰燕雀焉知鸿鹄志；君子不受小人之侮，曰虎豹岂受犬羊欺。跖犬吠尧，吠非其主；鸠居鹊巢，安享其成。缘木求鱼，极言难得；按图索骥，甚言失真。恶人借势，曰如虎负隅；穷人无归，曰如鱼失水。九尾狐，讥陈彭年素性谄而又奸；独眼龙，夸李克用一目眇而有勇。指鹿为马，秦赵高之欺主；叱石成羊，黄初平之得仙。下庄勇能擒两虎，高骈一矢贯双雕。司马懿畏蜀如虎，诸葛亮辅汉如龙。鹪鹩巢林，不过一枝；鼹鼠饮河，不过满腹。人弃甚易，曰孤雏腐鼠；文名共仰，曰起凤腾蛟。为公乎，为私乎，惠帝问虾蟆；欲左左，欲右右，汤德及禽兽。鱼游于釜中，虽生不久；燕巢于幕上，栖身不安。妄自称奇，谓之辽东豕；其见甚小，譬如井底蛙。父恶子贤，谓是犁牛之子；父谦子拙，谓是豚犬之儿。出人群而独异，如鹤立鸡群；非配偶以相从，如雉求牡匹。天上石麟，夸小儿之迈众；人中骐骥，比君子之超凡。怡堂燕雀，不知后灾；瓮里醯鸡[12]，安有广见。马牛襟裾，骂人不识礼义；沐猴而冠，笑人不见恢宏。羊质虎皮，讥其有文无实；守株待兔，言其守拙无能。恶人如虎生翼，势必择人而食；志士如鹰在笼，自是凌霄有志。鲋鱼困涸辙，难待西江水，比人之甚窘；蛟龙得云雨，终非池中物，比人大有为。执牛耳[13]，谓人主盟；附骥尾，望人引带。鸿雁哀鸣，比小民之失所；狡兔三窟，诮贪人之巧营。风马牛势不相及,常山蛇首尾相应。百足之虫,死而不僵,以其扶之者众;千岁之龟,死而留甲,因其卜之则灵。大丈夫宁为鸡口,毋为牛后;士君子岂甘雌伏,定要雄飞。毋偈促如辕下驹,毋委靡如牛马走。猩猩能言,不离走兽;鹦鹉能言,不离飞鸟。人惟有礼,庶可免相鼠之刺;若徒能言,夫何异禽兽之心。

【增】百鸟鹛称悍,众禽鹤独胎。提壶提壶[14],定是村中有酒;脱袴脱袴[15],必然身上无衣。百舌五更头,学尽众禽之语;鹓雏九霄外,顿空诸鸟之群。瓮中鸲鹆巧于人[16],江上白鸥闲似我。莺呼金衣公子,鹂号锦带功曹。鹘入鸦群,雄威岂敌;鸭去鸡队,气类不侔。彪著羊,彪雄而羊败;黑敌犬,黑寡而犬强。猿献玉环,孙恪自峡山失妇;鹿随丹縠,郑弘从汉室封公。蛩蛩之皮,有可辟除疠瘴;狨狨之尾[17],殊堪却退烟岚。李愬设谋平蔡,藉声于鸭队鹅群;卢公觅句迁官,得力于猫儿狗子。长乐宫中有鹿,衔残妃子榻前花;午桥庄外多羊,点缀小儿坡上草。羊舌氏虽为佳话,马头娘未是美谭。辕门传号令,李将军椎飨士之牛;邑士起讴歌,时令尹留去官之犊。

[1] 騄駬(lù'ěr):古代骏马名。
[2] 喙(huì):嘴。
[3] 鸡有五德:头戴冠者文也,足搏距者武也,敌在前敢斗者勇也,见食相唤者仁也,守夜不失者信也。
[4] 梼杌(táowù):传说中西方山中的一种兽,状如虎而大,扰乱山中。
[5] 穷奇:传说中西方的一种兽,状似虎,有翼能飞,知人言语。
[6] 轼怒蛙:以手扶车前横木,向怒蛙表示敬意。
[7] 走韩卢而搏蹇兔:让飞奔的猛犬去追捕疲病的兔子。韩卢,一种猛犬。
[8] 飏(yáng):飞走。
[9] 猬集:像刺猬的毛一样聚集。
[10] 筌:捕鱼的工具。
[11] 鸴(xué)鸠:一种小鸟。
[12] 醯(xī)鸡:醋瓮中的蠛蠓。
[13] 执牛耳:意思是谁若背叛盟约,定让他像所执牛耳一样。古时诸侯歃(shà)血为盟,割牛耳以取血,盛牛耳于珠盘,由主盟者执盘。
[14] 提壶:鸟名。
[15] 脱袴(kù):鸟名。
[16] 鸲鹆(qúyù):八哥。
[17] 狨狨(zōng):一种野兽,状如犬,六足,尾长丈馀,自呼其名。

花 木

　　植物非一,故有万卉之名;谷种甚多,故有百谷之号。如茨如梁,谓禾稼之蕃;惟天惟乔,谓草木之茂。莲乃花中君子,海棠花内神仙。国色天香,乃牡丹之富贵;冰肌玉骨,乃梅萼之清奇。兰为王者之香,菊同隐逸之士。竹称君子,松号大夫。萱草可忘忧,屈轶能指佞[1]。箟簹[2],竹之别号;木樨,桂之别名。明日黄花,过时之物;岁寒松柏,有节之称。樗栎乃无用之散材,楩楠胜大用之良木。玉版,笋之异号;蹲鸱,芋之别名。瓜田李下,事避嫌疑;秋菊春桃,时来尚早。南枝先,北枝后,庾岭之梅;朔而生,望而落,尧阶蓂荚。茈葰背阴向阳[3],比僧人之有德;木槿朝开暮落,比荣华之不长。芒刺在背,言恐惧不安;薰莸异气[4],犹贤否有别。桃李不言,下自成蹊;道旁苦李,为人所弃。老人娶少妇,曰枯杨生稊[5];国家进多贤,曰拔茅连茹[6]。蒲柳之姿,未秋先槁;姜桂之性,愈老愈辛。王者之兵,势如破竹;七雄之国,地若瓜分。苻坚望阵,疑草木皆是晋兵;索靖知亡,叹铜驼会在荆棘。王祐知子必贵,手植三槐;窦钧五子齐荣,人称五桂。钽麑触槐[7],不忍贼民之主;越王尝蓼,必欲复吴之仇。修母画荻以教子,谁不称贤;廉颇负荆以请罪,善能悔过。弥子瑕常恃宠,将馀桃以啖君;秦商鞅欲行令,使徙木以立信。王戎卖李钻核,不胜鄙吝;成王剪桐封弟,因无戏言。齐景公以二桃杀三士,杨再思谓莲花似六郎。倒啖蔗,渐入佳境;蒸哀梨,大失本真。煮豆燃萁,比兄残弟;砍竹遮笋,弃旧怜新。元素致江陵之柑,吴刚伐月中之桂。捐资济贫,当效尧夫之助麦;以物申敬,聊效野人之献芹。冒雨剪韭,郭林宗款友情殷;踏雪寻梅,孟浩然自娱兴雅。商太戊能修德,祥桑自死;寇莱公有深仁,枯竹复生。王母蟠桃,三千年开花,三千年结子,故人借以祝寿诞;上古大椿,八千岁为春,八千岁为秋,故人托以比严君。去稂莠正以植嘉禾[8],沃枝叶不如培根本。世路之蓁芜当剔,人心之茅塞须开。

　　【增】姚黄魏紫,牡丹颜色得人怜;雪魄冰姿,茉莉芬芳随我爱。雪梅乍放,月明魂梦美人来;玉蕊齐开,风动珮环仙子至。尼父试弹琴,发泗水坛前之杏[9];渔郎频鼓枻[10],寻武陵源里之桃。九烈君原为异柳,支离叟必属乔松。丈夫进学骎骎[11],勿效黄杨厄闰[12];男子为人卓卓,必如老桧参天。龙刍茂时[13]，周穆王备供马料；水萍聚处，樊千里用作鸭茵。灵运诗成，已入西堂之梦；江淹赋就，更闻南浦之歌。生成钩弋之拳，西山嫩蕨[14]；剖出庄姜之齿，北苑佳瓠[15]。曾言水藻绿于蓝，始信山荔红似血。元修蚕豆，自古称佳；诸葛蔓菁，迄今犹赖。生姜盗母菳留子，尽付园丁；芦萉生儿芥有孙，频充鼎味。

[1] 屈轶：一种草，相传佞人入则指之。
[2] 筼筜(yúndāng)：竹子。
[3] 苾荔(bìchú)：一种草，有五义：生不背日，冬夏常青，体形柔软，香气远腾，引蔓旁布。
[4] 薰莸(yóu)：薰为香草，莸为臭草。
[5] 稊(tí)：植物的嫩芽。
[6] 连茹：茅根相连的样子。
[7] 鉏麑(ní)：春秋时晋灵公手下的一位大力士。被晋灵公派遣前去行刺赵盾，得知赵盾为忠臣，不忍心行刺，而不行刺又无法向灵公交差，于是触槐树而自杀。
[8] 稂莠：杂草。
[9] 发：这里是指吹开了杏花。
[10] 鼓枻(xiè)：这里是指划船。
[11] 骎骎(qīn)：奔马前行的样子。
[12] 黄杨厄闰：黄杨树遇到闰年要缩回一寸。
[13] 龙刍：传说中的一种草，马吃之后可行千里。
[14] "生成"二句：钩弋夫人是汉武帝的妃子，姓赵，住在钩弋宫。传说她天生两手握拳，待汉武帝路过她家时才亲自为她伸开。这里比喻新生的蕨菜犹如钩弋夫人的拳头。
[15] "剖出"二句：春秋时卫庄公夫人庄姜牙齿又白又整齐，犹如瓠子。此处反过来用庄姜之齿比喻瓠子。

格言联璧

[清] 金缨 编撰

◎格言联璧

学问类

古今来许多世家，无非积德。天地间第一人品，还是读书。

读书即未成名，究竟人高品雅；修德不期获报，自然梦稳心安。

为善最乐，读书便佳。

诸君到此何为，岂徒学问文章？擅一艺微长，便算读书种子？在我所求亦恕，不过子臣弟友，尽五伦本分[1]，共成名教中人。

聪明用于正路，愈聪明愈好，而文学功名益成其美；聪明用于邪路，愈聪明愈谬，而文学功名适济其奸。

战虽有阵，而勇为本。丧虽有礼，而哀为本。士虽有学，而行为本。

飘风不可以调宫商[2]；巧妇不可以主中馈[3]；文章之士不可以治国家。

经济出自学问，经济方有本源。心性见之事功，心性方为圆满。舍事功更无学问，求性道不外文章。

何谓至行，曰庸行；何谓大人，曰小心；何以上达，曰下学；何以远到，曰近思。

竭忠尽孝，谓之人。治国经邦，谓之学。安危定变，谓之才。经天纬地，谓之文。霁月光风，谓之度。万物一体，谓之仁。

以心术为本根，以伦理为桢干，以学问为菑畲[4]，以文章为花萼，以事业为结实；以书史为园林，以歌咏为鼓吹，以义理为膏粱，以著述为文绣，以诵读为耕耘，以记问为居积；以前言往行为师友，以忠信笃敬为修持，以作善降祥为受用，以乐天知命为依归。

凛闲居以体独，卜动念以知几，谨威仪以定命，敦大伦以凝道，备百行以考德，迁善改过以作圣。

收吾本心在腔子里[5]，是圣贤第一等学问；尽吾本分在素位中，是圣贤第一等工夫。

万理澄澈，则一心愈精而愈谨；一心凝聚，则万理愈通而愈流。

宇宙内事，乃己分内事；己分内事，乃宇宙内事。

身在天地后，心在天地前；身在万物中，心在万物上。

观天地生物气象，学圣贤克己工夫。下手处是自强不息，成就处是至诚无息。

以圣贤之道教人易，以圣贤之道治己难。以圣贤之道出口易，以圣贤之道躬行难。以圣贤之道奋始易，以圣贤之道克终难。圣贤学问是一套，行王道必本天德；后世学问是两截，不修己只管治人。

口里伊周，心中盗跖，责人而不责己，名为挂榜圣贤；独凛明旦，幽畏鬼神，知人而复知天，方是有根学问。

无根本底气节，如酒汉殴人，醉时勇，醒来退消，无分毫气力；无学问底识见，如庖人炀灶[6]，面前明，背后左右，无一些照顾。

理以心得为精，故当沉潜，不然，耳边口头也；事以典故为据，故当博洽，不然，臆说杜撰也。

只有一毫粗疏处，便认理不真，所以说惟精，不然，众论淆之而必疑；只有一毫二三心，便守理不定，所以说惟一，不然，利害临之而必变。

接人要和中有介，处事要精中有果，认理要正中有通。

在古人之后，议古人之失，则易；处古人之位，为古人之事，则难。

古之学者，得一善言，附于其身；今之学者，得一善言，务以悦人。

古之君子，病其无能也[7]，学之；今之君子，耻其无能也，讳之。

眼界要阔，遍历名山大川；度量要宏，熟读五经诸史。

先读经，后读史，则论事不谬于圣贤；既读史，复读经，则观书不徒为章句。

读经传则根底厚，看史鉴则议论伟；观云物则眼界宽，去嗜欲则胸怀净。

一庭之内，自有至乐；六经以外，别无奇书。

读未见书，如得良友；见已读书，如逢故人。

何思何虑，居心当如止水；勿住勿忘，为学当如流水。

心不欲杂，杂则神荡而不收；心不欲劳，劳则神疲而不入。

心慎杂欲，则有馀灵；目慎杂观，则有馀明。

案上不可多书，心中不可少书；鱼离水则鳞枯，心离书则神索。

志之所趋，无远勿届，穷山距海不能限也；志之所向，无坚不入，锐兵精甲不能御也。

把意念沉潜得下，何理不可得；把志气奋发得起，何事不可做。

不虚心，便如以水沃石，一毫进入不得；不开悟，便如胶柱鼓瑟，一毫转动不得。

不体认，便如电光照物，一毫把捉不得；不躬行，便如水行得车，陆行得舟，一毫受用不得。

读书贵能疑，疑乃可以启信；读书在有渐，渐乃克底有成。

看书求理，须令自家胸中点头；与人谈理，须令人家胸中点头。

爱惜精神，留他日担当宇宙；蹉跎岁月，问何时报答君亲？戒浩饮，浩饮伤神。戒贪色，贪色灭神。戒厚味，厚味昏神。戒饱食，饱食闷神。戒多动，多动乱神。戒多言，多言损神。戒多忧，多忧郁神。戒多思，多思挠神。戒久睡，久睡倦神。戒久读，久读苦神。

[1] 五伦：即"五常"，封建宗法社会以君臣、父子、夫妇、兄弟、朋友为"五伦"。
[2] 宫商：古代五音中的二音，泛指音乐。
[3] 中馈：饮食家务等事项。
[4] 菑畲(zīyú)：良田。
[5] 腔子里：即胸中。
[6] 炀灶：在灶台跟前烤火。
[7] 病：这里的意思是担忧、困扰。

存养类

性分不可使不足，故其取数也宜多：曰穷理，曰尽性，曰达天，曰入神，曰致广大，极高明；情欲不可使有馀，故其取数也宜少：曰谨言，曰慎行，曰约己，曰清心，曰节饮食，寡嗜欲。

大其心，容天下之物；虚其心，受天下之善；平其心，论天下之事；潜其心，观天下之理；定其心，应天下之变。

清明以养吾之神，湛一以养吾之虑，沉警以养吾之识，刚大以养吾之气,果断以养吾之才,凝重以养吾之度,宽裕以养吾之量,严冷以养吾之操。

自家有好处,要掩藏几分,这是涵育以养深;别人不好处,要掩藏几分,这是浑厚以养大。

以虚养心,以德养身;以仁养天下万物,以道养天下万世。

涵养冲虚,便是身世学问;省除烦恼,何等心性安和!

颜子四勿[1],要收入来,闲存工夫,制外以养中也;孟子四端[2],要扩充去,格致工夫,推近以暨远也[3]。

喜怒哀乐而曰未发,是从人心直溯道心,要他存养;未发而曰喜怒哀乐,是从道心指出人心,要他省察。

存养宜冲粹,近春温;省察宜谨严,近秋肃。

就性情上理会,则曰涵养。就念虑上提撕[4],则曰省察。就气质上销熔,则曰克治。

果决人似忙,心中常有馀闲;因循人似闲,心中常有馀忙。

寡欲故静,有主则虚。

无欲之谓圣,寡欲之谓贤,多欲之谓凡,徇欲之谓狂。

人之心胸,多欲则窄,寡欲则宽。人之心境,多欲则忙,寡欲则闲。人之心术,多欲则险,寡欲则平。人之心事,多欲则忧,寡欲则乐。人之心气,多欲则馁,寡欲则刚。

宜静默,宜从容,宜谨严,宜俭约,四者切己良箴。忌多欲,忌妄动,忌坐驰,忌旁骛,四者切己大病。常操常存,得一恒字诀;勿忘勿助,得一渐字诀。

敬守此心,则心定;敛抑其气,则气平。

人性中不曾缺一物,人性上不可添一物。

君子之心不胜其小,而气量涵盖一世;小人之心不胜其大,而志意拘守一隅。

怒是猛虎,欲是深渊。

忿如火,不遏则燎原;欲如水,不遏则滔天。

惩忿如摧山,窒欲如填壑;惩忿如救火,窒欲如防水。

心一松散,万事不可收拾。心一疏忽,万事不入耳目。心一执著,万事不得自然。

一念疏忽,是错起头;一念决裂,是错到底。

古之学者,在心上做工夫,故发之容貌[5],则为盛德之符[6];今之学者,在容貌上做工夫,故反之于心,则为实德之病[7]。

只是心不放肆,便无过差;只是心不怠忽,便无逸志。

处逆境心,须用开拓法;处顺境心,要用收敛法。

世路风霜,吾人炼心之境也。世情冷暖,吾人忍性之地也。世事颠倒,吾人修行之资也。

青天白日的节义,自暗室屋漏中培来;旋乾转坤的经纶,自临深履薄处得力。

名誉自屈辱中彰,德量自隐忍中大。

谦退是保身第一法,安详是处事第一法,涵容是待人第一法,洒脱是养心第一法。

喜来时,一检点。怒来时,一检点。怠惰时,一检点。放肆时,一检点。

自处超然,处人蔼然;无事澄然,有事斩然;得意淡然,失意泰然。

静能制动,沉能制浮,宽能制褊,缓能制急。

天地间真滋味,惟静者能尝得出;天地间真机括,惟静者能看得透。

有才而性缓,定属大才;有智而气和,斯为大智。

气忌盛,心忌满,才忌露。

有作用者,器宇定是不凡;有智慧者,才情决然不露。

意粗性躁,一事无成;心平气和,千祥骈集[8]。

世俗烦恼处,要耐得下。世事纷扰处,要闲得下。胸怀牵缠处,要割得下。境地浓艳处,要淡得下。意气忿怒处,要降得下。

以和气迎人,则乖沴灭[9]。以正气接物,则妖氛消。以浩气临事,则疑畏释。以静气养身,则梦寐恬。

观操存,在利害时。观精力,在饥疲时。观度量,在喜怒时。观镇定,在震惊时。

大事难事看担当,逆境顺境看襟度,临喜临怒看涵养,群行群止看识见。

轻当矫之以重,浮当矫之以实,褊当矫之以宽,执当矫之以圆,傲当矫之以谦,肆当矫之以谨,奢当矫之以俭,忍当矫之以慈,贪当矫之以廉,私当矫之以公。放言当矫之以缄默,好动当矫之以镇静,粗率当矫之以细密,躁急当矫之以和缓,怠惰当矫之以精勤,刚暴当矫之以温柔,浅露当矫之以沉潜,溪刻当矫之以浑厚[10]。

注释

[1] 颜子：即颜渊,孔子的学生。
[2] 孟子：姓孟名轲,继孔子之后最大的儒者。
[3] 暨远：及远。
[4] 提撕：提醒。
[5] 发之容貌：指外在的表现。
[6] 盛德之符：道德高尚的标志。
[7] 实德之病：品德言行的缺陷。
[8] 骈集：不断地聚积。
[9] 乖沴(lì)：乖戾不顺。
[10] 溪刻：苛刻。

持躬类

聪明睿知,守之以愚。功被天下[1],守之以让。勇力振世,守之以怯。富有四海,守之以谦。

不与居积人争富,不与进取人争贵,不与矜饰人争名[2],不与少年人争英俊,不与盛气人争是非。

富贵,怨之府也。才能,身之灾也。声名,谤之媒也。欢乐,悲之渐也。

浓于声色,生虚怯病。浓于货利,生贪饕病[3]。浓于功业,生造作病。浓于名誉,生矫激病[4]。

想自己身心,到后日置之何处；顾本来面目,在古时像个甚人。

莫轻视此身,三才在此六尺；莫轻视此生,千古在此一日。

醉酒饱肉,浪笔恣谈,却不错过了一日；妄动胡言,昧理纵欲,讵不作孽了一日[5]。

不让古人,是谓有志；不让今人,是谓无量。

一能胜千,君子不可无此小心；吾何畏彼,丈夫不可无此大志。

怪小人之颠倒豪杰，不知惟颠倒方为小人。惜君子之受世折磨，不知惟折磨乃见君子。

经一番挫折，长一番识见。容一番横逆，增一番器度。省一分经营，多一分道义。学一分退让，讨一分便宜。去一分奢侈，少一分罪过。加一分体贴，知一分物情。

不自重者取辱，不自畏者招祸，不自满者受益，不自是者博闻。

有真才者，必不矜才；有实学者，必不夸学。

盖世功劳，当不得一个矜字；弥天罪恶，最难得一个悔字。

诿罪掠功，此小人事。掩罪夸功，此众人事。让美归功，此君子事。分怨共过，此盛德事。

毋毁众人之名，以成一己之善；毋役天下之理，以护一己之过。

大著肚皮容物，立定脚跟做人。实处著脚，稳处下手。

读书有四个字最要紧，曰阙疑好问；做人有四个字最要紧，曰务实耐久。

事当快意处须转，言到快意时须住。

物忌全胜，事忌全美，人忌全盛。

尽前行者地步窄，向后看者眼界宽。

留有馀不尽之巧，以还造化。留有馀不尽之禄，以还朝廷。留有馀不尽之财，以还百姓。留有馀不尽之福，以贻子孙。

四海和平之福，只是随缘；一生牵惹之劳，总因好事。

花繁柳密处拨得开，方见手段；风狂雨骤时立得定，才是脚跟。

步步占先者，必有人以挤之；事事争胜者，必有人以挫之。

能改过，则天地不怒；能安分，则鬼神无权。

言行拟之古人，则德进。功名付之天命，则心闲。报应念及子孙，则事平。受享虑及疾病，则用俭。

安莫安于知足，危莫危于多言，贵莫贵于无求，贱莫贱于多欲，乐莫乐于好善，苦莫苦于多贪，长莫长于博谋，短莫短于自恃，明莫明于体物，暗莫暗于昧几。

能知足者，天不能贫。能忍辱者，天不能祸。能无求者，天不能贱。能外形骸者，天不能病。能不贪生者，天不能死。能随遇而安者，天不能困。能造就人材者，天不能孤。能以身任天下后世者，天不能绝。

天薄我以福，吾厚吾德以迓之[6]。天劳我以形，吾逸吾心以补之。天厄我以遇，吾享吾道以通之。天苦我以境，吾乐吾神以畅之。

吉凶祸福，是天主张。毁誉与夺，是人主张。立身行己，是我主张。

要得富贵福泽，天主张，由不得我；要做贤人君子，我主张，由不得天。

富以能施为德，贫以无求为德，贵以下人为德，贱以忘势为德。

护体面，不如重廉耻。求医药，不如养性情。立党羽，不如昭信义。作威福，不如笃至诚。多言说，不如慎隐微。博声名，不如正心术。恣豪华，不如乐名教。广田宅，不如教义方。

行己恭，责躬厚，接众和，立心正，进退勇，择友以求益，改过以全身。

敬为千圣授受真源，慎乃百年提撕紧钥[7]。

度量如海涵春育，应接如流水行云，操存如青天白日，威仪如丹凤祥麟，言论如敲金戛石[8]，持身如玉洁冰清，襟抱如光风霁月[9]，气概如乔岳泰山。

海阔凭鱼跃，天高任鸟飞，非大丈夫不能有此度量。振衣千仞冈，濯足万里流，非大丈夫不能有此气节。珠藏泽自媚，玉韫山含晖，非大丈夫不能有此蕴藉。月到梧桐上，风来杨柳边，非大丈夫不能有此襟怀。

处草野之日，不可将此身看得小；居廊庙之日[10]，不可将此身看得大。

只一个俗念头，错做了一生人；只一双俗眼睛，错认了一生人。

心不妄念，身不妄动，口不妄言，君子所以存诚。内不欺己，外不欺人，上不欺天，君子所以慎独。不愧父母，不愧兄弟，不愧妻子，君子所以宜家。不负天子，不负生民，不负所学，君子所以用世。

以性分言，无论父子兄弟，即天地万物，皆一体耳，何物非我？于此信得及，则心体廓然矣；以外物言，无论功名富贵，即四肢百骸，亦躯壳耳，何物是我？于此信得及，则世味淡然矣。

有补于天地曰功，有关于世教曰名，有学问曰富，有廉耻曰贵，是谓功名富贵。无为曰道，无欲曰德，无习于鄙陋曰文，无近于暧昧曰章，是谓道德文章。

困辱非忧，取困辱为忧；荣利非乐，忘荣利为乐。

热闹华荣之境，一过辄生凄凉；清真冷淡之为，历久愈有意味。

心志要苦,意趣要乐。气度要宏,言动要谨。

心术以光明笃实为第一,容貌以正大老成为第一,言语以简重真切为第一。

勿吐无益身心之语,勿为无益身心之事,勿近无益身心之人,勿入无益身心之境,勿展无益身心之书。

此生不学一可惜,此日闲过二可惜,此身一败三可惜。

君子胸中所常体,不是人情是天理。君子口中所常道,不是人伦是世教。君子身中所常行,不是规矩是准绳。

休诿罪于气化[11],一切责之人事。休过望于世间[12],一切求之我身。

自责之外,无胜人之术;自强之外,无上人之术。

书有未曾经我读,事无不可对人言。

闺门之事可传,而后知君子之家法矣;近习之人起敬,而后知君子之身法矣。

门内罕闻嬉笑怒骂,其家范可知;座右遍书名论格言,其志趣可想。

慎言动于妻子仆隶之间,检身心于食息起居之际。

语言间尽可积德,妻子间亦是修身。

昼验之妻子,以观其行之笃与否也;夜考之梦寐,以卜其志之定与否也。

欲理会七尺[13],先理会方寸[14]。欲理会六合[15],先理会一腔[16]。

世人以七尺为性命,君子以性命为七尺。

气象要高旷,不可疏狂。心思要缜密,不可琐屑。趣味要冲淡,不可枯寂。操守要严明,不可激烈。

聪明者戒太察,刚强者戒太暴,温良者戒无断。

勿施小惠伤大体,毋借公道遂私情。以情恕人,以理律己。

以恕己之心恕人,则全交;以责人之心责己,则寡过。

力有所不能,圣人不以无可奈何者责人;心有所当尽,圣人不以无可奈何者自诿。

众恶必察,众好必察,易;自恶必察,自好必察,难。

见人不是,诸恶之根;见己不是,万善之门。

不为过三字,昧却多少良心;没奈何三字,抹去多少体面。

品诣常看胜如我者[17]，则愧耻自增；享用常看不如我者，则怨尤自泯。

家坐无聊，亦念食力担夫红尘赤日；官阶不达，尚有高才秀士白首青衿。

将啼饥者比，则得饱自乐。将号寒者比，则得暖自乐。将劳役者比，则悠闲自乐。将疾病者比，则康健自乐。将祸患者比，则平安自乐。将死亡者比，则生存自乐。

常思终天抱恨，自不得不尽孝心。常思度日艰难，自不得不节费用。常思人命脆薄，自不得不惜精神。常思世态炎凉，自不得不奋志气。常思法网难漏，自不得不戒非为。常思身命易倾，自不得不忍气性。

以媚字奉亲，以淡字交友，以苟字省费，以拙字免劳，以聋字止谤，以盲字远色，以吝字防口，以病字医淫。以贪字读书，以疑字穷理，以刻字责己，以迂字守礼，以恒字立志，以傲字植骨，以痴字救贫，以空字解忧，以弱字御侮，以悔字改过，以懒字抑奔竞风，以惰字屏尘俗事。

对失意人，莫谈得意事；处得意日，莫忘失意时。

贫贱是苦境，能善处者自乐；富贵是乐境，不善处者更苦。

恩里由来生害，故快意时须早回头；败后或反成功，故拂心处莫便放手。

深沉厚重，是第一等资质。磊落豪雄，是第二等资质。聪明才辩，是第三等资质。

上士忘名，中士立名，下士窃名。

上士闭心，中士闭口，下士闭门。

好讦人者身必危[18]，自甘为愚，适成其保身之智；好自夸者人多笑，自舞其智，适见其欺人之愚。

闲暇出于精勤，恬适出于畏惧。无思出于能虑，大胆出于小心。

平康之中，有险阴焉。衽席之内[19]，有鸩毒焉[20]。衣食之间，有祸败焉。

居安虑危，处治思乱。

天下之势，以渐而成；天下之事，以积而固。

祸到休愁，也要会救；福来休喜，也要会受。

天欲祸人，先以微福骄之；天欲福人，先以微祸儆之。

傲慢之人骤得通显，天将重刑之也；疏放之人艰于进取，天将曲赦之也。

小人亦有坦荡荡处，无所忌惮是已；君子亦有长戚戚处，终身之忧是已。

水，君子也。其性冲，其质白，其味淡。其为用也，可以浣不洁者而使洁。即沸汤者投以油，亦自分别而不相混，诚哉君子也。油，小人也。其性滑，其质腻，其味浓。其为用也，可以污洁者而使不洁，倘滚油中投以水，必至激搏而不相容，诚哉小人也。

凡阳必刚，刚必明，明则易知；凡阴必柔，柔必暗，暗则难测。

称人以颜子，无不悦者，忘其贫贱而夭；指人以盗跖，无不怒者，忘其富贵而寿。

事事难上难，举足常虞失坠；件件想一想，浑身都是过差。

怒宜实力消融，过要细心检点。

探理宜柔，优游涵泳，始可以自得；决欲宜刚，勇猛奋迅，始可以自新。

惩忿窒欲，其象为损，得力在一忍字；迁善改过，其象为益，得力在一悔字。

富贵如传舍，惟谨慎可得久居；贫贱如敝衣，惟勤俭可以脱卸。

俭则约，约则百善俱兴；侈则肆，肆则百恶俱纵。

奢者富不足，俭者贫有馀；奢者心常贫，俭者心常富。

贪饕以招辱，不若俭而守廉。干请以犯义，不若俭而全节。侵牟以聚怨[21]，不若俭而养心。放肆以遂欲，不若俭而安性。

静坐，然后知平日之气浮。守默，然后知平日之言躁。省事，然后知平日之心忙。闭户，然后知平日之交滥。寡欲，然后知平日之病多。近情，然后知平日之念刻。

无病之身，不知其乐也，病生始知无病之乐；无事之家，不知其福也，事至始知无事之福。

欲心正炽时，一念著病，兴似寒冰；利心正炽时，一想到死，味同嚼蜡。

有一乐境界，即有一不乐者相对待；有一好光景，便有一不好底相乘除。

事不可做尽，言不可道尽，势不可倚尽，福不可享尽。

不可吃尽，不可穿尽，不可说尽；又要懂得，又要做得，又要耐得。

难消之味休食[22]，难得之物休蓄，难酬之恩休受，难久之友休交，难再之时休失，难守之财休积，难雪之谤休辩，难释之忿休较。

饭休不嚼便咽，路休不看便走，话休不想便说，事休不想便做，衣休不慎便脱，财休不审便取，气休不忍便动，友休不择便交。

为善如负重登山，志虽已确，而力犹恐不及；为恶如乘骏走坂，鞭虽不加，而足不禁其前。

防欲如挽逆水之舟，才歇手，便下流；为善如缘无枝之树，才住脚，便下坠。

胆欲大，心欲小，智欲圆，行欲方。

真圣贤，决非迂腐；真豪杰，断不粗疏。

龙吟虎啸，凤翥鸾翔，大丈夫之气象；蚕茧蛛丝，蚁封蚓结，儿女子之经营。

格格不吐，刺刺不休，总是一般语病，请以莺歌燕语疗之；恋恋不舍，忽忽若忘，各有一种情痴，当以鸢飞鱼跃化之。

问消息于蓍龟，疑团空结；祈福祉于奥灶，奢想徒劳。

谦，美德也，过谦者怀诈；默，懿行也，过默者藏奸。

真不犯祸，和不害义。

圆融者无诡随之态，精细者无苛察之心，方正者无乖拂之失[23]，沉默者无阴险之术，诚笃者无椎鲁之累[24]，光明者无浅露之病，劲直者无径情之偏，执持者无拘泥之迹，敏练者无轻浮之状。

才不足则多谋，识不足则多事，威不足则多怒，信不足则多言，勇不足则多劳，明不足则多察，理不足则多辩，情不足则多仪。

私恩煦感，仁之贼也。直往轻担，义之贼也。足恭伪态[25]，礼之贼也。苛察歧疑，智之贼也。苟约固守，信之贼也。

有杀之为仁，生之为不仁者。有取之为义，与之为不义者。有卑之为礼，尊之为非礼者。有不知为智，知之为不智者。有违言为信，践言为非信者。

愚忠愚孝,实能维天地纲常,惜不遇圣人裁成,未尝入室;大诈大奸,偏会建世间功业,倘非有英主驾驭,终必跳梁[26]。

知其不可为而遂委心任之者,达人智士之见也;知其不可为而亦竭力图之者,忠臣孝子之心也。

小人只怕他有才,有才以济之,流害无穷;君子只怕他无才,无才以行之,虽贤何补。

[1] 功被天下:功绩覆盖天下。
[2] 矜饰人:傲慢自夸的人。
[3] 贪饕(tāo):贪得无厌。
[4] 矫激:言语偏激。
[5] 讵(jù)不:岂不。
[6] 迓(yà):迎接。
[7] 紧钥:关键。钥,钥匙。
[8] 敲金戛(jiá)石:敲击金石。
[9] 光风霁月:和风明月。
[10] 廊庙:这里是指在朝为官。
[11] 诿罪:推托罪责。
[12] 过望:过分期望。
[13] 七尺:七尺之躯,指身体。
[14] 方寸:指心。
[15] 六合:指上下前后左右,泛指天下之事。
[16] 一腔:本指动物体内的空隙,引申为身边小事。
[17] 品诣:品德修养。
[18] 讦(jié):用言语攻击他人。
[19] 衽(rèn)席:卧席。
[20] 鸩(zhèn)毒:剧毒。鸩是传说中的一种有毒的鸟,将其羽毛浸入酒中,乃成剧毒。
[21] 侵牟:巧取豪夺。
[22] 味:美味。
[23] 乖拂(bì):乖戾不正。
[24] 椎鲁之累:无能的牵累。椎鲁,愚钝。
[25] 足恭:过分恭敬。
[26] 跳梁:跳梁小丑。

养生类

慎风寒,节饮食,是从吾身上却病法[1];寡嗜欲,戒烦恼,是从吾心上却病法。

少思虑以养心气,寡色欲以养肾气,勿妄动以养骨气,戒嗔怒以养肝气,薄滋味以养胃气,省言语以养神气,多读书以养胆气,顺时令以养元气。

忧愁则气结,忿怒则气逆,恐惧则气陷[2],拘迫则气郁,急遽则气耗。

行欲徐而稳,立欲定而恭,坐欲端而正,声欲低而和。

心神欲静,骨力欲动。胸怀欲开,筋骸欲硬。脊梁欲直,肠胃欲净。舌端欲卷,脚跟欲定。耳目欲清,精魂欲正。

多静坐以收心,寡酒色以清心,去嗜欲以养心,玩古训以警心,悟至理以明心。

宠辱不惊,肝木自宁。动静以敬,心火自定。饮食有节,脾土不泄。调息寡言,肺金自全。恬淡寡欲,肾水自足。

道生于安静,德生于卑退,福生于清俭,命生于和畅。

天地不可一日无和气,人心不可一日无喜神。

拙字可以寡过,缓字可以免悔,退字可以远祸,苟字可以养福,静字可以益寿。

毋以妄心戕真心[3],勿以客气伤元气。

拂意处要遣得过[4],清苦日要守得过,非理来要受得过,忿怒时要耐得过,嗜欲生要忍得过。

言事知节,则愆尤少[5]。举动知节,则悔吝少。爱慕知节,则营求少。欢乐知节,则祸败少。饮食知节,则疾病少。

人知言语足以彰吾德,而不知慎言语乃所以养吾德;人知饮食足以益吾身,而不知节饮食乃所以养吾身。

闹时炼心,静时养心,坐时守心,行时验心,言时省心,动时制心。

荣枯倚伏,寸田自开顺逆,何须历问塞翁[6];修短参差,四体自造彭殇[7],似难专咎司命[8]!

节欲以驱二竖,修身以屈三彭,安贫以听五鬼,息机以弭六贼。

衰后罪孽，都是盛时作的；老来疾病，都是壮年招的。

败德之事非一，而酗酒者德必败；伤生之事非一，而好色者生必伤。

木有根则荣，根坏则枯。鱼有水则活，水涸则死。灯有膏则明，膏尽则灭。人有真精，保之则寿，戕之则夭。

[1] 却病：去病。

[2] 气陷：心气沉陷。

[3] 戕(qiāng)：害。

[4] 拂意：不如意。

[5] 愆尤：过错。

[6] 塞翁：塞上之翁。他丢了一匹马，可过几天不仅失去的马返回来，还又带回一匹马。他的儿子在骑马时不慎摔成跛足，可是征兵时又幸运地得以逃避。所以有"塞翁失马，焉知非福"的典故。

[7] 彭殇：彭即彭祖，传说中著名的长寿者，活了八百岁；殇是指婴儿夭折。

[8] 司命：主管生命的神。

敦品类

欲做精金美玉的人品，定从烈火中锻来；思立揭地掀天的事功[1]，须向薄冰上履过。

人以品为重，若有一点卑污之心，便非顶天立地汉子；品以行为主，若有一件愧怍之事[2]，即非泰山北斗品格。

人争求荣乎，就其求之之时，已极人间之辱；人争恃宠乎，就其恃之之时，已极人间之贱。

丈夫之高华，只在于功名气节；鄙夫之炫耀，但求诸服饰起居。

阿谀取容，男子耻为妾妇之道；本真不凿[3]，大人不失赤子之心。

君子之事上也，必忠以敬，其接下也，必谦以和；小人之事上也，必谄以媚，其待下也，必傲以忽。

立朝不是好舍人，自居家不是好处士。平素不是好处士，由小时不是好学生。

做秀才如处子，要怕人。既入仕如媳妇，要养人。归林下如阿婆，要教人。

贫贱时，眼中不著富贵，他日得志必不骄；富贵时，意中不忘贫贱，一旦退休必不怨。

贵人之前莫言贱，彼将谓我求其荐；富人之前莫言贫，彼将谓我求其怜。

小人专望人恩，恩过辄忘；君子不轻受人恩，受则必报。

处众以和，贵有强毅不可夺之力；持己以正，贵有圆通不可拘之权。

使人有面前之誉，不若使人无背后之毁；使人有乍处之欢，不若使人无久处之厌。

媚若九尾狐，巧如百舌鸟，哀哉修此七尺之躯；暴同三足虎，毒比两头蛇，惜乎坏尔方寸之地！

到处伛偻[4]，笑伊首何仇于天？何亲于地？终朝筹算，问尔心何轻于命？何重于财？

富儿因求官倾资，污吏以黩货失职。

亲兄弟析箸[5]，璧合翻作瓜分；士大夫爱钱，书香化为铜臭。

士大夫当为子孙造福，不当为子孙求福。谨家规，崇俭朴，教耕读，积阴德，此造福也。广田宅，结姻缘，争什一，鹜功名，此求福也。造福者澹而长，求福者浓而短。

士大夫当为此生惜名，不当为此生市名。敦诗书，尚气节，慎取与，谨威仪，此惜名也。竞标榜，邀权贵，务矫激，习模棱[6]，此市名也。惜名者，静而休；市名者，躁而拙。士大夫当为一家用财，不当为一家伤财。济宗党，广束脩，救荒歉，助义举，此用财也。靡苑囿，教歌舞，奢燕会，聚宝玩，此伤财也。用财者，损而盈；伤财者，满而覆。

士大夫当为天下养身，不当为天下惜身。省嗜欲，减思虑，戒忿怒，节饮食，此养身也。规利害，避劳怨，营窟宅，守妻子，此惜身也。养身者，啬而大；惜身者，丰而细。

[1] 揭地掀天：惊天动地。

[2] 愧怍：愧疚。

[3] 不凿：不去人为地改变。

[4]伛偻(yǔlǚ)：卑躬屈膝。

[5]析箸：将一根筷子一分为二，比喻分家产分得很细。

[6]习模棱：学习模棱两可的处事方法。

处事类

处难处之事愈宜宽，处难处之人愈宜厚，处至急之事愈宜缓，处至大之事愈宜平，处疑难之际愈宜无意。

无事时，常照管此心，兢兢然若有事；有事时，却放下此心，坦坦然若无事。无事如有事，提防才可弭意外之变[1]；有事如无事，镇定方可消局中之危。

当平常之日，应小事宜以应大事之心应之。盖天理无小，即目前观之，便有一个邪正，不可忽慢苟简[2]，须审理之邪正以应之方可。及变故之来，处大事宜以处小事之心处之。盖人事虽大，自天理观之，只有一个是非，不可惊惶失措，但凭理之是非以处之便得。

缓事宜急干，敏则有功；急事宜缓办，忙则多错。

不自反者，看不出一身病痛；不耐烦者，做不成一件事业。

日日行，不怕千万里；常常做，不怕千万事。

必有容，德乃大；必有忍，事乃济。

过去事丢得一节是一节。现在事了得一节是一节。未来事省得一节是一节。

强不知以为知，此乃大愚；本无事而生事，是谓薄福。

居处必先精勤，乃能闲暇；凡事务求停妥，然后逍遥。

天下最有受用，是一闲字，然闲字要从勤中得来；天下最讨便宜，是一勤字，然勤字要从闲中做出。

自己做事，切须不可迂滞[3]，不可反覆，不可琐碎。代人做事，极要耐得迂滞，耐得反覆，耐得琐碎。

谋人事如己事，而后虑之也审；谋己事如人事，而后见之也明。

无心者公，无我者明。

置其身于是非之外，而后可以折是非之中；置其身于利害之外，而后可以观利害之变。

任事者[4],当置身利害之外;建言者[5],当设身利害之中。

无事时,戒一偷字;有事时,戒一乱字。

将事而能弭,遇事而能救,既事而能挽,此之谓达权,此之谓才;未事而知来,始事而知终,定事而知变,此之谓长虑,此之谓识。

提得起,放得下;算得到,做得完;看得破,撇得开。

救已败之事者,如驭临崖之马,休轻策一鞭;图垂成之功者,如挽上滩之舟[6],莫少停一棹[7]。

以真实肝胆待人,事虽未必成功,日后人必见我之肝胆;以诈伪心肠处事,人即一时受惑,日后人必见我之心肠。

天下无不可化之人,但恐诚心未至;天下无不可为之事,只怕立志不坚。

处人不可任己意,要悉人之情;处事不可任己见,要悉事之理。

见事贵乎明理,处事贵乎心公。

于天理汲汲者,于人欲必淡。于私事耽耽者,于公务必疏。于虚文熠熠者,于本实必薄。

君子当事,则小人皆为君子,至此不为君子,真小人也;小人当事,则中人皆为小人,至此不为小人,真君子也。

居官先厚民风,处事先求大体。

论人当节取其长,曲谅其短;做事必先审其害,后计其利。

小人处事,于利合者为利,于利背者为害;君子处事,于义合者为利,于义背者为害。

只人情世故熟了,甚么大事做不到?只天理人心合了,甚么好事做不成?只一事不留心,便有一事不得其理。只一物不留心,便有一物不得其所。

事到手,且莫急,便要缓缓想;想得时,切莫缓,便要急急行。

事有机缘,不先不后,刚刚凑巧;命若蹭蹬[8],走来走去,步步踏空。

[1] 弭(mǐ):消除。

[2] 忽慢苟简:疏忽怠慢,苟且敷衍。

[3] 迂滞：迂腐拖沓。
[4] 任事者：当事的人。
[5] 建言者：提建议的人。
[6] 挽：拉。
[7] 棹（zhào）：桨。
[8] 蹭蹬：命运不济。

接物类

事属暧昧，要思回护他，著不得一点攻讦的念头[1]；人属寒微，要思矜礼他，著不得一毫傲睨的气象[2]。

凡一事而关人终身，纵确见实闻，不可著口；凡一语而伤我长厚，虽闲谈酒谑，慎勿形言。

严著此心以拒外诱，须如一团烈火，遇物即烧；宽著此心以待同群，须如一片阳春，无人不暖。

待己当从无过中求有过，非独进德，亦且免患；待人当于有过中求无过，非但存厚，亦且解怨。

事后而议人得失，吹毛索垢，不肯丝毫放宽，试思己当其局，未必能效彼万一；旁观而论人短长，抉隐摘微，不留些须馀地，试思己受其毁，未必能安意顺承。

遇事只一味镇定从容，虽纷若乱丝，终当就绪；待人无半毫矫伪欺诈，纵狡如山鬼，亦自献诚。

公生明，诚生明，从容生明。

人好刚，我以柔胜之。人用术，我以诚感之。人使气，我以理屈之。

柔能制刚，遇赤子而贲育失其勇[3]；讷能屈辩[4]，逢喑者而仪秦拙于词[5]。

困天下之智者，不在智而在愚。穷天下之辩者，不在辩而在讷。伏天下之勇者，不在勇而在怯。

以耐事，了天下之多事；以无心，息天下之争心。

何以息谤？曰无辩；何以止怨？曰不争。

人之谤我也，与其能辩，不如能容；人之侮我也，与其能防，不如能化。

是非窝里，人用口，我用耳；热闹场中，人向前，我落后。

观世间极恶事，则一咎一愿[6]，尽可优容；念古来极冤人，则一毁一辱，何须计较。彼之理是，我之理非，我让之；彼之理非，我之理是，我容之。

能容小人，是大人；能培薄德，是厚德。

我不识何等为君子，但看每事肯吃亏的便是；我不识何等为小人，但看每事好便宜的便是。

律身惟廉为宜，处世以退为尚。

以仁心存心，以勤俭作家，以忍让接物。

径路窄处，留一步与人行；滋味浓底，减三分与人尝。任难任之事，要有力而无气；处难处之人，要有知而无言。

穷寇不可追也，遁辞不可攻也，贫民不可威也。

祸莫大于不仇人，而有仇人之辞色；耻莫大于不恩人，而作恩人之状态。

善用威者不轻怒，善用恩者不妄施。

宽厚者，毋使人有所恃；精明者，不使人无所容。

事有知其当变，而不得不因者，善救之而已矣；人有知其当退，而不得不用者，善驭之而已矣。

轻信轻发，听言之大戒也；愈激愈厉，责善之大戒也。

处事须留馀地，责善切戒尽言。

施在我有馀之惠，则可以广德；留在人不尽之情，则可以全交。

古人爱人之意多，故人易于改过，而视我也常亲，我之教益易行；今人恶人之意多，故人甘于自弃，而视我也常仇，我之言必不入。

喜闻人过，不若喜闻己过；乐道己善，何如乐道人善。

听其言，必观其行，是取人之道；师其言，不问其行，是取善之方。

论人之非，当原其心，不可徒泥其迹[7]；取人之善，当据其迹，不必深究其心。

小人亦有好处，不可恶其人，并没其是；君子亦有过差，不可好其人，并饰其非。

小人固当远，断然不可显为仇敌；君子固当亲，然亦不可曲为附和。

待小人宜宽，防小人宜严。

闻恶不可遽怒，恐为谗夫泄忿；闻善不可就亲，恐引奸人进身。

先去私心，而后可以治公事；先平己见，而后可以听人言。

修己以清心为要，涉世以慎言为先。

恶莫大于纵己之欲，祸莫大于言人之非。

人生惟酒色机关，须百炼此身成铁汉；世上有是非门户，要三缄其口学金人[8]。

工于论人者，察己常阔疏；狃于讦直者[9]，发言多弊病。

人情每见一人，始以为可亲，久而生厌，又以为可恶，非明于理，而复体之以情，未有不割席者；人情每处一境，始以为甚乐，久而生厌，又以为甚苦，非平其心，而复济之以养，未有不思迁者。

观富贵人，当观其气概，如温厚和平者，则其荣必久，而其后必昌；观贫贱人，当观其度量，如宽宏坦荡者，则其福必臻[10]，而其家必裕。

宽厚之人，吾师以养量。慎密之人，吾师以炼识。慈惠之人，吾师以御下。俭约之人，吾师以居家。明通之人，吾师以生惠。质朴之人，吾师以藏拙。才智之人，吾师以应变。缄默之人，吾师以存神。谦恭善下之人，吾师以亲师友。博学强识之人，吾师以广见闻。

居视其所亲，富视其所与，达视其所举，穷视其所不为，贫视其所不取。

取人之直，恕其戆[11]。取人之朴，恕其愚。取人之介，恕其隘。取人之敏，恕其疏。取人之辩，恕其肆。取人之信，恕其拘。

遇刚鲠人[12]，须耐他戾气。遇骏逸人，须耐他妄气。遇朴厚人，须耐他滞气。遇佻达人[13]，须耐他浮气。

人褊急[14]，我受之以宽宏；人险仄[15]，我平之以坦荡。

持身不可太皎洁，一切污辱垢秽，要茹纳得；处世不可太分明，一切贤愚好丑，要包容得。

宇宙之大，何物不有？使择物而取之，安得别立宇宙，置此所舍之物？人心之广，何人不容？使择人而好之，安有别个人心，复容所恶之人？

德盛者，其心和平，见人皆可取，故口中所许可者多；德薄者，其心刻傲，见人皆可憎，故目中所鄙弃者众。

律己宜带秋风，处世须带春风。

爱人而人不爱，敬人而人不敬，君子必自反也；爱人而人即爱，敬人而人即敬，君子益加谨也。

人若近贤良，譬如纸一张；以纸包兰麝，因香而得香。人若近邪友，譬如一枝柳；以柳贯鱼鳖，因臭而得臭。

人未己知，不可急求其知；人未己合，不可急与之合。

落落者难合，一合便不可离；欣欣者易亲，乍亲忽然成怨。

能媚我者，必能害我，宜加意防之；肯规予者，必肯助予，宜倾心听之。

出一个大伤元气进士，不如出一个能积阴德平民；交一个读破万卷邪士，不如交一个不识一字端人。

无事时，埋藏著许多小人；多事时，识破了许多君子。

一种人难悦亦难事，只是度量褊狭，不失为君子；一种人易事亦易悦，只是贪污软弱，不免为小人。

大恶多从柔处伏，慎防绵里之针；深仇常自爱中来，宜防刀头之蜜。

惠我者小恩，携我为善者大恩；害我者小仇，引我为不善者大仇。

毋受小人私恩，受则恩不可酬；毋犯士夫公怒，犯则怒不可救。

喜时说尽知心，到失欢须防发泄；恼时说尽伤心，恐再好自觉羞惭。

盛喜中勿许人物，盛怒中勿答人言。

顽石之中，良玉隐焉；寒灰之中，星火寓焉。

静坐常思己过，闲谈莫论人非。

对痴人莫说梦话，防所误也；见短人莫说矮话，避所忌也。

面谀之词，有识者未必悦心；背后之议，受憾者常至刻骨。

攻人之恶毋太严，要思其堪受；教人以善毋过高，当使其可从。

互乡童子则进之[16]，开其善也；阙党童子则抑之[17]，勉其学也。

不可无不可一世之识，不可有不可一人之心。

事有急之不白者，缓之或自明，毋急躁以速其戾；人有操之不从者，纵之或自化，毋操切以益其顽。

遇矜才者，毋以才相矜，但以愚敌其才，便可压倒；遇炫奇者，毋以奇相炫，但以常敌其奇，便可破除。

直道事人，虚衷御物[18]。

不近人情，举足尽是危机；不体物情，一生俱成梦境。

己性不可任，当用逆法制之，其道在一忍字；人性不可拂，当用顺法调之，其道在一恕字。

仇莫深于不体人之私，而又苦之；祸莫大于不讳人之短，而又讦之。

辱人以不堪必反辱，伤人以已甚必反伤。

处富贵之时，要知贫贱的痛痒；值少壮之日，须念衰老的辛酸。

入安乐之场，当体患难人景况；居旁观之地，务悉局内人苦心。

临事须替别人想，论人先将自己想。

欲胜人者先自胜，欲论人者先自论，欲知人者先自知。

待人三自反，处世两如何。

待富贵人，不难有礼而难有体；待贫贱人，不难有恩而难有礼。

对愁人勿乐，对哭人勿笑，对失意人勿矜。

见人背语，勿倾耳窃听。入人私室，勿侧目旁观。到人案头，勿信手乱翻。

不蹈无人之室，不入有事之门，不处藏物之所。

俗语近于市，纤语近于娼，诨语近于优。

闻君子议论，如啜苦茗，森严之后，甘芳溢颊；闻小人谄笑，如嚼糖霜，爽美之后，寒沍凝胸[19]。

凡为外所胜者，皆内不足；凡为邪所夺者，皆正不足。

存乎天者，于我无与也；穷通得丧，吾听之而已。存乎我者，于人无与也；毁誉是非，吾置之而已。

小人乐闻君子之过，君子耻闻小人之恶。

慕人善者，勿问其所以善，恐拟议之念生，而效法之念微矣；济人穷者，勿问其所以穷，恐憎恶之心生，而恻隐之心泯矣。

时穷势蹙之人，当原其初心；功成名立之士，当观其末路。

踪多历乱，定有必不得已之私；言到支离[20]，才是无可奈何之处。

惠不在大，在乎当厄。怨不在多，在乎伤心。

毋以小嫌疏至戚，毋以新怨忘旧恩。

两惠无不释之怨，两求无不合之交，两怒无不成之祸。

古之名望相近，则相得；今之名望相近，则相妒。

注释

[1] 攻讦：攻击。
[2] 傲睨：看不起。
[3] 贲(bēn)育：孟贲和夏育，古代有名的大力士。
[4] 讷(nè)：木讷，不善言谈。
[5] 喑(yīn)者：哑巴。 仪秦：张仪和苏秦，战国之际著名的游说之士。
[6] 咎：原谅。 慝(tè)：隐藏。
[7] 徒泥其迹：一味地拘泥于事件本身。
[8] 金人：铁铜等金属铸造的人。
[9] 狃(niǔ)于讦直者：惯常攻击正直的人。
[10] 臻(zhēn)：到。
[11] 戆(gàng)：憨厚。
[12] 刚鲠：刚强耿直。
[13] 佻达：轻佻放达。
[14] 褊急：狭隘而急躁。
[15] 险仄：阴险狡诈。
[16] 互乡童子：指缺乏教养的孩子。
[17] 阙党童子：指有教养的孩子。
[18] 虚衷：虚心。
[19] 寒沍(hù)：寒冷。
[20] 言到支离：话未说完却说不下去。

齐家类

勤俭，治家之本。和顺，齐家之本。谨慎，保家之本。诗书，起家之本。忠孝，传家之本。

天下无不是底父母，世间最难得者兄弟。

以父母之心为心，天下无不友之兄弟。以祖宗之心为心，天下无不知之族人。以天地之心为心，天下无不爱之民物。

人君以天地之心为心，人子以父母之心为心，天下无不一之心矣；臣工以朝廷之事为事，奴仆以家主之事为事，天下无不一之事矣。

孝莫辞劳，转眼便为人父母。善毋望报，回头但看尔儿孙。子之孝，不如率妇以为孝,妇能养亲者也。公姑得一孝妇,胜于得一孝子。妇之孝,不如导孙以为孝,孙能娱亲者也。祖父得一孝孙,又增一辈孝子。

父母所欲为者,我继述之;父母所重念者,我亲厚之。

婚而论财,究也夫妇之道丧。葬而求福,究也父子之恩绝。

君子有终身之丧,忌日是也;君子有百世之养,邱墓是也。

兄弟一块肉,妇人是刀锥;兄弟一釜羹[1],妇人是盐梅[2]。

兄弟和,其中自乐;子孙贤,此外何求!

心术不可得罪于天地,言行要留好样与儿孙。

现在之福,积自祖宗者,不可不惜;将来之福,贻于子孙者,不可不培。现在之福如点灯,随点则随竭;将来之福如添油,愈添则愈明。

问祖宗之泽,吾享者是,当念积累之难;问子孙之福,吾贻者是,要思倾覆之易。

要知前世因,今生受者是;吾谓昨日以前,尔祖尔父,皆前世也。要知后世因,今生作者是;吾谓今日以后,尔子尔孙,皆后世也。

祖宗富贵,自诗书中来,子孙享富贵,则弃读书矣;祖宗家业,自勤俭中来,子孙享家业,则忘勤俭矣。

近处不能感动,未有能及远者。小处不能调理,未有能治大者。亲者不能联属,未有能格疏者。一家生理不能全备,未有能安养百姓者。一家子弟不率规矩[3],未有能教诲他人者。

至乐无如读书,至要莫如教子。

子弟有才,制其爱毋弛其诲,故不以骄败;子弟不肖,严其诲毋薄其爱,故不以怨离。

雨泽过润,万物之灾也。恩宠过礼,臣妾之灾也。情爱过义,子孙之灾也。

安详恭敬,是教小儿第一法;公正严明,是做家长第一法。

人一心先无主宰,如何整理得一身正当?人一身先无规矩,如何调剂得一家肃穆?融得性情上偏私,便是大学问;消得家庭中嫌隙,便是大经纶[4]。

遇朋友交游之失,宜剀切,不宜游移;处家庭骨肉之变,宜委曲,不宜激烈。

未有和气萃焉,而家不吉昌者;未有戾气结焉,而家不衰败者。

闺门之内,不出戏言,则刑于之化行矣[5];房帷之中,不闻戏笑,则相敬之风著矣。

人之于嫡室也,宜防其蔽子之过;人之于继室也,宜防其诬子之过。

仆虽能,不可使与内事;妻虽贤,不可使与外事。

奴仆得罪于我者尚可恕,得罪于人者不可恕;子孙得罪于人者尚可恕,得罪于天者不可恕。

奴之不祥,莫过于传主人之谤语;主之不祥,莫大于信仆婢之谮言。

治家严,家乃和;居乡恕,乡乃睦。治家忌宽,而尤忌严;居家忌奢,而尤忌啬。

无正经人交接,其人必是奸邪;无穷亲友往来,其家必然势利。

日光照天,群物皆作,人灵于物,寐而不觉,是谓天起人不起,必为天神所谴[6],如君上临朝,臣下高卧失误,不免罚责;夜漏三更,群物皆息,人灵于物,烟酒沉溺,是谓地眠人不眠,必为地祇所诃,如家主欲睡,仆婢喧闹不休,定遭鞭笞。

楼下不宜供神,虑楼上之秽亵;屋后必须开户,防屋前之火灾。

[1] 一釜羹:一锅汤。
[2] 盐梅:或咸或酸的调味品。
[3] 不率规矩:不守规矩。
[4] 经纶:高深的学问。
[5] 刑于之化:典范的作用。刑,通"型",示范。
[6] 谴:谴责。

从政类

眼前百姓即儿孙,莫谓百姓可欺,且留下儿孙地步;堂上一官称父母,漫道一官好做,还尽些父母恩情。

善体黎庶情[1],此谓民之父母;广行阴骘事[2],以能保我子孙。

封赠父祖,易得也,无使人唾骂父祖,难得也;恩荫子孙,易得也,无使我毒害子孙，难得也。

洁己方能不失己，爱民所重在亲民。

朝廷立法不可不严，有司行法不可不恕。

严以驭役而宽以恤民，极于扬善而勇于去奸，缓于催科而勤于抚众。

催科不扰，催科中抚众；刑罚不差，刑罚中教化。

刑罚当宽处即宽，草木亦上天生命；财用可省时便省，丝毫皆下民脂膏。

居家为妇女们爱怜，朋友必多怒色；做官为衙门人欢喜，百姓定有怨声。

官不必尊显，期于无负君亲。道不必博施，要在有裨民物[3]。禄岂须多，防满则退。年不待暮，有疾便辞。天非私富一人，托以众贫者之命。天非私贵一人，托以众贱者之身。

住世一日，要做一日好人；为官一日，要行一日好事。

贫贱人栉风沐雨，万苦千辛，自家血汗自家消受，天之鉴察犹恕；富贵人衣税食租，担爵受禄，万民血汗一人消受，天之督责更严。

平日诚以治民，而民信之，则凡有事于民，无不应矣；平日诚以事天，而天信之，则凡有祷于天，无不应矣。

平民肯种德施惠，便是无位底卿相；士夫徒贪权希宠，竟成有爵底乞儿。

无功而食，雀鼠是已；肆害而食，虎狼是已。

毋矜清而傲浊，毋慎大而忽小，毋勤始而怠终。

勤能补拙，俭以养廉。

居官廉，人以为百姓受福，予以为锡福于子孙者不浅也，曾见有约己裕民者，后代不昌大耶？居官浊，人以为百姓受害，予以为贻害于子孙者不浅也，曾见有瘠众肥家者[4]，历世得长久耶？

以林皋安乐懒散心做官，未有不荒怠者；以在家治生营产心做官，未有不贪鄙者。

念念用之君民，则为吉士。念念用之套数，则为俗吏。念念用之身家，则为贼臣。

古之从仕者养人，今之从仕者养己。古之居官也，在下民身上做工夫。今之居官也，在上官眼底做工夫。

在家者不知有官，方能守本分；在官者不知有家，方能尽本分。

君子当官任职，不计难易，而志在济人，故动辄成功；小人苟禄营私，只任便安，而意在利己，故动多败事。

职业是当然底，每日做他不尽，莫要认作假；权势是偶然底，有日还他主者，莫要认作真。

一切人为恶，犹可言也，惟读书人不可为恶，读书人为恶，更无教化之人矣；一切人犯法，犹可言也，惟做官人不可犯法，做官人犯法，更无禁治之人也。

士大夫济人利物，宜居其实，不宜居其名，居其名则德损；士大夫忧国为民，当有其心，不当有其语，有其语则毁来。

以处女之自爱者爱身，以严父之教子者教士。执法如山，守身如玉，爱民如子，去蠹如仇。

陷一无辜，与操刀杀人者何别；释一大憝[5]，与纵虎伤人者无殊。

针芒刺手，茨棘伤足[6]，举体痛楚，刑惨百倍于此，可以喜怒施之乎？虎豹在前，坑阱在后，百般呼号，狱犴何异于此[7]，可使无辜坐之乎？

官虽至尊，决不可以人之生命，佐己之喜怒；官虽至卑，决不可以己之名节，佐人之喜怒。

听断之官，成心必不可有；任事之官，成算必不可无。

无关紧要之票[8]，概不标判[9]，则吏胥无权；不相交涉之人，概不往来，则关防自密。

无辜牵累难堪，非紧要，只须两造对质，保全多少身家；疑案转移甚大，无确据，便当末减从宽，休养几人性命。

呆子之患，深于浪子，以其终无转智；昏官之害，甚于贪官，以其狼藉及人[10]。

官肯着意一分，民受十分之惠；上能吃苦一点，民沾万点之恩。

礼繁则难行，卒成废阁之书；法繁则易犯，益甚决裂之罪。

善启迪人心者，当因其所明而渐通之，毋强开其所闭；善移易风俗者，当因其所易而渐反之，毋强矫其所难。

非甚不便于民，且莫妄更；非大有益于民，则莫轻举。

情有可通，莫将旧有者过裁抑，以生寡恩之怨；事在得已，莫将旧无者妄增设，以开多事之门。

为前人者，无干誉矫情，立一切不可常之法，以难后人；为后人者，无矜能露迹，为一朝即改革之政，以苦前人。

事在当因，不为后人开无故之端；事在当革，无使后人长不救之祸。

利在一身勿谋也，利在天下者谋之；利在一时勿谋也，利在万世者谋之。

莫为婴儿之态，而有大人之器。莫为一身之谋，而有天下之志。莫为终身之计，而有后世之虑。

用三代以前见识，而不失之迂；就三代以后家数，而不邻于俗。

大智兴邦，不过集众思；大愚误国，只为好自用。

吾爵益高，吾志益下。吾官益大，吾心益小。吾禄益厚，吾施益博。

安民者何？无求于民，则民安矣；察吏者何？无求于吏，则吏察矣。

不可假公法以报私仇，不可假公法以报私德。天德只是个无我，王道只是个爱人。

惟有主，则天地万物自我而立；必无私，斯上下四旁咸得其平。

治道之要，在知人。君德之要，在体仁。御臣之要，在推诚。用人之要，在择言。理财之要，在经制。足用之要，在薄敛。除寇之要，在安民。

未用兵时，全要虚心用人；既用兵时，全要实心活人。

天下不可一日无君，故夷齐非汤武[11]，明臣道也，不然，则乱臣接踵而难为君；天下不可一日无民，故孔孟是汤武，明君道也，不然，则暴君接踵而难为民。

庙堂之上[12]，以养正气为先；海宇之内，以养元气为本。

人身之所重者元气，国家之所重者人才。

[1] 黎庶：黎民百姓。
[2] 阴骘：暗中做好事。
[3] 有裨：有益。
[4] 瘠众肥家：损公肥私。
[5] 大憝（duì）：大恶棍。
[6] 茨（cí）棘：蒺藜和荆棘。

[7] 狱犴(àn)：监狱，牢狱。

[8] 票：指诉讼案件。

[9] 标判：随便判决。

[10] 狼藉及人：指大面积地牵连人。

[11] 夷齐：伯夷和叔齐，因反对周武王伐纣，耻食周粟而饿死于首阳山下。

[12] 庙堂：即朝廷。

惠言类

圣人敛福，君子考祥；作德日休[1]，为善最乐。

开卷有益，作善降祥。

崇德效山，藏器学海。群居守口，独坐防心。

知足常乐，能忍自安。

穷达有命，吉凶由人。

以镜自照见形容，以心自照见吉凶。

善为至宝，一生用之不尽；心作良田，百世耕之有馀。世事让三分，天空地阔；心田培一点，子种孙收。

要好儿孙，须方寸中放宽一步；欲成家业，宜凡事上吃亏三分。

留福与儿孙，未必尽黄金白镪[2]；种心为产业，由来皆美宅良田。

存一点天理心，不必责效于后，子孙赖之；说几句阴骘话，纵未尽施于人，鬼神鉴之。

非读书，不能入圣贤之域；非积德，不能生聪慧之儿。

多积阴德，诸福自至，是取决于天。尽力农事，加倍收成，是取决于地。善教子孙，后嗣昌大，是取决于人。事事培元气，其人必寿；念念存本心，其后必昌。

勿谓一念可欺也，须知有天地鬼神之鉴察。勿谓一言可轻也，须知有前后左右之窃听。勿谓一事可忽也，须知有身家性命之关系。勿谓一时可逞也，须知有子孙祸福之报应。

人心一念之邪，而鬼在其中焉，因而欺侮之，播弄之，昼见于形象，夜见于梦魂，必酿其祸而后已。故邪心即是鬼，鬼与鬼相应，又何怪乎！

人心一念之正，而神在其中焉，因而鉴察之，呵护之，上至于父母，下至于儿孙,必致其福而后已。故正心即是神,神与神相亲,又何疑乎!

终日说善言,不如做了一件;终身行善事,须防错了一件。物力艰难,要知吃饭穿衣,谈何容易;光阴迅速,即使读书行善,能有几多。

只字必惜,贵之根也;粒米必珍,富之源也。片言必谨,福之基也;微命必护,寿之本也。

作践五谷,非有奇祸,必有奇穷;爱惜只字,不但显荣,亦当延寿。

茹素,非圣人教也;好生,则上天意也。

仁厚刻薄,是修短关[3]。谦抑盈满,是祸福关。勤俭奢惰,是贫富关。保养纵欲,是人鬼关。

造物所忌,曰刻曰巧。万类相感,以诚以忠。做人无成心,便带福气。做事有结果,亦是寿征。

执拗者福轻,而圆通之人,其福必厚;急躁者寿夭,而宽宏之士,其寿必长。

谦卦六爻皆吉,恕字终身可行。

作本色人,说根心话[4],干近情事。

一点慈爱,不但是积德种子,亦是积福根苗,试看哪有不慈爱底圣贤;一念容忍,不但是无量德器,亦是无量福田,试看哪有不容忍底君子。

好恶之念,萌于夜气,息之于静也;恻隐之心,发于乍见,感之于动也。

塑像栖神,盍归奉亲[5];造院居僧,盍往救贫。

费千金而结纳势豪,孰若倾半瓢之粟,以济饥饿;构千楹而招来宾客,何如葺数椽之茅[6],以庇孤寒。悯济人穷,虽分文升合[7],亦是福田;乐与人善,即只字片言,皆为良药。

谋占田园,决生败子;尊崇师傅,定产贤郎。

平居寡欲养身,临大节则达生委命;治家量入为出,干好事则仗义轻财。

善用力者就力,善用势者就势,善用智者就智,善用财者就财。

身世多险途,急需寻求安宅;光阴同过客,切莫汩没主翁[8]。

莫忘祖父积阴功,须知文字无权,全凭阴骘;最怕生平坏心术,毕竟主司有眼,如见心田。

天下第一种可敬人，忠臣孝子；天下第一种可怜人，寡妇孤儿。孝子百世之宗；仁人天下之命。

形之正，不求影之直而影自直。声之平，不求响之和而响自和。德之崇，不求名之远而名自远。

有阴德者，必有阳报；有隐行者，必有昭名。

施必有报者，天地之定理，仁人述之以劝人；施不望报者，圣贤之盛心，君子存之以济世。

面前的道路要放得宽，使人无不平之叹；身后的惠泽要流得远，令人有不匮之思。

不可不存时时可死之心，不可不行步步求生之事。作恶事，须防鬼神知；干好事，莫怕旁人笑。

吾本薄福人，宜行惜福事。吾本薄德人，宜行积德事。薄福者必刻薄，刻薄则福愈薄矣。厚福者必宽厚，宽厚则福益厚矣。

有工夫读书，谓之福。有力量济人，谓之福。有著述行世，谓之福。有聪明浑厚之见，谓之福。无是非到耳，谓之福。无疾病缠身，谓之福。无尘俗撄心[9]，谓之福。无兵凶荒歉之岁，谓之福。

从热闹场中，出几句清冷言语，便扫除无限杀机。向寒微路上，用一点赤热心肠，自培植许多生意。

入瑶树琼林中皆宝，有谦德仁心者为祥。

谈经济外，宁谈艺术，可以给用。谈日用外，宁谈山水，可以息机。谈心性外，宁谈因果，可以劝善。

艺花可以邀蝶，垒石可以邀云，栽松可以邀风，植柳可以邀蝉，贮水可以邀萍，筑台可以邀月，种蕉可以邀雨，藏书可以邀友，积德可以邀天。

作德日休，是为福地；居易俟命，是谓洞天。

心地上无波涛，随在皆风恬浪静；性天中有化育，触处见鱼跃鸢飞。

贫贱忧戚，是我分内事，当动心忍性，静以俟之[10]，更行一切善，以斡转之[11]；富贵福泽，是我分外事，当保泰持盈，慎以守之，更造一切福，以凝承之[12]。

世网哪能跳出，但当忍性耐心，自安义命，即网罗中之安乐窝；尘务岂能尽捐，惟不起炉作灶，自取纠缠，即火坑中之清凉散也。

热不可除,而热恼可除,秋在清凉台上;穷不可遣,而穷愁可遣,春生安乐窝中。

富贵贫贱,总难称意,知足即为称意;山水花竹,无恒主人,得闲便是主人。

要足何时足,知足便足;求闲不得闲,偷闲即闲。

知足常足,终身不辱;知止常止,终身不耻。

急行缓行,前程总有许多路;逆取顺取,命中只有这般财。

理欲交争,肺腑成为吴越[13];物我一体,参商终是弟兄[14]。

以积货财之心积学问,以求功名之心求道德,以爱妻子之心爱父母,以保爵位之心保国家。

移作无益之费以作有益,则事举。移乐宴乐之时以乐讲习,则智长。移信异端之意以信圣贤,则道明。移好财色之心以好仁义,则德立。移计利害之私以计是非,则义精。移养小人之禄以养君子,则国治。移输和戎之赀以输军国,则兵足。移保身家之念以保百姓,则民安。

做大官底,是一样家数;做好人底,是一样家数。

潜居尽可以为善,何必显宦!躬行孝弟[15],志在圣贤,纂述先哲格言,刊刻广布,行见化行一时,泽流后世,事业之不朽,蔑以加焉;贫贱尽可以积福,何必富贵!存平等心,行方便事,效法前人懿行[16],训俗型方[17],自然谊敦宗族,德被乡邻,利济之无穷,孰大于是。

一时劝人以口,百世劝人以书。

静以修身,俭以养德;入则笃行,出则友贤。

读书者不贱,守田者不饥,积德者不倾,择交者不败。

明镜止水以澄心,泰山乔岳以立身,青天白日以应事,霁月光风以待人。

省费医贫,弹琴医躁,独卧医淫,随缘医愁,读书医俗。

以鲜花视美色,则孽障自消;以流水听弦歌,则性灵何害?

养德宜操琴,炼智宜弹棋,遣情宜赋诗,辅气宜酌酒,解事宜读史,得意宜临书,静坐宜焚香,醒睡宜嚼茗,体物宜展画,适境宜按歌,阅候宜灌花,保形宜课药,隐心宜调鹤,孤况宜闻蛩,涉趣宜观鱼,忘机宜饲雀,幽寻宜藉草,淡味宜掬泉,独立宜望山,闲吟宜倚楼,清谈宜剪烛,狂啸宜登台，逸兴宜投壶，结想宜欹枕，息缘宜闭户，探景宜携囊，爽致宜临风，愁怀宜仁月，倦游宜听雨，元悟宜对雪[18]，辟寒宜映日，空累宜看云，谈道宜访友，福后宜积德。

[1] 休：高兴。
[2] 白镪(qiǎng)：白银。镪，钱串，引申为成串的钱。
[3] 修短：长短。
[4] 根心话：真心话。
[5] 盍：何不，哪如。
[6] 葺(qì)：修缮。
[7] 升合(gě)：升和合均为古代容量单位，一斗等于十升，一升等于十合。
[8] 汩(gǔ)没：埋没。
[9] 撄心：烦心。
[10] 俟(sì)：等待。
[11] 斡(wò)转：改变。
[12] 凝承：永远继承。
[13] 吴越：春秋时吴国和越国互有攻伐，比喻冤家对头。
[14] 参商：参星和商星。此现彼隐，不会同时出现。
[15] 孝弟：即孝悌。孝即孝顺父母，悌即尊敬兄长。
[16] 懿(yì)行：好的行为。
[17] 训俗型方：训导教化世俗。
[18] 元悟：大彻大悟。

悖凶类

富贵家不肯从宽，必遭横祸；聪明人不肯学厚，必夭天年。
倚势欺人，势尽而为人欺；恃财侮人，财散而受人侮。
暗里算人者，算的是自家儿孙；空中造谤者，造的是本身罪孽。
饱肥甘，衣轻暖，不知节者损福；广积聚，骄福贵，不知止者杀身。
文艺自多[1]，浮薄之心也；富贵自雄，卑陋之见也。
位尊身危，财多命殆。
机者祸福所由伏，人生于机，即死于机也；巧者鬼神所最忌，人有大巧，必有大拙也。

出薄言，做薄事，存薄心，种种皆薄，未免灾及其身；设阴谋，积阴私，伤阴鸷，事事皆阴，自然殃流后代。

积德于人所不知，是谓阴德，阴德之报，较阳德倍多；造恶于人所不知，是谓阴恶，阴恶之报，较阳恶加惨。

家运有盛衰，久暂虽殊，消长循环如昼夜；人谋分巧拙，智愚各别，鬼神彰瘅最严明[2]。

天堂无路，则已有君子登；地狱无门，则已有小人入。

为恶畏人知，恶中冀有转念[3]；为善欲人知，善处即是恶根。

谓鬼神之无知，不应祈福；谓鬼神之有知，不当为非。

势可为恶而不为，即是善；力可行善而不行，即是恶。

于福作罪，其罪非轻；于苦作福，其福最大。

行善如春园之草，不见其长，日有所增；行恶如磨刀之砖，不见其消，日有所损。

使为善而父母怒之，兄弟怨之，子孙羞之，宗族乡党贱恶之，如此而不为善，可也。为善则父母爱之，兄弟悦之，子孙荣之，宗族乡党敬信之，何苦而不为善！使为恶而父母爱之，兄弟悦之，子孙荣之，宗族乡党敬信之，如此而为恶，可也。为恶则父母怒之，兄弟怨之，子孙羞之，宗族乡党贱恶之，何苦而必为恶！

为善之人，非独其宗族亲戚爱之，朋友乡党敬之，虽鬼神亦阴相之；为恶之人，非独其宗族亲戚叛之，朋友乡党怨之，虽鬼神亦阴殛之[4]。

为一善而此心快惬，不必自言，而乡党称誉之，君子敬礼之，鬼神福祚之，身后传诵之；为一恶而此心愧怍，虽欲掩护，而乡党传笑之，王法刑辱之，鬼神灾祸之，身后指说之。

一命之士，苟存心于爱物，于人必有所济；无用之人，苟存心于利己，于人必有所害。

膏粱积于家，而剥削人之糠覈[5]，终必自亡其膏粱；文绣充于室，而攘以人之敝裘[6]，终必自丧其文绣。

天下无穷大好事，皆由于轻利之一念，利一轻，则事事悉属天理，为圣为贤，从此进基；天下无穷不肖事，皆由于重利之一念，利一重，则念念皆违人心，为盗为跖，从此直入。

清欲人知，人情之常，今吾见有贪欲人知者矣，朵其颐[7]，垂其涎，惟恐人误视为灵龟而不饱其欲也；善不自伐，盛德之事，今吾见有自伐其恶者矣，张其牙，露其爪，惟恐人不识为猛虎而不畏其威也。

以奢为有福，以杀为有禄，以淫为有缘，以诈为有谋，以贪为有为，以吝为有守，以争为有气，以嗔为有威，以赌为有技，以讼为有才。

谋馆如鼠[8]，得馆如虎，鄙主人而薄弟子者，塾师之无耻也。卖药如仙，用药如颠，贼人命而诿天数者，医师之无耻也。觅地如瞽，谈地如舞，矜异传而谤同道者[9]，地师之无耻也。

不可信之师，勿以私情荐之，使人托以子弟。不可信之医，勿以私情荐之，使人托以生命。不可信之堪舆[10]，勿以私情荐之，使人托以先骸。不可信之女子，勿以私情媒之，使人托以宗嗣[11]。

肆傲者纳侮，讳过者长恶。贪利者害己，纵欲者戕生。

鱼吞饵，蛾扑火，未得而先丧其身。猩醉醴，蚊饱血，已得而随亡其躯。鹚食鱼，蜂酿蜜，虽得而不享其利。欲不除，似蛾扑灯，焚身乃止。贪不了，如猩嗜酒，鞭血方休。

明星朗月，何处不可翱翔？而飞蛾独趋灯焰；嘉卉清泉，何物不可饮啄？而蝇蚊争嗜腥膻。

飞蛾死于明火，故有奇智者，必有奇殃；游鱼死于芳纶[12]，故有善嗜者，必有美毒。

慨夏畦之劳劳，秋毫无补；笑冬烘之贸贸，春梦方回。

吉人无论处世平和，即梦寐神魂，无非生意；凶人不但作事乖戾，即声音笑貌，浑是杀机[13]。

仁人心地宽舒，事事有宽舒气象，故福集而庆长；鄙夫胸怀苛刻，事事以苛刻为能，故禄薄而泽短。

充一个公己公人心，便是吴越一家；任一个自私自利心，便是父子仇雠[14]。

理以心为用，心死于欲则理灭，如根株斩而本亦坏也；心以理为本，理被欲害则心亡，如水泉竭而河亦干也。

鱼与水相合，不可离也，离水则鱼槁矣。形与气相合，不可离也，离气则形坏矣。心与理相合，不可离也，离理则心死矣。

天理是清虚之物，清虚则灵，灵则活；人欲是渣滓之物，渣滓则蠢，蠢则死。

毋以嗜欲杀身，毋以货财杀子孙，毋以政事杀百姓，毋以学术杀天下后世。

毋执去来之势而救权，毋固得丧之位而为宠，毋恃聚散之财而为利，毋认离合之形而为我。

贪了世味的滋益，必招性分的损；讨了人事的便宜，必吃天道的亏。

精工言语，于行事毫不相干；照管皮毛，与性灵有何关涉！

荆棘满野，而望收嘉禾者愚；私念满胸，而欲求福应者悖。

庄敬非但日强也[15]，凝心静气，觉分阴寸晷[16]，倍自舒长；安肆非但日偷也[17]，意纵神驰，虽累月经年，亦形迅驶。

自家过恶自家省，待祸败时，省已迟矣；自家病痛自家医，待死亡时，医已晚矣。

多事为读书第一病，多欲为养生第一病，多言为涉世第一病，多智为立心第一病，多费为作家第一病。

今之用人，只怕无去处，不知其病根在来处；今之理财，只怕无来处，不知其病根在去处。

贫不足羞，可羞是贫而无志。贱不足恶，可恶是贱而无能。老不足叹，可叹是老而无成。死不足悲，可悲是死而无补。

事到全美处，怨我者难开指摘之端；行到至污处，爱我者莫施掩护之法。

衣垢不浣[18]，器缺不补，对人犹有惭色；行垢不浣，德缺不补，对天岂无愧心。

供人欣赏，侪风月于烟花，是曰亵天；逞人机锋，借诗书以戏谑，是名侮圣。

罪莫大于亵天，恶莫大于无耻，过莫大于多言。

言语之恶，莫大于造诬。行事之恶，莫大于苛刻。心术之恶，莫大于深险。

谈人之善，泽于膏沐；暴人之恶，痛于戈矛。

当厄之施，甘为时雨；伤心之语，毒于阴冰。

阴恶积雨之险奇，可以想为文境，不可设为心境；华林映日之绮丽，可以假为文情，不可以为世情。

巢父洗耳以鸣高[19]，予以为耳其窦也[20]，其言已入于心矣，当剖心而浣之[21]；陈仲出哇以示洁[22]，予以为哇其浑也[23]，其味已入于肠矣，当刳肠而涤之[23]。

诋缁黄之背本宗[24]，或衿带坏圣贤名教[25]；訾青紫之忘故友[26]，乃衡茅伤骨肉天伦[27]。

炎凉之态，富贵甚于贫贱；嫉妒之心，骨肉甚于外人。

兄弟争财，父遗不尽不止；妻妾争宠，夫命不死不休。

受连城而代死[28]，贪者不为，然死利者何须连城？携倾国以待狙[29]，淫者不敢，然死色者何须倾国？

病危乌获[30]，虽童子制梃可挞[31]；臭腐王嫱[32]，惟狐狸钻穴相窥。

圣人悲时悯俗，贤人痛世疾俗，众人混世逐俗，小人败常乱俗。

读书为身上之用，而人以为纸上之用；做官乃造福之地，而人以为享福之地。壮年正勤学之日，而人以为养安之日；科第本消退之根，而人以为长进之根。

盛者衰之始，福者祸之基。福莫大于无祸，祸莫大于邀福。

[1] 自多：自以为是。
[2] 彰瘅(dàn)：即彰善瘅恶之省语，彰显善良，惩罚罪恶。
[3] 冀：期望。
[4] 阴殛(jí)：暗中惩罚。
[5] 糠覈(hé)：粗劣的饭食。覈，米麦的粗屑。
[6] 敝裘：破烂衣裳。
[7] 朵其颐：鼓动腮颊。
[8] 馆：这里是指教师的职位。
[9] 矜：夸耀。
[10] 堪舆：指风水先生。
[11] 宗嗣：传宗接代。
[12] 芳纶：这里指芳香的饵食。
[13] 浑：全，都。
[14] 仇雠：仇敌。
[15] 庄敬：端庄而恭敬。

［16］分阴寸晷(guǐ)：片刻光阴。
［17］安肆：安逸放纵。
［18］湔：洗。
［19］巢父：传说为古时著名隐士。相传黄帝要将天下让给许由，许由不受，并将这事告诉了巢父。巢父认为这话玷污了他的耳朵，所以洗耳，以示清高。
［20］窦：洞。
［21］浣(huàn)：洗。
［22］陈仲：即陈仲子，战国齐人。耻于仕宦，当得知所吃饭食为兄长的俸禄后，当即吐掉。
［23］刲(kuī)：剖开。
［24］缁黄：道士和和尚。道士穿黑衣，和尚穿黄服。
［25］衿带：儒者的服饰，代指读书人。
［26］青紫：指做了高官的人。古代不同等级的官员穿不同颜色的官服，青色、紫色是高官所穿衣服的颜色。
［27］衡茅：指隐居者。
［28］连城：喻指财物价值之高。
［29］倾国：比喻容貌出众，倾国倾城。
［30］乌获：古代著名的大力士。
［31］梃：木棍。
［32］王嫱：即王昭君，汉代有名的美女，出塞与匈奴和亲。

图书在版编目（CIP）数据

蒙学六种：三字经·百家姓·千字文·增广贤文·幼学琼林·格言联璧 / 吕晓庄校注. —2 版. —太原：三晋出版社，2008.4（2024.5 重印）
（中国家庭基本藏书·笔记杂著卷）
ISBN 978 – 7 – 80598 – 944 – 0 – 01

Ⅰ.蒙…　Ⅱ.①吕…　Ⅲ.①汉语—古代—启蒙读物　Ⅳ.H194.1

中国版本图书馆 CIP 数据核字（2008）第 054768 号

蒙学六种

校 注 者：吕晓庄

责任编辑：落馥香	审 订 者：落馥香
封面设计：敬人工作室	版式设计：敬人工作室
责任校对：落馥香	责任印制：李佳音

出版发行：山西出版集团·三晋出版社
地　　址：太原市建设南路 21 号
电　　话：（0351）4956036（咨询）　　4922268（邮购）
传　　真：（0351）4922102
网　　址：www.sxskcb.com
邮　　编：030012
印刷装订：山西新华印业有限公司
（本书如有破损、缺页、装订错误，请与本社联系调换）

开　本：787mm×960mm　　1/16
字　数：190 千字
印　张：11.5
版　次：2008 年 4 月第 2 版
印　次：2024 年 5 月第 2 次印刷
书　号：ISBN 978 – 7 – 80598 – 944 – 0 – 01
定　价：45.00 元

版权所有，翻印必究。本书图文未经书面授权，不得以任何方式转载或公开发表。